Helma Sick · Renate Fritz | Reich in Rente

W0098369

Fragen an die Finanzexpertinnen Helma Sick und Renate Fritz:

Sie haben Ihrem erfolgreichen Buch »Schöne Aussichten« einen neuen Titel gegeben, es komplett überarbeitet und um interessante Kapitel erweitert. Worum ging es Ihnen dabei?

Wir möchten Frauen Mut machen, ihre finanzielle Zukunft zu planen. Und wir möchten ihnen aufzeigen, wie mit der richtigen Anlagestrategie aus Geld Vermögen werden kann.

Die neuen Kapitel zu Pflege, Elternunterhalt, Vollmachten und Erben/Vererben greifen auf, was gesellschaftliche Realität ist: Wir werden immer älter! Das ist schön, aber dadurch kommen auch ungeahnte Probleme auf uns zu. Es ist gut, darauf vorbereitet zu sein. Alles Wissenswerte dazu steht in diesem Buch.

Sie raten Frauen, sich im Alter nicht allein auf die Absicherung durch den Ehemann zu verlassen. Warum ist Ihnen dieser Aspekt so wichtig?

Jede zweite Ehe wird mittlerweile geschieden. Und allzu häufig kommt es vor, dass Frauen sich auf ihren Partner verlassen haben und dann verlassen werden. Der Prinz entpuppt sich eben manchmal als Frosch! Deshalb ist ein Mann keine Altersversorgung!

Ihre langjährige Erfahrung als Finanzberaterinnen zeigt, dass der Umgang mit Geld Spaß machen kann – verraten Sie in diesem Buch, wie Planungsmuffel motiviert werden könnten?

Bei allem Verständnis für Planungsmuffel: Ein sattes Finanzpolster macht eindeutig mehr Spaß als tiefrote Zahlen auf dem Konto! Wer plant, gewinnt. Wie das geht, lesen Sie in diesem Buch.

Helma Sick studierte Betriebswirtschaft und ist Inhaberin des 1987 von ihr gegründeten Unternehmens »frau & geld, Finanzdienstleistungen für Frauen«. Sie ist Autorin von bisher drei Finanzratgebern und schreibt seit vielen Jahren regelmäßig Finanzkolumnen in *BRIGITTE* und *BRIGITTE WOMAN*.

Renate Fritz studierte Betriebswirtschaft und Amerikanistik, absolvierte an der European Business School die Weiterbildung zum Financial Planner und ist seit 1997 Geschäftspartnerin von Helma Sick.

Helma Sick · Renate Fritz

REICH
IN RENTE

Wie Frauen finanziell
am besten vorsorgen

Diana Verlag

Verlagsgruppe Random House FSC® N001967
Das für dieses Buch verwendete
FSC®-zertifizierte Papier *Holmen Book Cream*
liefert Holmen Paper, Hallstavik, Schweden.

Überarbeitete Neuausgabe 05/2014
Copyright © 2010 (erschienen unter dem Titel *Schöne Aussichten*)
und dieser Ausgabe © 2014 by Diana Verlag, München,
in der Verlagsgruppe Random House GmbH
Redaktion: Theresa Stöhr
Umschlaggestaltung und -motiv: Eisele Grafik · Design, München
Satz: Schaber Datentechnik, Wels
Druck und Bindung: GGP Media GmbH, Pößneck
Printed in Germany
Alle Rechte vorbehalten

ISBN 978-3-453-38017-2

www.diana-verlag.de

Inhalt

KAPITEL 4

Was Sie wissen sollten 51

Vorwort

Ruhestand unter Palmen, am Meer!
Das wär's, meinen Sie?

Wir finden: Träumen ist gut, planen ist besser!
Denn mit einer klugen Planung, einer zu Ihnen passenden Finanzstrategie und viel Geduld kann Ihr Traum wahr werden.

Dieses Buch hilft Ihnen dabei, weil Sie alles darin finden, was wichtig ist, um dieses Ziel zu erreichen.
Und natürlich finden Sie darin auch alles, was Sie vermeiden müssen, wenn Sie mit Ihrer Ruhestandsplanung erfolgreich sein wollen.

Packen Sie's also an! Damit wahr wird, wovon Sie träumen:

REICH IN RENTE!

KAPITEL 1

Altersvorsorge, was für ein Wort!

Fängt mit ALTER an ...

Alter ist nichts für Feiglinge, heißt es. Wie wahr!
Drum wollen ja alle lange leben, aber alt werden will keiner.
Alter ist – wie Geld – nach wie vor ein Tabuthema.
Die Angst vor dem Alter hat zu einem Teil auch gesellschaftliche Ursachen. Viele Frauen empfinden das Älterwerden als Verlust an Attraktivität, ja als persönliche Kränkung. Leicht gemacht wird es uns Frauen nicht, dem zu entgehen. Schmücken sich doch Prominente wie Politiker aller Couleur mit immer jüngeren Gefährtinnen. 30, 40 Jahre Altersunterschied sind gang und gäbe. Sagte doch ein bekannter deutscher Unternehmer, über 70, in einer Talksendung folgenden unglaublichen Satz: »Egal, wie alt ich bin, meine Frau muss Anfang 20 sein.« Frauen der gleichen Generation sind für viele Männer, wie diese ungeniert öffentlich eingestehen, unattraktiv.
Wir können es uns nicht verkneifen, die Vermutung zu äußern, dass sehr junge Frauen einen 40 Jahre älteren Mann nicht ganz so anziehend fänden, wenn er statt Unternehmer, Politiker oder Künstler eher Schlosser in Isenbüttel oder Buchhalter in Garmisch-Partenkirchen wäre.

Es ist also kein Wunder, dass kaum ein Industriezweig höhere Wachstumsraten aufweist als die »Anti-Aging-Industrie« und die Schönheitschirurgie. Denn es geht nicht mehr darum, *gut* auszusehen. Schön ist, wer *jung* aussieht! Und immer noch gilt das eher für Frauen als für Männer, auch wenn Männer ganz langsam aufholen. Oder kennen Sie einen Werbespot mit folgendem Inhalt?

Zwei Männer sitzen an einer Bar. Auf den ersten Blick schauen sie annähernd gleich alt aus. Fragt der eine den anderen: »Sag mal, Dad, was machst du, damit deine Haut so glatt und straff bleibt?« – »Sag's nicht weiter, Junior, ich verrat dir mein Geheimnis. Wenn du in meinem Alter noch so eine schöne, faltenfreie Haut haben willst, dann musst du dich täglich mit der Anti-Aging-Creme *Tough Boy of Trocadero* eincremen. Und du kannst nicht früh genug damit anfangen.« – »Danke, Dad – das ist wirklich das Geheimnis?« – »*Sure, boy.*«

Bei Männern käme uns so eine Werbung reichlich absurd vor. Bei Frauen ist sie dagegen üblich. Wenn es also offenbar erstrebenswert ist, dass eine Mutter so aussieht wie ihre Tochter, wenn Altsein schrecklich ist und Angst macht, dann ist es verständlich, wenn eine Frau den Gedanken ans Älterwerden und an das Alter verdrängt.

Das hat natürlich Folgen

Denn wer sein Sinnen und Trachten darauf ausrichtet, möglichst jung auszusehen, wird den Gedanken ans Älterwerden und dessen Folgen verdrängen. Eine verhängnisvolle Haltung. Denn eines ist sicher:

➡ Wer einem Problem davonläuft, dem läuft es hinterher …

... hört mit SORGE auf

Beim Thema Altersvorsorge sind viele Frauen in Deutschland immer noch vor allem eins: sorglos. Das ergeben nahezu alle Umfragen, Studien etc. Wovon sie später einmal leben werden, halten sie zwar für eine entscheidende Frage. Eine Antwort aber suchen sie nicht. Die meisten Frauen, die so sorglos sind, haben keine Ahnung, was es heißt, später einmal monatlich 300, 400 oder 500 Euro weniger im Portemonnaie zu haben.

Insgeheim hoffen viele, dass es schon »irgendwie« reichen wird. Ein Trugschluss, wie wir wissen.

Eine repräsentative Umfrage des Hamburger WeltWirtschafts-Instituts (HWWI) in Zusammenarbeit mit der R + V-Versicherung aus dem Herbst 2013 zeigt, dass sich seit 20 Jahren kaum etwas geändert hat. Im Gegenteil: Die Situation hat sich vielmehr deutlich verschlechtert. Vier von fünf Frauen gehen davon aus, dass die gesetzliche Rente für den gewünschten Lebensstandard im Alter nicht ausreichen wird. 94 % stimmen sogar zu, dass für eine gute Absicherung im Alter eine private Altersvorsorge nötig ist. Trotzdem legen fast 70 % aller Frauen gar nichts oder weniger als 50 Euro im Monat für ihre private Altersversorgung zurück. Darunter sind überdurchschnittlich viele Frauen, die Teilzeit arbeiten oder gar nicht berufstätig sind. Also genau diejenigen, die besonders stark von Altersarmut betroffen sind.

Als Gründe wurden in der Umfrage genannt:

→ Zu wenig Geld zum Sparen.
→ Keine Zeit für die Vorsorgeplanung.
→ Das Thema ist zu kompliziert.
→ Die Altersversorgung wird mir vom Partner abgenommen.

Und weil sich ja der Partner um die Altersvorsorge kümmert, zahlt jede zehnte Frau nichts in eine private Altersvorsorge ein. Dieses Rollenverständnis ist interessanterweise in Bayern und Baden-Württemberg am weitesten verbreitet.

Viele Frauen verlassen sich also immer noch zu sehr auf ihren Partner. Das ist blauäugig angesichts der Tatsache, dass mittlerweile jede zweite Ehe geschieden wird. Nichteheliche Partnerschaften sind hier gar nicht eingerechnet.

In den nächsten Kapiteln wird davon noch öfter die Rede sein. Und was wir von den anderen »Ausreden« halten, lesen Sie auf den folgenden Seiten.

Der Widerspruch

Ausreden und Vermeidungsstrategien sind die eine Seite der Medaille. Die andere ist, dass 80 % der Frauen, auch das hat eine Studie ergeben, im Alter auf ihren Lebensstandard nicht verzichten möchten. Im Gegenteil: Die meisten wollen sich dann die lang gehegten Wünsche erfüllen, schöne Reisen beispielsweise. Hier hilft nur eins:

➡ Verabschieden Sie sich von Illusionen und handeln Sie, damit aus Ihrem Wunsch auch Wirklichkeit wird.

Aber: Es gibt ein Happy End

Trotzdem hat sich vieles für uns Frauen positiv verändert. Das Bild älterer Frauen zeigt sich in den Medien völlig anders als noch vor 20 Jahren. Ein 10-jähriges Mädchen weiß aus dem Fernsehen, wie heute ältere Frauen aussehen: Sie sind so schön wie beispielsweise Christiane Hörbiger, Senta Berger, Hannelore Hoger (alle über 70), um nur einige zu nennen.

Der Jugendkult ist zwar nach wie vor sehr ausgeprägt, aber mittlerweile ist eine Gegenbewegung im Gang. In der Modebranche sind ältere, weißhaarige Models sensationell gut gebucht. Große Kosmetikfirmen werben mittlerweile mit attraktiven Models im höheren Alter. Zeitschriften wie »Brigitte Woman« zeigen uns, wie interessant und schön Frauen über 50 sein können. Entdecken wir also neben dem Jugendwahn die Schönheit des Alters? Abseits von Botox und getunten Körpern?

Aber Schönheit ist ja bekanntlich nicht alles. Wir kennen 76-Jährige, die Computerkurse besuchen, 80-Jährige, die mit Begeisterung im Internet surfen, 85-Jährige, die mit ihren Verwandten über Facebook Kontakt halten und die einen Browser nicht für eine Limonade halten, sondern, ganz richtig, für eine Internet-Software.

Eine 102-Jährige erteilte bis zu ihrem 80. Lebensjahr Turnunterricht und leitete noch mit 102 ein 12-köpfiges Orchester.

Die bekannte Fachanwältin für Familienrecht Dr. Lore Maria Peschel-Gutzeit ist inzwischen über 80 und arbeitet Vollzeit in ihrer Anwaltskanzlei.

Und es gibt wieder mehr Unternehmen, die gern Ältere einstellen, weil sie auf deren Wissen, Engagement und Lebenserfahrung nicht verzichten möchten.

Verliert das Alter also allmählich seinen Schrecken?

Uns interessiert in diesem Buch ja in erster Linie die wirtschaftliche Situation von Frauen. Und da kann das Alter seinen Schrecken verlieren, wenn Frauen ihrer höheren Lebenserwartung Rechnung tragen und rechtzeitig für ihr späteres Leben vorsorgen.

Sie haben dazu die besten Chancen. Viele Untersuchungen beweisen es: *Wenn* sich Frauen um ihr Geld kümmern und es gut anlegen, haben sie ein gutes Händchen. Sie spekulieren selten, gehen aber vernünftige Risiken ein. Sie schichten nicht, wie das Männer häufig tun, ständig um, sondern sind beständig, und sie lassen sich nicht von unrealistischen Renditen blenden. Selbstüberschätzung bei der Geldanlage ist eher eine Domäne der Männer.

Ein Happy End bei der Altersvorsorge gibt es also dann:
➜ Wenn Frauen sich über ihre Partnerschaft freuen, aber sich nicht ausschließlich darauf verlassen.
➜ Wenn ein Teil weiblicher Lebensplanung die Berufstätigkeit und damit finanzielle Unabhängigkeit ist und nicht die Familienfrau, die ihrem Mann den Rücken freihält und die später möglicherweise selbst mit dem Rücken zur Wand steht.
➜ Wenn Frauen das Thema Geld enttabuisieren und eine vernünftige finanzielle Lebensplanung entwerfen.

KAPITEL 2

Wie frau sich bettet

Frauen-Fallen

Altersarmut ist nach wie vor ein weibliches Phänomen. Auch heute haben Frauen deutlich weniger gesetzliche Rente als Männer. 2012 erhielten Frauen im Durchschnitt 508 Euro Rente, Männer 1005 Euro (alte Bundesländer) und 1073 Euro (Männer) im Gegensatz zu 730 Euro (Frauen) in den neuen Bundesländern.

Die Ursachen für diese Situation haben sich nicht verändert. Seit Jahrzehnten sind es die gleichen Fallen, in die Frauen zwangsläufig tappen, insbesondere dann, wenn sie Kinder haben und sich ausschließlich auf ihren Partner verlassen.
Mancher Falle kann frau nur schwer entkommen, wie der ungleichen Bezahlung oder der nicht ausreichenden Kinderbetreuung. Hier kann nur der Gesetzgeber Abhilfe schaffen.

Immer aber können Frauen, auch und gerade in Partnerschaften und mit Kindern, ihre Interessen wahren. Sie können sich während der Kindererziehungszeit fortbilden und so bald wie möglich wieder berufstätig werden. Wenn das nicht möglich ist, muss mit dem Partner über einen finanziellen Ausgleich für die Einbuße bei der Rente gesprochen werden.

Mein Kollege verdient mehr!

Gleicher Lohn für gleiche Arbeit – schön wär's!
Eine Untersuchung des Wirtschafts- und Sozialwissenschaftlichen Instituts (WSI) in der gewerkschaftsnahen Hans-Böckler-Stiftung aus dem Jahr 2013 zeigt es drastisch.
Frauen werden schon beim Einstieg in den Beruf schlechter bezahlt als Männer. Bei ungelernten Beschäftigten besteht ein Abstand von 8,7 % zwischen Mann und Frau. Dieser Abstand wächst im Lauf des Arbeitslebens. Frauen mit dreijähriger Berufserfahrung verdienen ca. 19 % weniger als ihre männlichen Kollegen. Später sind es sogar 22 %. Der Unterschied wird umso krasser, je höher die Gehälter sind.

Nicht selten werden Frauen in eine schlechtere Gehaltsgruppe eingestuft als ihre männlichen Kollegen. Folgt eine Frau einem Mann auf einer Stelle nach, ist ihr Gehalt häufig niedriger als das des männlichen Vorgängers.
Die Ursachen für die schlechtere Bezahlung von Frauen seien weder ihre Qualifikation noch eine spezielle Berufswahl. Die Ergebnisse, so führt die Studie aus, verweisen vielmehr auf das Fortbestehen geschlechterspezifischer Lohndiskriminierung.

Konsequenz des Einkommensunterschieds: Frauen zahlen weniger in die gesetzliche Rentenversicherung ein – entsprechend gering fallen ihre Rentenansprüche aus.

Ich halte meinem Mann den Rücken frei für seinen Job

Bis 1977 durfte ein Mann den Job seiner Frau kündigen, wenn sie den Haushalt nicht in seinem Sinne führte. Also, das ist doch wirklich ein alter Hut, werden Sie vielleicht sagen. Aber in veränderter Form gibt es das durchaus heute noch, wie wir aus vielen E-Mails und Briefen wissen:

»Mein Lebensgefährte möchte nicht, dass ich arbeite, er will aber finanziell nichts für mich tun«, schreibt eine 45-jährige Frau und hält es auch so. Kaum zu glauben, dass es so etwas im 21. Jahrhundert noch gibt! Und dass sich Frauen immer noch darauf einlassen.

Keine Frau sollte sich in so eine Situation begeben, ohne für den Fall der Trennung abgesichert zu sein und ohne ausreichende Altersversorgung. Darum wird es in diesem Buch noch öfter gehen.

Teilzeitarbeit und Minijobs

Teilzeit

Für viele Frauen sind Teilzeitjobs die einzige Möglichkeit, den Kontakt zur Arbeitswelt nicht zu verlieren. Aber bei Teilzeitarbeit gibt es europaweit große Unterschiede. In Deutschland wird am kürzesten gearbeitet, nämlich nur 18,5 Wochenstunden. In anderen Ländern sind es oft 25 Wochenstunden und mehr.

Für das Rentenkonto ist das fatal. Denn ein halbes Gehalt bedeutet auch geringere Einzahlungen in die gesetzliche Rentenversicherung und damit später eine geringere Rente.

Männer bringen es im Schnitt auf 39 Berufsjahre, Frauen nur auf 26.

Teilzeitarbeit wird also immer noch überwiegend von Frauen ausgeübt.

Minijob

Noch gravierender sind die Auswirkungen der Minijobs. In keinem europäischen Land gibt es so viele Minijobber wie in Deutschland. 7,3 Millionen sind es und 4,6 Millionen davon sind Frauen.

Minijobs sind für viele reizvoll, weil auf die 450 Euro kaum Steuern und Sozialabgaben zu zahlen sind. Seit 1. Januar 2013 sind zwar alle neuen Minijobs grundsätzlich rentenversicherungspflichtig. Aber: Wer dies nicht will, kann sich davon befreien lassen, und die meisten tun dies auch!

Die Ausweitung der Minijobs ist fatal. Alle Expertinnen und Experten sind sich einig: Minijobs sind für Frauen desaströs. Sie führen in Sackgassen. Denn Frauen laufen Gefahr, ihre beruflichen Kompetenzen zu verlieren. Es ist bekannt: Wer einmal im Minijob war, nimmt danach kaum wieder eine sozialversicherungspflichtige Arbeit auf.

Ehen halten nicht ewig – was dann? Die minimale Einzahlung in die gesetzliche Rentenversicherung wird das Problem der Altersarmut von Frauen mit Sicherheit nicht lösen.

Dazu passt die Frage von Eva Z.:

Ich bin 42 Jahre alt und seit drei Jahren wegen unseres Kindes zu Hause. Jetzt will ich in meinen Beruf zurück, aber mein Mann meint, das würde sich nicht rechnen. Wenn ich zu Hause bleibe, bekommt er durch das Ehegattensplitting mehr Geld. Bei seinem guten Einkommen sind das im Monat ca. 550 Euro. Er schlägt vor, dass ich mir einen Minijob suche, dann haben wir monatlich 1000 Euro mehr auf dem Konto, und ich kann ihm den Rücken freihalten. Ich bin unschlüssig – was meinen Sie?

Diese Rechnung kennen wir zur Genüge. Sie stimmt allerdings nur auf kurze Sicht, kaum jemand bedenkt die Folgen: Sie sind jetzt drei Jahre aus dem Beruf, höchste Zeit, wieder zurückzukehren. Nach einer Pause von fünf oder mehr Jahren besteht kaum eine Chance, eine qualifizierte Tätigkeit zu bekommen. Was ist, wenn Ihre Ehe auseinandergeht? Nach dem neuen Unterhaltsrecht muss in der Regel jede Frau nach drei Jahren Elternzeit wieder arbeiten, hat also keinen Anspruch auf Unterhalt.

Dazu kommt: Können Kinder auf Dauer der alleinige Lebensinhalt sein? Die Zeit, in der Kinder Vollzeitbetreuung brauchen, ist ja begrenzt. Was wollen Sie in den restlichen Jahren Ihres Lebens tun? Bezahlte Arbeit bedeutet eigenes Geld, eigene Rente, aber auch Teilhabe am sozialen und gesellschaftlichen Leben und Anerkennung. Wenn Sie trotzdem dem Rat Ihres Mannes folgen wollen, dann sollten Sie darauf bestehen, dass das Geld, das Ihr Mann durch das Ehegattensplitting zusätzlich bekommt, in Ihre Altersvorsorge investiert wird.

Ich arbeite im Familienbetrieb

Auf den ersten Blick sieht es aus, als wäre die Arbeit im Familienbetrieb die ideale Möglichkeit für Frauen, Kinder und Beruf gut miteinander zu verbinden, eigenes Geld zu verdienen, finanziell unabhängig zu bleiben und damit auch fürs Alter vorzusorgen.

Leider sieht die Realität ganz anders aus.

Sehr viele Frauen, die im Geschäft, in der Firma, der Kanzlei oder der Praxis ihres Mannes arbeiten, tun dies ohne Bezahlung oder in Form eines Minijobs, also auf 450-Euro-Basis, und damit nur geringfügig sozialversicherungspflichtig.

Sie machen sich so zu billigen und jederzeit verfügbaren Arbeitskräften.

Jede mitarbeitende Ehefrau sollte auf einer angemessenen Entlohnung für ihre Tätigkeit bestehen und auf einer ausreichenden Altersversorgung, zu der neben der Einzahlung in die gesetzliche Rentenversicherung auch Riester-Rente, betriebliche Altersversorgung oder private Rentenversicherung gehören.

Jede zweite Ehe wird geschieden

Ein Mann ist keine Altersversorgung. Wie wahr!
In 80 % aller Scheidungsfälle, sagen Fachanwältinnen für Familienrecht, zahlt die Frau finanziell drauf. Liebe macht eben blind! Das aber ist kein genetischer Defekt, sondern Teil des Rollenverhaltens von Frauen.
Oder können Sie sich vorstellen, dass ein Mann seinen Beruf aufgibt, langjährig den Haushalt führt und Kinder erzieht, ohne sich in irgendeiner Form für den Fall der Trennung oder des Ablebens seiner Partnerin abzusichern?
Wohl kaum.

Frauen leben länger

Eine heute 35-jährige Frau hat eine Lebenserwartung von 96,5 Jahren. Das heißt, dass sie rund 30 Jahre Ruhestand finanzieren muss.
Frauen haben also nicht nur eine niedrigere Rente als Männer, sondern müssen auch noch länger davon leben.
Den langjährigen Rückzug auf Partnerschaft und Familie kann sich keine Frau mehr leisten.

Bleibt die Frage:
Wie gehen Frauen mit dieser Situation um?
Wissen sie um die Fallen? Planen sie eine Strategie?
Sparen sie von früher Jugend an, sichern sie sich ab für den Fall der Trennung oder des Ablebens ihres Partners/ihrer Partnerin? Planen sie überlegt ihren Ruhestand?
Nichts von alledem!
In den letzten 20 Jahren hat sich bei Frauen am Umgang mit der Altersversorgung nicht viel geändert.

Ausreden

Vier Argumente sind es, mit denen Frauen, so zeigt es die repräsentative Studie des Hamburgischen WeltWirtschafts-Instituts im Auftrag der R + V-Versicherung, ihre Abstinenz bei der Altersvorsorge erklären. Sie sind es wert, sich näher damit zu beschäftigen.

Zu wenig Geld zum Sparen

Auch wir wissen, dass es Menschen gibt, die so wenig Geld haben, dass sie tatsächlich nicht sparen können.
Aber in den meisten Fällen lohnt es sich, etwas genauer hinzuschauen.

Kosmetik

Nach Schätzungen lassen mehr als eine halbe Million Menschen pro Jahr schönheitschirurgische Maßnahmen an sich vornehmen.
Fast eine Milliarde Euro beträgt der jährliche Umsatz der Anti-Aging-Produkte allein in Deutschland. Tragen Sie auch dazu bei? Mit der Collagen/Hyaluronsäure/Peptid-Creme, in deren Werbung uns eingeredet wird, dass wir garantiert in vier Wochen faltenfrei sind?
In vielen Verbrauchertests wurde festgestellt, dass es natürlich gute und weniger gute Cremes gibt. Aber auch, dass die sehr teuren Cremes nicht unbedingt zu den besten gehören und große Preisunterschiede meist nicht gerechtfertigt sind.
Kosmetik kaufen macht Spaß, uns auch. Aber hier lässt sich doch eine Menge einsparen, wenn Sie Spontankäufe meiden, nicht jeder Werbung glauben und sich gute, preiswerte Produkte suchen. Probieren Sie es aus!

Fast Food

Ungesund ist es, dick macht's, und es geht ganz schön ins Geld: der Parmesan-Oregano-Bagel, der Hühnchen-Curry-Wrap und wie sie alle heißen, das belegte Baguette, die Muffins und Brownies, der Latte macchiato und der Coffee to go.

Natürlich müssen Sie nicht vollständig darauf verzichten. Aber 5 Euro am Tag lassen sich bestimmt einsparen, wenn Sie auf *einen* Coffee to go oder Brownie am Tag verzichten. Oder nicht auf dem Weg zur U-Bahn Ihren Bagel oder Ihr Baguette essen, sondern sich zu Hause selbst etwas zubereiten. 5 Euro am Tag ergeben in einer Woche 25 Euro! Also im Monat 100 Euro.

Fitness

Fitnesscenter boomen. Es soll ja gesund sein, sich dort zu quälen. Überlegen Sie aber doch einmal, ob Sie einen ähnlichen Effekt nicht auch mit Jogging, Walking, Radfahren, Wandern oder einfach mit dem schönen, altmodischen Spazierengehen erreichen. Sich in freier Natur zu bewegen macht garantiert Spaß und – es kostet nichts!

Für ein Jahresabo im Fitnesscenter zahlen Sie, je nach Ausstattung, zwischen 600 und 1200 Euro im Jahr, das sind im Monat also mindestens 50 Euro.

Allein mit diesen drei Möglichkeiten, Kosmetik, Fast Food und Fitness, können Sie, da sind wir sicher, 200 Euro im Monat einsparen. Eine hervorragende Grundlage zum Aufbau Ihrer Altersversorgung. Schauen Sie sich die Zahlen einmal an:

Wenn eine 30-Jährige monatlich 200 Euro in eine erstklassige private Rentenversicherung einzahlt und dies bis zum 67. Lebensjahr durchhält, kann sie Folgendes erreichen:

Gesamtrente monatlich	ca. 800 Euro	oder
einmalige Kapitalauszahlung	ca. 175 000 Euro.	

Hätten Sie das gedacht?

Weitere Sparmöglichkeiten

Aber Sie werden noch viel mehr Möglichkeiten zum Sparen finden, wenn es Ihnen wirklich wichtig ist.

Restaurantbesuche sind teuer. Entdecken Sie: selbst kochen macht Spaß!

Könnten Sie auch ein kleineres Auto fahren? Oder sich mit Carsharing anfreunden? Das macht sich im Geldbeutel bemerkbar.

Oder könnten Sie beim Kleiderkauf etwas kritischer sein? Auch ein Schnäppchen kostet ja Geld.

Und dann die vielen netten Dinge, die man nicht wirklich braucht, die aber einfach hübsch sind. Liegen auch in Ihrer Schublade so viele bunte Kerzen, dass der 80. Geburtstag Ihrer Tante damit festlich ausgeleuchtet werden könnte? Bei mir (Helma Sick) sind es zum Beispiel blaue Kerzen, die ich massenhaft gekauft habe, als ich in der »Blauphase« war. Die ist aber inzwischen der »Herbstlaubphase« gewichen, und zu der passt nun mal Blau nicht. Und bei mir (Renate Fritz) sind die Schubladen gefüllt mit Plastikbeuteln voller Teelichter aus einem schwedischen Möbelhaus, gedacht für kuschlige Winterabende. Inzwischen aber haben zwei heiße Sommer sie in interessante Formen verbogen – so lange liegen sie schon herum.

Und wie steht's bei Ihnen mit den Lifestyle-Zeitschriften, die im Vorübergehen oder beim Warten auf S- und U-Bahn gekauft werden und die ganz schön teuer sind? Oder mit den Büchern, die Sie, so haben Sie's wahrscheinlich vor, dann lesen werden, wenn es einmal laaaange regnet. Aber, wir kennen das, meist regnet es nicht lang genug …

→ *Sie haben die Wahl:*
  Entweder jetzt freiwillig sparen oder im Ruhestand sparen müssen!

Entweder Sie ärgern sich jetzt, dass das Geld nicht mehr so locker ausgegeben werden kann, oder im Alter. Da allerdings

haben Sie dann viel Zeit zum Ärgern, 20 oder sogar 30 Jahre –
wenn es die Busfahrt in den Harz gibt statt Kreuzfahrt, Well-
ness- oder Asienurlaub. Oder Wiener Würstl zu Hause statt
Restaurantbesuch und Apfelschorle statt Wein.

Machen Sie sich einen Sport daraus, das Loch in Ihrem Geldbeutel zu finden, und entdecken Sie, Sparen macht Spaß.

Ich habe keine Zeit für die Vorsorgeplanung

Das können wir natürlich nicht beurteilen, weil wir ja Ihre
Zeiteinteilung und Ihren Tagesablauf nicht kennen.

Aber wir glauben es schlicht und einfach nicht. Möglicherweise haben Sie hier überzogene Vorstellungen.

Denn Vorsorgeplanung ist ja kein Fulltime-Job! Bitte machen
Sie hier nicht die Mücke zum Elefanten.

Nehmen Sie fachliche Hilfe in Anspruch, und klären Sie mit
einer Beraterin, was Sie schon haben, was Sie erreichen möchten und welcher Weg für Sie der beste ist.

Steht das Konzept und Sie zahlen regelmäßig Ihre Raten oder
haben Ihr vorhandenes Geld gut angelegt, müssen Sie sich
doch nicht ständig darum kümmern! Es reicht, wenn Sie alle
paar Jahre schauen, wo Sie stehen, was Sie bisher erreicht
haben und mit welchen Bausteinen Sie eventuell weitermachen
können.

→ *Wenig Zeitaufwand für etwas existenziell Wichtiges!*
  Finden Sie nicht auch?

Das Thema ist zu kompliziert

Ja, dieses Argument kennen wir aus vielen Beratungsgesprächen! Meist kommt an dieser Stelle die Geschichte vom »Nebel«.
Und die geht so: »Ich weiß auch nicht, warum, aber immer,
wenn ich das Wort ›Altersvorsorge‹ oder ›Geld‹ höre, wird mein

Kopf ganz schwer, und ich habe Nebel vor den Augen.« Das oder Ähnliches sagen sehr viele Frauen, die zu uns kommen. Egal welchen Bildungsstand sie haben, egal wie alt sie sind. Dabei lässt sich dieser Nebel leicht lichten: mit Information. Undurchschaubar sind nur die Dinge, die wir nicht kennen.

Allerdings müssen wir zugeben: Es wird Ihnen nicht leicht gemacht, sich zu informieren. Denn die Finanzsprache ist nicht dazu angetan, Interesse zu wecken. Im Gegenteil, sie ist sogar eher abschreckend. Anglizismen sind modern, und im Finanzbereich wird damit umhergeschmissen, dass es keine Freude mehr ist. Aber Sie müssen ja nicht zur Finanzexpertin werden, Gott bewahre. Die wichtigsten Grundbegriffe und Anlagemöglichkeiten aber sollten Sie schon kennen. Werfen Sie ab und zu einen Blick in eine Zeitschrift wie beispielsweise »Finanztest«, in der in verständlicher Sprache Aktuelles und Wichtiges zu lesen ist. Ganz sicher aber haben Sie mit der Lektüre dieses Buches schnell den nötigen Durchblick.

Grundsätzlich raten wir: Wenden Sie sich an eine qualifizierte Beraterin, die so eine Sprache nicht nötig hat. Wie Sie die Qualität einer Beraterin erkennen, erfahren Sie in dem Kapitel »Gute und weniger gute Beratung«.

Die Altersvorsorge wird mir vom Partner abgenommen

Dieses Argument ist einfach nicht totzukriegen.
Aber nur weil sehr viele Frauen das so machen, wird's nicht richtiger. Wir finden, dass jeder Mensch, ob Mann oder Frau, seine eigene Altersversorgung haben sollte und damit auch im Ruhestand seine eigene Rente, die – notfalls auch alleine – den Lebensstandard sichert.

Nichts gegen Ihren Partner! Aber warum sollte er so etwas Wichtiges wie Ihre Altersversorgung regeln? Weil es bequem für Sie ist? Das ist verständlich, aber klug ist es nicht. Jede Frau sollte wissen, was sie tut und was sie damit später erreicht. Und jede Frau sollte die Verantwortung dafür übernehmen und sie nicht jemand anderem überlassen, auch wenn es der oder die Liebste ist.

Vermeidungsstrategien

Neben den Ausreden kennen wir noch eine ganze Reihe anderer Vermeidungsstrategien. Es ist erstaunlich, mit welchem Erfindungsreichtum Frauen sich vor verantwortlichem Umgang mit ihrer finanziellen Absicherung drücken.

Da gibt es die **Pessimistische**, die der Meinung ist, dass sie ja das Rentenalter vielleicht gar nicht erlebt und dann ganz umsonst gespart hat.

Dann die **Hedonistin**, die gern sagt, dass sie hier und jetzt gut leben will und nicht erst im Alter. Das ist sehr verständlich, nur, was macht sie von 67 bis beispielsweise 90?

Die **Naive** würde am liebsten – wie Sterntaler – nur ihr Schürzchen aufhalten, auf dass die Goldtaler hineinfallen. Das gab's aber nur zu den Zeiten, als »das Wünschen noch geholfen hat« – also im Märchen.

Die **Überhebliche** äußert gern, dass sie was Besseres zu tun habe, als sich mit Geld zu beschäftigen. Aber: Am meisten beschäftigen sich diejenigen mit Geld, die keins oder zu wenig davon haben.

»Wunder gibt es immer wieder« heißt ein deutscher Schlager. Darauf setzt die **Esoterikerin**. Sie glaubt fest daran, dass für sie schon gesorgt werden wird, von wem und woher auch immer.

Die **Bescheidene** meint, dass frau im Alter doch kaum noch Geld braucht. Ein großer Irrtum, wie wir wissen. Von den drastisch steigenden Gesundheitskosten einmal abgesehen: Noch nie gab es so viele Menschen, die bei relativ guter Gesundheit so alt wurden. Und die dann dieses Alter auch genießen möchten.

Ja, und dann gibt es noch die **Totalverweigerin**, deren Motto ist: »Ich habe kein Verhältnis zu Zahlen, und Geldanlage interessiert mich überhaupt nicht.« Die damit das alte Vorurteil, Frauen könnten nicht rechnen, bestätigt und auch noch stolz darauf ist.

KAPITEL 3

Träumen ist gut, planen ist besser

Das kommt vor der Altersvorsorgeplanung

Bevor Sie sich langfristig festlegen, um Vermögen für den Ruhestand aufzubauen, müssen Sie erst Ihre »Schublade« Finanzen aufräumen. Das heißt, die Dinge regeln, die Sie am Aufbau Ihres Vermögens hindern.

Kredite tilgen

Das hat Vorrang. Aus einem einfachen Grund: Sie bekommen für eine sichere Anlage in der Regel nicht mehr, als Sie an die Bank an Kreditzinsen zahlen.

Im Herbst 2013 lagen die Zinsen für einen Dispokredit zwischen 9 und 15 %, der Durchschnitt bei knapp 12 %!

Wenn Sie also einen Dispokredit über 2000 Euro mit sich herumschleppen und 11 % Zinsen dafür bezahlen, kostet Sie das im Jahr 220 Euro an Zinsen. In fünf Jahren sind das schon 1100 Euro. Da freut sich Ihre Bank!

Nutzen Sie einen Dispokredit nur dann, wenn Sie kurzfristig und einmalig Ihr Konto für eine bestimmte Ausgabe überziehen müssen. Finanzieren Sie auf keinen Fall Ihren Lebensunterhalt darüber. Denken Sie daran, der beste Kredit ist der, den Sie nicht brauchen.

Rücklagen bilden

Ist der Kredit getilgt, brauchen Sie als Nächstes eine Reserve für kurzfristige Ausgaben und Unvorhersehbares.
Zwei bis drei Netto-Monatsgehälter sind dafür in der Regel völlig ausreichend. Auf Tagesgeldkonten ist dieses Geld gut untergebracht – es gibt Zinsen, und das Geld ist doch jederzeit verfügbar.

Einkommen absichern

Ein Schadensfall darf Sie nicht in den wirtschaftlichen Ruin stürzen und damit Ihre Altersvorsorge gefährden. Sie müssen sich also absichern. Was Sie dazu unbedingt brauchen, erfahren Sie auf den folgenden Seiten.

Diese Versicherungen müssen Sie unbedingt haben!

Bevor Sie ein Altersvorsorgekonzept planen und entwerfen, müssen Sie sich absichern – für den schlimmsten Fall. Denn der beste Vorsorgeplan ist nichts wert, wenn aufgrund von Krankheit, Unfall oder Tod des Partners oder der Partnerin die wirtschaftliche Existenz gefährdet ist.
Sie müssen sich also fragen:
Was ist, wenn Sie jemand anderem großen Schaden zufügen?
Was machen Sie, wenn Sie schwer krank werden oder einen Unfall erleiden und länger nicht mehr arbeiten können?
Und wie geht es Ihnen, wenn Sie im Alter pflegebedürftig sein sollten?
Diese existenzbedrohenden Risiken decken Sie mit den drei oder vier wichtigsten Versicherungen ab, die jede Frau auf jeden Fall haben sollte.

Private Haftpflichtversicherung

Ein Drittel aller Bundesdeutschen hat keine Haftpflichtversicherung, dabei ist gerade diese Versicherung ein absolutes Muss. Denn: Wer anderen schuldhaft einen Schaden zufügt, ist laut Gesetz zum Schadenersatz verpflichtet. Dieser Rechtsgrundsatz kann leicht zum finanziellen Ruin führen. Wer den Schaden verursacht, zum Beispiel beim Inlineskaten oder bei einem Fahrradunfall, haftet nämlich grundsätzlich mit seinem gesamten Vermögen und – bis zur Pfändungsgrenze – auch mit seinem Einkommen. Schmerzensgeld und lebenslange Rente für die Geschädigten könnten Unfallverursacher finanziell in den Ruin treiben.

Bei vielen Haftpflichtversicherungen sind die Schadenssummen allerdings zu niedrig. Heute geht man davon aus, dass eine Schadenssumme von zehn bis zwanzig Millionen bei Personenschäden eine ausreichende Absicherung bedeutet.

Eine Privathaftpflichtversicherung gilt normalerweise weltweit. Mitversichert sind außer dem Ehepartner auch die Kinder, solange sie minderjährig sind oder sich noch in der ersten Ausbildung befinden. Bei nicht verheirateten Paaren, die in einem Haushalt leben, wird der Partner mitversichert, wenn er in der Police namentlich genannt wird.

Berufsunfähigkeitsversicherung (BU)

»Also ich weiß nicht, ob ich so was wirklich brauche? Da zahle ich jahrelang Geld ein und werde vielleicht nie richtig krank. Dann ist das Geld weg. Außerdem zahlen die ja doch nicht, wenn's drauf ankommt.« Das hört man immer wieder. »Da spare ich lieber das Geld und kann es verbrauchen, wenn wirklich was passiert!« So oder ähnlich lauten oft die Argumente, wenn es um das Thema Berufsunfähigkeitsversicherung geht.

Wir können dazu nur sagen: Sie brauchen eine BU-Versicherung dann nicht, wenn Sie ein großes Vermögen haben oder aus einer reichen Familie stammen. In allen anderen Fällen ist sie eine der wichtigsten Risikoversicherungen – aber eben leider völlig unterschätzt. Laut Statistik erreicht jeder vierte Arbeitnehmer das Rentenalter nicht, ohne berufsunfähig geworden zu sein. In manchen Berufsgruppen ist das vorzeitige Ausscheiden schon der Normfall.

Aber ich habe doch die gesetzliche Erwerbsminderungsrente!
Besonders pflichtversicherte Angestellte sind häufig der Meinung, dass sie über die gesetzliche Rentenversicherung im Fall der Berufsunfähigkeit ausreichend abgesichert sind. Das ist leider ein Trugschluss.

An die Stelle der Berufsunfähigkeitsrente ist seit dem 1. Januar 2001 die Erwerbsminderungsrente getreten. Eine volle Erwerbsminderungsrente erhält, wer täglich weniger als drei Stunden auf dem allgemeinen Arbeitsmarkt tätig sein kann. Eine halbe Erwerbsminderungsrente erhält derjenige, der noch drei, aber weniger als sechs Stunden am Tag arbeiten kann. Wer täglich sechs Stunden und mehr erwerbstätig sein kann, erhält keine Rente. Ausschlaggebend ist die Erwerbsfähigkeit auf dem »allgemeinen Arbeitsmarkt«, das heißt in jeder denkbaren Tätigkeit auf dem Arbeitsmarkt. Der bisher ausgeübte Beruf, die Kenntnisse und Fähigkeiten werden nicht berücksichtigt. Die neue gesetzliche Regelung gilt für alle, die nach dem 1. Januar 1961 geboren sind. Von ihnen erwartet der Gesetzgeber, dass sie privat für den Fall der Berufsunfähigkeit vorsorgen.

Gibt es also einen Boom bei Berufsunfähigkeitsversicherungen? Leider nein. Nur etwa 24 % der Berufstätigen haben so eine Police. Und diejenigen, die eine haben, sind oft deutlich unterversichert, bekommen also im Ernstfall eine viel zu geringe Berufsunfähigkeitsrente.

Nach dem Versicherungsvertragsgesetz (VVG), das im Januar 2008 in Kraft getreten ist, wird Berufsunfähigkeit folgendermaßen definiert:
»Berufsunfähig ist gemäß § 172 Abs. 2 VVG-E, wer seinen zuletzt ausgeübten Beruf, so wie er ohne gesundheitliche Beeinträchtigung ausgestaltet war, infolge Krankheit, Körperverletzung oder mehr als altersentsprechendem Kräfteverfall ganz oder teilweise voraussichtlich auf Dauer nicht mehr ausüben kann.«

Und wie funktioniert so eine Versicherung?
Die Berufsunfähigkeitsversicherung ist eine reine Risikoversicherung. Das heißt, sie zahlt ausschließlich, wenn der versicherte Fall eintritt, wenn Sie also durch eine schwere Erkrankung oder einen Unfall nicht mehr in Ihrem zuletzt ausgeübten Beruf arbeiten können. Dies muss fachärztlich festgestellt werden. Passiert nichts, erhalten Sie kein Geld zurück.

Und worauf kommt es an?
Eine Berufsunfähigkeitsversicherung sollte so früh wie möglich abgeschlossen werden, da ja im jugendlichen Alter meist noch keine gesundheitlichen Beeinträchtigungen bestehen. Aber gerade junge Leute schrecken davor zurück, weil sie den Beitrag für eine ausreichende BU oft nicht aufbringen können. Mittlerweile gibt es spezielle Policen für junge Leute. Die bieten einen Einstieg für Berufsanfänger mit geringem Beitrag und – das ist das Entscheidende – der Möglichkeit, den Beitrag, und damit auch die BU-Rente, später zu erhöhen, und zwar ohne erneute Gesundheitsprüfung. Dies ist dann möglich, wenn bestimmte Ereignisse eintreten (Gehaltssprung, Heirat, Geburt eines Kindes).

Was sollte ein Vertrag enthalten?

Eine BU sollte immer bis zum Rentenalter, mindestens aber bis 62, abgeschlossen werden. Dies ist wichtig, weil ja gesundheitliche Beeinträchtigungen mit zunehmendem Alter wahrscheinlicher werden.

Die Höhe der BU-Rente richtet sich nach der Lebenssituation. Sie sollte aber mindestens die fixen Kosten abdecken.

Der Vertrag sollte immer eine sogenannte Nachversicherungsgarantie enthalten. Das heißt, dass Sie den Vertrag im Lauf der Jahre veränderten Lebenssituationen (Heirat, Geburt eines Kindes, Gehaltssprung) anpassen können ohne erneute Gesundheitsprüfung.

Von entscheidender Bedeutung ist der Verzicht auf die »abstrakte Verweisung«. Das bedeutet, dass Sie nicht auf eine andere Tätigkeit, die nicht Ihrer Ausbildung und Ihren Erfahrungen entspricht, verwiesen werden können.

Die Gesundheitsfragen im Antrag müssen Sie nach bestem Wissen und Gewissen beantworten. Verschweigen Sie eine Vorerkrankung, wenn Ihnen diese bekannt ist, kann die Versicherungsgesellschaft im Ernstfall die Zahlung ablehnen.

Ja, und was ist an dem Vorwurf dran, dass die sich immer um die Zahlung drücken?

Klar ist, dass jede Versicherung genauestens prüfen wird, ob sie tatsächlich leisten muss. Es geht ja unter Umständen um enorme Summen. Ob und wie schnell Sie Ihre BU-Rente bekommen, hängt von der Qualität des Vertrags und damit der Qualität des Anbieters ab. Deshalb ist es gerade bei so einer existenziellen Versicherung absolut notwendig, sich qualifiziert von unabhängigen Fachleuten beraten zu lassen.

Fazit:

Bei dieser sehr wichtigen Absicherung ist nicht der Preis entscheidend. Was nützt Ihnen eine Versicherung, die letztendlich nicht zahlt? Es kommt ausschließlich auf die Bedingungen und die Gestaltung des Vertrags an und nicht darauf, den niedrigsten Beitrag zu zahlen. Hier ist nämlich billig unter Umständen ganz schön teuer.

Dread-Disease-Versicherung statt BU

Eine Berufsunfähigkeitsversicherung garantiert eine monatliche Rente, wenn Sie krankheits- oder unfallbedingt Ihren Beruf nicht mehr ausüben können. Eine Dread-Disease-Versicherung (*dread disease* bedeutet so viel wie »schwere Krankheit«) zahlt dagegen eine einmalige Summe, zum Beispiel bei Krebs, Nierenversagen oder multipler Sklerose, bei einem schweren Herzinfarkt oder einem Schlaganfall. Einige Anbieter zahlen außerdem bei anderen Erkrankungen, die genau definiert sind.

Ein weiterer Unterschied: Eine Berufsunfähigkeitsversicherung läuft immer bis zum vereinbarten Vertragsende, zum Beispiel bis zum 65. Lebensjahr, auch wenn Sie während dieser Zeit berufsunfähig werden sollten und eine BU-Rente beziehen. Bei einer Dread-Disease-Versicherung dagegen endet der Vertrag vorzeitig, auch wenn er bis zum 65. Lebensjahr abgeschlossen wurde, wenn die Versicherungssumme ausgezahlt wird. Sie müssten sich dann anschließend neu versichern, was nach einer schweren Erkrankung allerdings schwierig wird.

Besonders interessant ist die Dread-Disease-Versicherung beispielsweise für Selbstständige, die mit und nach einer schweren Erkrankung nicht automatisch auch berufsunfähig sind, also weiterarbeiten können.

Grundfähigkeitsversicherung statt BU

Bestimmte Berufsgruppen haben Schwierigkeiten, überhaupt eine Absicherung zu erhalten. Dazu gehören vor allem Künstler. Die Versicherungsgesellschaften gehen davon aus, dass bereits eine geringe körperliche Beeinträchtigung oder der Verlust der Kreativität zu einer Berufsunfähigkeit führen kann.

Die Grundfähigkeitsversicherung ist eine Alternative. Beim Verlust bestimmter Fähigkeiten wie Sehen, Hören, Sprechen, Gehen, Stehen, Autofahren usw. zahlt sie eine monatliche Rente. Dabei spielt es keine Rolle, ob Sie Ihre Fähigkeiten durch Körperverletzung, Kräfteverfall oder Erkrankung verlieren. Die Voraussetzung für eine Rente aus dieser Versicherung liegt deshalb auch vor, wenn die Pflegestufen II oder III zuerkannt sind.

Ein Vorteil der Grundfähigkeitsversicherung ist, dass sie auch dann zahlt, wenn der Beruf noch ausgeübt werden kann. Der aktuell ausgeübte Beruf spielt für die Aufnahme keine Rolle.

Risiko-Lebensversicherung

Eine Risiko-Lebensversicherung ist dann besonders wichtig, wenn Sie Ihren Partner oder Ihre Partnerin im Fall Ihres Todes absichern müssen und wollen; wenn Sie kleine Kinder haben oder Schulden aus einem Immobilienkauf.

Sind Sie Hauptverdienerin, können Sie mit dieser Versicherung vermeiden, dass Ihre Familie im Fall Ihres Ablebens ohne Einkommen und/oder mit einem Schuldenpaket dasteht. Die Risiko-Lebensversicherung sollte entweder die Schuldsumme abdecken oder – je nach Zahl der Kinder – ein Mehrfaches der Jahresnettoeinkünfte ausmachen.

Wenn Sie nicht verheiratet sind, sollten Sie das wissen:
Mein Lebensgefährte und ich möchten uns gegenseitig durch Risiko-Lebensversicherungen über jeweils 150 000 Euro für den Fall des Todes absichern. Nun habe ich aber gehört, dass der oder die Hinterbliebene dann Erbschaftssteuer bezahlen müsste, weil wir nicht verheiratet sind. Stimmt das?

Ja! Eheleute haben einen Freibetrag von 500 000 Euro, Sie leider nur 20 000 Euro. Es gibt aber eine Vertragskonstellation, mit der Sie eine steuerfreie Auszahlung erreichen. Dies ist dann möglich, wenn Sie sich »über Kreuz« versichern, wenn also ein Partner jeweils den anderen über seinen Vertrag versichert. Ein Beispiel: Bei einer »normalen« Risiko-Lebensversicherung schließen Sie einen Versicherungsvertrag auf Ihr eigenes Leben ab und benennen Ihren Lebensgefährten als Bezugsberechtigten für den Todesfall. Sterben Sie, erhält Ihr Lebensgefährte also die Versicherungssumme und muss Erbschaftssteuer bezahlen.

Die Erbschaftssteuer fällt nicht an, wenn Sie den Vertrag als Versicherungsnehmerin auf das Leben Ihres Partners abschließen und sich selbst als Bezugsberechtigte für den Todesfall eintragen (und umgekehrt). Stirbt Ihr Partner, erhalten Sie die Todesfallsumme quasi aus Ihrem eigenen Vertrag, für den Sie ja auch die Beiträge bezahlt haben.

Pflegezusatzversicherung

Fast jeder Zweite wird irgendwann pflegebedürftig. Eine erschreckende Zahl. Und doch ist das Problem noch nicht wirklich in der Bevölkerung angekommen.

Wir widmen deshalb dieser sehr wichtigen Zusatzversicherung ein eigenes Kapitel (Seite 215 ff.). Damit Sie informiert sind und entsprechend planen und handeln können.

Alles in Ordnung mit Ihrer gesetzlichen Rente?

Mit über 60 festzustellen, dass die Rente nicht reicht, was für eine schreckliche Vorstellung! Vor 2002 konnte das durchaus passieren, weil es Auskünfte über die gesetzliche Rente nur auf Anfrage gab. Und weil sich doch recht viele davor drückten, diese Auskünfte einzuholen und sich damit der Realität zu stellen.

Das kann nun nicht mehr passieren, denn seit einigen Jahren klärt der Träger der gesetzlichen Rentenversicherung regelmäßig auf.

Seit dem Jahr 2004 erhalten alle Versicherten einmal jährlich eine Renteninformation. Das ist eine Art Kontoauszug der Deutschen Rentenversicherung. Voraussetzung dafür ist, dass die oder der Versicherte älter als 27 Jahre ist und mindestens fünf Jahre Beiträge zur gesetzlichen Rentenversicherung gezahlt hat.

Diese Renteninformation ist für alle, die einen Anspruch auf die gesetzliche Rente haben, eines der wichtigsten Dokumente für die Planung ihrer persönlichen Altersvorsorge.

Die Renteninformation setzt Sie in Kenntnis über die voraussichtlich zu erwartende Rente und die bisher erworbenen Rentenansprüche.

Sie enthält:

- die Grundlage der Rentenberechnung. Sie ergibt sich aus den bisher gezahlten Beiträgen, die in Entgeltpunkte umgerechnet werden. Sie stellen die bisher erreichte Rente dar. Je mehr Entgeltpunkte Sie ansammeln, umso höher fällt die Rente aus.

- den aktuellen Rentenanspruch bei voller Erwerbsminderung. Die Angabe besagt, wie hoch die Rente wäre, wenn Sie heute nicht mehr erwerbstätig sein könnten.

- die Hochrechnung der Regelaltersrente. Das ist eine Prognose der mit 65 oder 67 Jahren zu erwartenden Rente. Sie ergibt sich aus den Beiträgen, die Sie in den letzten fünf Kalenderjahren gezahlt haben, zuzüglich der bereits erworbenen Ansprüche. Wenn Sie künftig mehr Beiträge zahlen als in den vergangenen fünf Jahren, fällt Ihre spätere Rente höher aus. Wenn Sie weniger Beiträge zahlen, gibt es eine geringere Rente.

- die Prognose Ihrer Altersrente in drei Variationen: einmal ohne jede Rentensteigerung, einmal mit einer jährlichen Rentensteigerung von 1 % gerechnet und schließlich mit einer jährlichen Steigerung von 2 %.

Gehen Sie bei Ihrer Planung lieber davon aus, dass keine Erhöhung zu erwarten ist. Angesichts leerer Rentenkassen ist dies wohl realistisch.

Mit der ersten Renteninformation erhalten Sie auch eine Liste Ihrer verschiedenen Versicherungszeiten, den sogenannten Versicherungsverlauf. Anhand dieses Versicherungsverlaufs werden die Entgeltpunkte zugewiesen, die maßgeblich die Rentenhöhe bestimmen.

Der Versicherungsverlauf listet Ihre rentenrechtlichen Zeiten auf. Das heißt, er führt alle Lebenssituationen auf, in denen Sie Rentenansprüche erworben haben. Es kommt öfter vor, dass Schul- und Ausbildungszeiten, Arbeitslosigkeit, Kindererziehungszeiten nur unvollständig erfasst sind. Auch lange Krankheiten oder Auslandsaufenthalte sind manchmal nicht richtig angegeben.

Bitte kontrollieren Sie deshalb unbedingt den Versicherungsverlauf ganz genau. Wenn etwas nicht stimmt, müssen Sie eine sogenannte Kontenklärung beantragen. Dazu brauchen Sie die entsprechenden Unterlagen. Ihr Rentenversicherungsträger teilt Ihnen auf Anfrage mit, welche Nachweise er benötigt.

Die Kontenklärung ist oft zeit- und arbeitsaufwendig, weil viele Formulare ausgefüllt werden müssen. Wir raten deshalb dazu, lieber einen Termin mit Ihrer örtlichen Beratungsstelle der Deutschen Rentenversicherung zu vereinbaren. Deren Mitarbeiter helfen Ihnen, die Formulare richtig auszufüllen.

Für die Jahrgänge ab 1979 gibt es durch Gesetzesänderung vereinfachte Formulare.

Auch wenn es etwas Zeitaufwand erfordert, kümmern Sie sich rechtzeitig um Kontenklärung, damit Ihr Versicherungsverlauf lückenlos ist. Das zahlt sich in Euro und Cent aus.

Wie viel Geld brauche ich im Alter?

Das ist nicht so leicht zu beantworten, denn das hängt natürlich auch von Ihren Ansprüchen ab.
Aber eine grobe Richtschnur gibt es natürlich.

Grundsätzliche Überlegungen

Anzunehmen ist, dass in dieser Lebenszeit die Ausbildung Ihrer Kinder beendet ist, dass Sie also dadurch nicht mehr belastet werden. Die wichtigsten Anschaffungen sind vermutlich getätigt. Ihre Kapitallebens- oder Rentenversicherungen sind beendet, es fallen dafür keine Beiträge mehr an. Auch die Berufsunfähigkeitsversicherung ist ausgelaufen, sodass Sie auch diese Beträge nicht mehr zahlen müssen.
Wenn Sie eine eigene Immobilie besitzen, dann ist diese – wir wünschen es Ihnen – schuldenfrei. Sie haben also auch keine Zins- und Tilgungszahlungen mehr zu leisten.
Andererseits steigen vermutlich die Krankenversicherungsbeiträge. Ganz allgemein müssen Menschen im Ruhestand mit höheren Aufwendungen für Gesundheit und Wohlbefinden rechnen.
Außerdem soll natürlich die – hoffentlich – lange dritte Lebensphase genutzt werden, um die langersehnten Reisen zu unternehmen, Hobbys zu pflegen, Kurse zu besuchen usw.

Wir gehen davon aus, dass Sie mindestens 80 % des letzten Nettoeinkommens im Ruhestand brauchen, um Ihren Lebensstandard halten und die vor Ihnen liegende Zeit genießen zu können.

So können Sie rechnen

Sie sind 40, und Ihr jetziges Nettoeinkommen beträgt beispielsweise 2000 Euro. Das Einkommen wird in den nächsten 27 Jahren, bis Sie also 67 sind, steigen. Gehen wir davon aus, dass das 1,5 % pro Jahr sind. Dann hätten Sie, wenn Sie in Rente gehen, ein Nettoeinkommen von knapp 3000 Euro. Und davon brauchen Sie, als grobe Richtschnur, 80 %. Das sind also ca. 2400 Euro.

Das kann natürlich nur eine überschlägige Berechnung für Ihren Bedarf im Alter sein, weil ja heute nicht bekannt ist, wie oft Gehaltserhöhungen auf Sie zukommen und in welcher Höhe.

Hilfe, ich habe eine Versorgungslücke!

Als Versorgungslücke wird die Differenz bezeichnet zwischen Ihrem Finanzbedarf im Ruhestand und den Einkünften, die Sie dann haben werden, wie gesetzliche Rente, private Absicherung, Mieteinnahmen etc.

Das haben Sie

Um einen Kassensturz kommen Sie dabei nicht herum. Keine Angst, Sie haben alle Daten! Sie müssen diese nur zusammentragen. Von der Deutschen Rentenversicherung erhalten Sie einmal jährlich eine Renteninformation. Entnehmen Sie dieser sicherheitshalber nur den Rentenbetrag ohne künftige Rentensteigerung. Denn ob es die angesichts leerer Rentenkassen geben wird, ist ungewiss.

Auch Versicherungsgesellschaften teilen einmal jährlich den Stand der privaten Kapitallebens- oder Rentenversicherung mit.

Haben Sie eine oder mehrere vermietete Immobilien, ist die Höhe der Einnahmen bekannt. Ob Mietsteigerungen möglich sind, hängt von der Art der Immobilie, der Lage, der Ausstattung etc. ab.

Besitzen Sie Kapitalvermögen und tasten Sie dieses bis zum Ruhestand nicht an, rechnen wir überschlägig mit einer Durchschnittsrendite zwischen 3 und 4 %. Diese Rendite erhöht Ihr Kapital bis zum Rentenalter.

Das fehlt

Beispiel Anna G. (39)

Anna G. verdient heute netto	ca.	1700 €
Mit 1,5 % jährlicher Lohnsteigerung bis 67 sind das		2579 €

Es wird allgemein angenommen, dass 80 % des letzten Nettogehalts im Ruhestand benötigt werden.

Bei Anna G. wären das	ca.	2000 €

Einnahmen im Ruhestand:		
Gesetzliche Rentenversicherung	ca.	1200 €
Betriebliche Altersversorgung	ca.	200 €
Private Rentenversicherung	ca.	150 €
Insgesamt sind das also	ca.	1550 €

Anna G. hat also eine Versorgungslücke von monatlich 450 Euro.

Um diese zu schließen, muss Anna G. bis zum Ruhestand mit 67 ungefähr 100 000 Euro ansparen. Dies erreicht sie mit einer monatlichen Sparrate von 150 Euro und einer Rendite von 4 %.

Aus den damit angesparten 100 000 Euro kann Anna G. ab 67 etwa 25 Jahre lang 450 Euro monatlich entnehmen, wenn sie 3 % Rendite erzielt. Dann allerdings ist das Kapital verbraucht.

Legt Anna G. Wert auf eine *lebenslange* Rentenzahlung, müsste sie bis zum 67. Lebensjahr monatlich 180 Euro in eine Variante der Rentenversicherung einzahlen.

Empfehlenswerte Anlagen:

Anna G. sollte die Vorteile einer Riester-Rente nutzen. Da sie noch 28 Jahre Zeit hat bis zum Ruhestand, ist ein Riester-Fondssparplan interessant. Das Risiko ist überschaubar, denn die Einzahlungen und die staatlichen Zulagen sind ja garantiert. Eine private Rentenversicherung könnte die Riester-Rente ergänzen.

Möchte Anna G. keine Rentenversicherung, in welcher Form auch immer, sollte sie regelmäßig in einen Fonds mit Aktien einzahlen.

Um den Kaufkraftverlust durch Inflation auszugleichen, könnte Anna G. den monatlichen Beitrag dynamisieren, also regelmäßig erhöhen.

Beispiel Barbara S. (52)

Barbara S. ist seit vielen Jahren selbstständig und hat nicht viel gesetzliche Rente zu erwarten. Vor einiger Zeit hat sie zwar eine private Rentenversicherung abgeschlossen, aber eigentlich will sie nicht über Altersversorgung und Ruhestand nachdenken.

Ihr Geschäft geht nicht schlecht, monatlich hat sie etwa 2800 Euro netto zur Verfügung.

80 % davon braucht Barbara S. im Ruhestand =		ca. 2240 €
Einnahmen im Ruhestand:		
Gesetzliche Rentenversicherung	ca.	530 €
Private Rentenversicherung	ca.	350 €
Insgesamt sind das also	ca.	880 €

Die Versorgungslücke von Barbara S. beträgt also monatlich 1360 Euro.

Barbara S. braucht zu Beginn des Ruhestands ca. 200 000 Euro. Um diese Summe zu erreichen, muss sie in den nächsten 15 Jahren monatlich 800 Euro investieren. Der Sparplan muss mindestens 4 % Rendite bringen.
Wenn diese 200 000 Euro dann, also im Ruhestand, zu 3 % angelegt sind, kann sie monatlich 1360 Euro entnehmen. Das Kapital reicht 25 Jahre, dann ist es aufgebraucht.

Wenn sie die 800 Euro pro Monat in eine Rentenversicherung einzahlt, kann sie mit etwa 850 Euro *lebenslanger* Rente rechnen. Wichtig ist hier zu wissen, dass eine Rente lebenslang gezahlt wird, ganz gleich wie alt jemand wird und wie sich Zinsen und Kapitalmärkte entwickeln.

Empfehlenswerte Anlagen:

Am flexibelsten sind Fondssparpläne. Wegen der begrenzten Anlagezeit sollte sie keine reinen Aktienfonds, sondern gemischte Fonds wählen.

Legt Barbara S. Wert auf eine lebenslange Rente und möchte sie Steuern sparen, ist die Rürup-Rente interessant.
Ist die steuerliche Entlastung nicht ausschlaggebend, kommt die klassische private Rentenversicherung infrage.

Bei der Planung der Altersvorsorge geht es um größere Zeit-räume, oft um Jahrzehnte. Deshalb kann die Berechnung des Bedarfs im Alter, die möglichen Einnahmen und die sich even-tuell ergebende Versorgungslücke nur eine Prognose sein. Zu vieles kann sich in all den Jahren verändern: Es kann Renten-kürzungen geben und Einkommenserhöhungen, die Kapital-marktzinsen können schwanken, die Steuergesetze können sich ändern usw.

Sie sollten deshalb von Zeit zu Zeit einen Altersvorsorge-Check machen oder machen lassen. Je näher Sie auf den Ruhestand zugehen, desto genauer wird die Vorausschau ausfallen.

→ *Nur wer Bescheid weiß, kann richtig planen!*

KAPITEL 4

Was Sie wissen sollten

Anlegers Schlaraffenland: Hohe Sicherheit, tolle Rendite und jederzeit verfügbar

Wie die meisten Dreiecksbeziehungen funktioniert auch diese nicht. Denn hohe Rendite, wenig Risiko und jederzeitige Verfügbarkeit gibt es nicht in *einer* Geldanlage. Das ist ein Grundsatz, dessen Richtigkeit sich immer wieder aufs Neue bestätigt.

Magisches Dreieck wird die Dreierbeziehung bei der Geldanlage genannt. Denn nur Magie könnte die gegenseitige Abhängigkeit von Rendite, Risiko und Verfügbarkeit außer Kraft setzen.

Ein Sparbuch hat zwar kein Risiko, und Sie können jederzeit über das Geld verfügen, die Rendite ist jedoch mehr als mager.

Aktienfonds wiederum bieten sehr gute Renditechancen, haben aber auch ein entsprechend hohes Schwankungs- bzw. Verlustrisiko.

Auch die Verfügbarkeit, also die Liquidität, wirkt sich auf die Rendite aus. Ein Tagesgeldkonto, bei dem das Geld täglich verfügbar ist, kann nicht dieselbe Rendite bieten wie eine Anlage, bei der Ihr Geld über einen längeren Zeitraum gebunden ist.

Sie müssen also entscheiden, welche der drei Eigenschaften für Sie, für Ihren Anlagezweck, im Vordergrund steht. Bei der eisernen Reserve werden es Sicherheit und Liquidität sein, weil das Geld ohne Verlustrisiko schnell zur Verfügung stehen muss. Bei der Summe, die erst in fünf, sechs Jahren gebraucht wird, können Sie Abstriche bei der Liquidität machen, aber auch hier sollte das Verlustrisiko gering sein.

Wenn Sie Geld langfristig, also für die Altersversorgung, anlegen, dann sind Abstriche bei der Sicherheit in Ordnung. Hier muss die Rendite im Vordergrund stehen!

Beispiel Aktienfonds:
Über 15, 20 Jahre haben sie in der Vergangenheit die höchsten Erträge gebracht, aber eben um den Preis der starken Wertschwankungen. In diesem Fall ist das Risiko in Kauf zu nehmen, weil erfahrungsgemäß starke Schwankungen durch Börseneinbrüche etc. im Lauf der Jahre wieder ausgeglichen werden.

Die Verbindung von hoher Rendite bei mäßigem Risiko und jederzeitiger Verfügbarkeit gibt es nur dann, wenn Sie Ihr Kapital streuen, das heißt, auf mehrere Geldanlagen verteilen. Das Risiko nimmt ab, und die Renditechancen steigen, wenn Sie in unterschiedliche Geldanlagen mit unterschiedlicher Zielrichtung investieren.

Aufpassen müssen Sie immer, wenn Ihnen jemand weismachen will, dass es eine besonders hohe Rendite ohne jegliches Risiko bei einer Geldanlage gibt. Dann können Sie davon ausgehen, dass es nicht um das magische Dreieck geht, sondern um faulen Zauber.

Ich will kein Risiko!

Das Wort Risiko leitet sich vom frühitalienischen »risicare« ab, das »wagen« bedeutet. Wer wagt, gewinnt, sagt auch der Volksmund und meint damit, wer nicht bereit ist, bestimmte Risiken einzugehen, wird auch keinen größeren Erfolg verzeichnen können.
Risiko hat viele Gesichter! Die meisten Anlegerinnen denken bei Risiko an die Gefahr eines Totalverlustes ihres Geldes. Den aber müssen Sie nur dann riskieren, wenn Sie einem Betrüger in die Hände fallen oder spekulative Anlagen getätigt haben.

Es gibt allerdings alltägliche und nicht immer vermeidbare Risiken, die Sie kennen sollten.

Das Bonitätsrisiko

Seit der Pleite des Bankhauses Lehman Brothers im Herbst 2008 kennt es jeder. Das Bonitätsrisiko bezieht sich auf die Sicherheit, die Zahlungsfähigkeit und die Kreditwürdigkeit des Unternehmens, der Institution oder der Bank, denen Sie Ihr Geld anvertrauen. Es betrifft hauptsächlich Staats- und Unternehmensanleihen sowie Zertifikate. Wenn in diesem Bereich überdurchschnittlich hohe Zinsen versprochen werden, ist der Zinsaufschlag als Risikoprämie zu verstehen.
Fragen Sie Ihre Bank nach dem Rating eines Unternehmens oder eines Staates, mit dem die jeweilige Kreditwürdigkeit eingestuft wird.

Das Bewertungsschema von Standard & Poor's:

AAA   allerbeste Beurteilung, sehr geringes Risiko

AA +
AA   } hohe Qualität, geringes Risiko
AA –

A +
A   } gute Qualität des Schuldners;
A –   aber auch negative Entwicklung ist möglich

BBB +
BBB } durchschnittliche Qualität des Schuldners;
BBB –   Risiko möglich

BB +
BB   } Anleihen mit spekulativem Charakter;
BB –   Gefahr, dass Zinsen und Tilgung nicht
gezahlt werden

B +
B   } sehr spekulatives Wertpapier
B –

CCC
CC   } Junk Bonds (Schrottanleihen)
C

Das Marktrisiko

Viele Experten glauben zu wissen, wie sich »der Markt« in den kommenden Monaten und Jahren entwickeln wird, ob die Zinsen steigen oder fallen, wie sich der Dollar oder die Aktienkurse verändern, ob und wann es einen Crash gibt oder nicht. Lesen Sie doch einmal unter »Prognosen« nach, wie sich selbst hochkarätige Experten in der jüngsten Krise getäuscht haben. Dann wissen Sie, dass niemand die Entwicklung genau vorhersagen kann. Sicher ist nur eins, dass sich Aufschwung (Hausse) und Abschwung (Baisse) immer abwechseln. Nur *wann* das alles eintritt, weiß natürlich niemand.

Werten Sie also eine Prognose als das, was sie ist: eine mögliche Entwicklung aufgrund bestimmter Annahmen, die aber nicht zwingend eintreffen müssen.

Das politische Risiko

Vor einem gewaltsamen, politischen Umsturz muss in Europa niemand Angst haben. Wir leben ja in relativ stabilen Verhältnissen. Wenn Sie aber in Schwellenländer investiert haben, sollten Sie es nicht versäumen, diese Märkte auch dahingehend zu beobachten.

In Deutschland, ja in ganz Europa zeigt sich das politische Risiko in Form von Gesetzesänderungen, die meist gravierende Auswirkungen haben. Denken Sie zum Beispiel nur an die Einführung der pauschalen Abgeltungssteuer zum 1. Januar 2009, nach der Zinsen, Dividenden und Kursgewinne gleichermaßen mit 25 % besteuert werden. Das ist eine gesetzliche Veränderung, die langfristig einschneidende Folgen hat.

Das Geldwertrisiko

Dieses Risiko zeigt auf, was real, also netto, von einem Gewinn übrig bleibt, wenn Inflation und Steuer berücksichtigt sind. Wenn Sie für Tagesgeld 2 % Zins bekommen, auf die Zinsen 25 % Steuer fällig werden und die Inflation ebenfalls 2 % beträgt, machen Sie sogar mit dieser an sich risikolosen Anlage einen Verlust:

Zins	2,0 %
./. 25 % Abgeltungssteuer	0,5 %
./. Inflationsrate	2,0 %
Realverzinsung	−0,5 %

Ihre Risikobereitschaft

Die Risikobereitschaft von jemandem zu erfassen ist nicht leicht. Wenn Sie morgens beim Zähneputzen im Radio die Wetteraussichten hören, dann kann es sein, dass gemeldet wird: »Die Regenwahrscheinlichkeit liegt heute unter 50 Prozent.« Was machen Sie dann? Nehmen Sie einen Schirm mit, weil Sie keinesfalls nass werden wollen? Oder lassen Sie den Schirm zu Hause, weil Sie das Risiko auf sich nehmen, ein paar Tropfen abzubekommen? Es könnte ja immerhin sein, dass es gar nicht regnet!

Bekannt ist, dass die Deutschen lieber vorsorglich den Regenschirm mitnehmen, also auf Nummer sicher gehen, als nass zu werden. Leider! Denn bei Vermögensanlage und Altersvorsorge verzichten sie dadurch langfristig auf satte Erträge, die die meisten im Ruhestand sehr gut brauchen könnten. Lieber also das ganze (Anlage-)Leben lang unter einem sicheren Schirm, als das Risiko einzugehen, ein paarmal nass zu werden?

Rendite oder Risiko?

Rendite wollen alle, Risiko will niemand. Wie Sie gelesen haben, sind aber Rendite und Risiko eng miteinander verknüpft. Das eine gibt es nicht ohne das andere. Höhere Renditechancen bedeuten beinahe immer auch ein höheres Risiko. Ein von vornherein hohes Risiko bedeutet aber im Gegenzug nicht immer eine sagenhafte Rendite.

Sicherheit dagegen bezahlen Sie immer mit einer niedrigeren Rendite. Und gerade das können und sollten Sie sich auf Dauer nicht leisten, wie Sie nachfolgend sehen:
Denn aus einem Anlagebetrag von 10 000 Euro werden in 30 Jahren bei einer Rendite von

2 %	18 100 €
4 %	32 400 €
6 %	57 400 €
8 %	100 600 €

Beträgt die durchschnittliche Inflationsrate 2–3 %, müssen Sie also mindestens 3–4 % durchschnittliche Rendite über die Anlagezeit pro Jahr hinweg erreichen, um das Kapital zu erhalten oder eine minimale Realrendite zu erwirtschaften.

Eine höhere durchschnittliche Rendite von 6–8 % oder mehr, die Ihnen echten Vermögenszuwachs bringt, gibt es in der Regel nur bei Anlagen mit höherem Risiko, also mit Aktien, Aktienfonds, Mischfonds oder Dachfonds.

Faustregel 1:
Wenn Sie langfristig Kapital bilden wollen und müssen, sollte auf jeden Fall ein Teil Ihres Geldes in Aktien- oder zumindest in Mischfonds investiert sein!

Welches Risiko gehe ich ein, wenn ich in einen Aktienfonds investiere?

Natürlich haben Mathematiker versucht, das Risiko einer Anlage messbar zu machen. Die dazu verwendeten Kennzahlen machen es möglich, die Fonds innerhalb ihrer verschiedenen Kategorien zu vergleichen, und geben damit bei der Auswahl eine gute Orientierung. Denn (Aktien-)Fonds ist nicht gleich (Aktien-)Fonds, da gibt es gewaltige Unterschiede!

Volatilität

Sie gibt die Abweichung vom Standard – also vom Mittelwert – an. Je höher die Volatilität (oder Standardabweichung oder Schwankungsbreite) ist, desto weiter waren die Preise/Kurse der Anlage vom Mittelwert entfernt, desto höher waren also die Schwankungen dieser Anlage. Anlegerinnen bevorzugen es, wenn die Preise/Kurse der Anlage sich dicht um den Mittelwert drängen, also wenig schwanken.

Die Volatilität allein sagt aber noch nicht viel aus. Erst im Vergleich kann man sie beurteilen.

Beispiel:
Fonds A hat über einen bestimmten Zeitraum 10 % Rendite bei einer Volatilität von 22 % erwirtschaftet. Fonds B schaffte ebenso 10 % oder mehr Rendite bei einer deutlich geringeren Schwankung von 16 %. Welchen kaufen Sie? Selbstverständlich sollte die Wahl auf den mit der geringeren Volatilität fallen. Denn die Volatilität ist nichts anderes als eine »Zitterprämie«. Bei Fonds B erreichen Sie die gleiche oder eine höhere Rendite bei geringeren Schwankungen, und Sie müssen zwischendurch nicht so viel zittern!

Faustregel 2:
Je mehr Aktien in Fonds sind, desto höher ist die Volatilität. Vergleichen Sie Fonds der gleichen Kategorie, und wählen Sie bei gleicher Rendite den mit der niedrigeren Volatilität.

Sharpe-Ratio

Bei dieser Kennzahl, benannt nach dem US-Wirtschaftswissenschaftler William Sharpe, bekommt man schon mal einen Knoten im Hirn, aber eigentlich ist sie toll! Ihr liegt die Überlegung zugrunde, dass ein Fonds gegenüber dem Zins einer risikolosen Anlage – beispielsweise einer Bundesanleihe – einen höheren Ertrag bieten muss, sozusagen als Ausgleich für das erhöhte Risiko, das die Anlegerin mit dem Fonds eingegangen ist. Die Sharpe-Ratio setzt die Mehrrendite (des Fonds gegenüber der Bundesanleihe) in Relation zum Risiko und vermittelt so in gewisser Weise das Preis-Leistungs-Verhältnis des Fonds. Die Leistung ist die Überrendite im Vergleich zu einer risikolosen Anlage, der Preis ist die Schwankungsanfälligkeit, ausgedrückt in der Zitterprämie Volatilität. Die Sharpe-Ratio zeigt Ihnen also, ob ein Fondsmanager gut gemanagt hat oder nicht.

Faustregel 3:
Mit dieser Kenngröße lassen sich Fonds sehr gut vergleichen. Je höher die Sharpe-Ratio ist, desto besser ist das Investment! (Negative Werte haben keine Aussagekraft.)

Beispiel für einen Zeitraum von fünf Jahren:

	Rendite in 5 Jahren	*Volatilität*	*Sharpe-Ratio*
Fonds A	10,17 %	7,50 %	1,09 %
Fonds B	3,96 %	22,52 %	0,09 %

Fonds A schwankt weniger (niedrigere Volatilität) als Fonds B, hat in der gleichen Zeit mehr Rendite erwirtschaftet und hat eine sehr viel höhere Sharpe-Ratio als Fonds B. Fonds A hat ganz klar besser gearbeitet als Fonds B.

Alpha und Jensen-Alpha

Die Kennzahl Alpha drückt aus, wie gut ein Fondsmanager im Vergleich zum Gesamtmarkt, also seinem Vergleichsindex, abgeschnitten hat. Ist das Alpha positiv, hat der Fonds seinen Vergleichsindex geschlagen. Dabei bedeutet ein positives Alpha noch nicht, dass der Fonds immer positive Renditen hatte, sondern nur, dass er besser war als der Marktdurchschnitt!

Ihnen ist das zu ungenau? Dasselbe dachte sich auch der Mathematiker Michael Jensen. Seine Überlegung: Wenn ein Fondsmanager mit seinem Fonds den Vergleichsindex schlägt, ist seine Arbeit umso höher zu bewerten, je weniger Risiko er dabei eingegangen ist! Seine Kennzahl, das Jensen-Alpha, misst sozusagen die Wertpapier-Selektionsfähigkeit eines Fondsmanagers.

Faustregel 4:
Ein positives (Jensen-)Alpha bedeutet: gute Arbeit des Fondsmanagers.

Sie sehen, man kann das Anlagerisiko umzingeln und sogar deutlich bändigen. Am allerwichtigsten aber, und das ist die wichtigste Faustregel von allen, ist die Streuung Ihres Vermögens über verschiedene Anlageklassen. Nur dadurch lässt sich die Wertentwicklung durchschlagend verbessern und das Anlagerisiko deutlich reduzieren.

So verhielten sich die wichtigsten Anlageformen in den letzten 20 Jahren

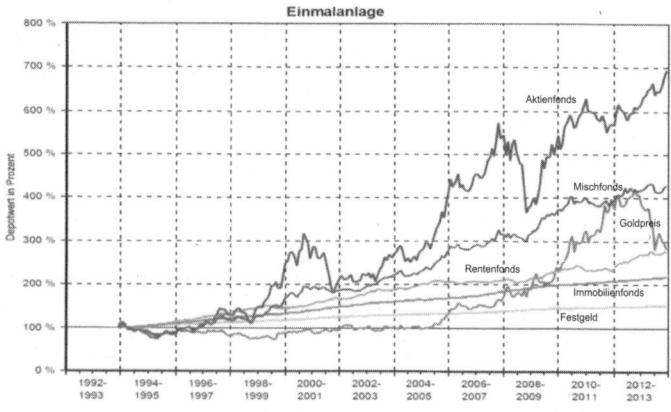

Auswertung vom 01.12.1993 bis zum 30.11.2013

Was Sie wissen sollten

Bezeichnung	Rendite p. a.	Volatilität
Festgeld (bis 50 000 €)	2,10 %	0,26 %
Offene Immobilienfonds	3,98 %	0,80 %
Rentenfonds	5,25 %	3,33 %
Goldpreis	5,34 %	16,09 %
Mischfonds (ausgewogen)	7,57 %	8,52 %
Aktienfonds (global)	10,18 %	18,82 %

UNSERE MEINUNG

Frauen sind risikoscheuer als Männer. Zu dieser Einsicht kommt jede Studie, jede Befragung. Und natürlich wissen wir das, denn wir beraten ja seit über 20 Jahren vorwiegend Frauen. Das aber ist gerade bei der Altersversorgung fatal, denn Frauen haben weniger Rente als Männer, und sie leben auch noch länger, brauchen also im Alter mehr Geld.

Kaum eine Frau kann es sich leisten, mit Festgeld oder Sparbuch ihre Altersvorsorge aufzubauen.

Sie kommen also nicht daran vorbei, sich mit etwas mehr Risiko anzufreunden, nach dem bekannten Motto: Wer nichts wagt, gewinnt auch nichts. Schließlich sind ja Risiko und Chance die beiden Seiten einer Medaille!

Die Inflation und der Realzins

Wir Münchner haben einen ganz einfachen Maßstab für die Entwicklung der Preise, also der Inflation und damit der Geldentwertung: die Mass Bier auf dem Oktoberfest.

Im ersten Jahr der Deutschen Mark, im Jahr 1948, kostete die Mass Bier 1,60 Mark, also 0,82 Euro. 2009 lag der Preis zwischen 8,20 und 8,60 Euro! Und das bei einer doch recht moderaten Inflation von durchschnittlich 4 % pro Jahr.

Bevor Sie jetzt zu Tode erschrecken: Aber natürlich ist auch Ihr Einkommen in all diesen Jahren deutlich gestiegen!

Inflation: Das Wort stammt ursprünglich aus dem Lateinischen und bedeutet »sich aufblasen«. Dementsprechend beschreibt die Inflation einen anhaltenden Anstieg des Preisniveaus und, weil dadurch die Kaufkraft sinkt, einen Prozess der Geldentwertung.
Es gibt verschiedene Theorien zur Ursache der Inflation. Die wichtigste sieht die Ursache in der Ausweitung (dem »Aufblasen«) der Geldmenge. Vereinfacht ausgedrückt: Weil jede Nachfrage nur durch Geld wirksam werden kann, braucht eine wachsende Wirtschaft auch eine wachsende Geldmenge.
Aber: Wächst diese Geldmenge zu stark, droht Inflation.
Das Zuviel an Geld wird dann durch steigende Preise auf das vorhandene Güterangebot verteilt.

Seit Einführung des Euros im Jahr 2000 stieg die Wirtschaftsleistung, also die Gesamtheit der produzierten Güter und Dienstleistungen, in der Eurozone um 14 %. Gleichzeitig wurde die Geldmenge in der Eurozone aber um 105 % ausgeweitet. Es gibt also, vereinfacht ausgedrückt, mehr Geld als Güter und Dienstleistungen, das führt zu erhöhter Nachfrage, und diese führt zwangsläufig zu Preissteigerungen.

Angst vor Inflation

Die letzte Finanzkrise mit den vielen Milliarden, die in die Wirtschaft gepumpt wurden, ängstigt viele Menschen. Muss daraus nicht Inflation entstehen? Wenn so viele Milliarden »unterwegs« sind? Eine Hyperinflation sogar, wie 1923, wo der Brotpreis 34 Millionen Mark betrug und über Nacht auf 480 Millionen stieg?

Viele Finanzwissenschaftler rechnen zwar in den nächsten Jahren mit einer höheren Inflationsrate, aber keinesfalls mit einer solch massiven Inflation.

Die umseitige Grafik des Statistischen Bundesamtes wird Ihnen – hoffentlich – die Angst etwas nehmen. Sie zeigt, dass sich in den Jahren seit 1960 die Inflationsrate immer wieder stark verändert hat.

Sie sehen daraus, dass große Krisen, wie etwa die Ölkrise in den 70er-Jahren oder auch die Wiedervereinigung Anfang der 90er-Jahre, zu einer steigenden Inflationsrate von bis zu 7 % führte.

Das Wichtigste aber, was Sie aus der Grafik entnehmen können, ist, dass sich die hohen Inflationsraten nach jeder Krise und jedem gesellschaftlichen Umbruch wieder stark reduziert haben. Und zwar relativ bald. Von 1997 bis heute schwankte die Inflationsrate zwischen 2,3 und –0,6 %.

Eine hohe Inflationsrate muss also nicht zwangsläufig von langer Dauer sein.

Und Sie können sich zum Trost sagen, dass jede hohe Inflationsrate immer auch mit deutlich höheren Zinsen einhergeht, sodass die höhere Geldentwertung kurzfristig ein Stück weit aufgefangen werden kann.

Die Betonung liegt hier auf »kurzfristig«. Denn langfristig entwertet auch eine niedrige Inflationsrate Ihr Geld. Insbesondere bei Ihrer Altersvorsorge müssen Sie die schleichende Geldentwertung in Ihre Planung einrechnen und mit der sorgfältigen Auswahl Ihrer Geldanlagen der Inflation ein Stück entgegenwirken. Diese Strategie gehört zu jeder seriösen und qualifizierten Finanzberatung.

Preissteigerung in Deutschland 1960–2012

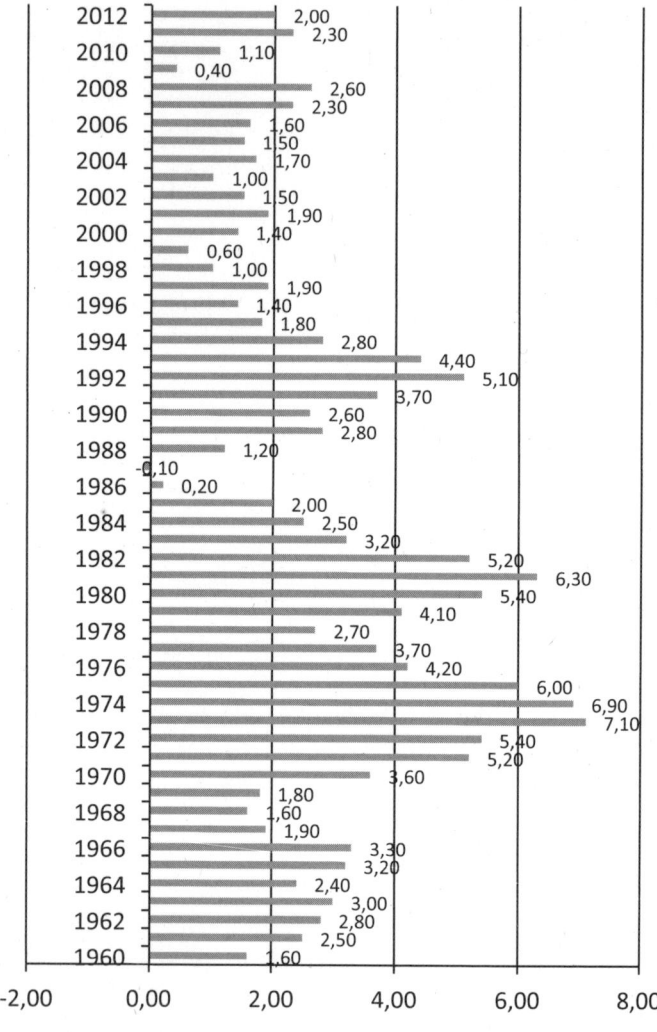

Quelle: Eigene Darstellung
Zahlen: statistisches Bundesamt

Was Sie wissen sollten

Rentenfraß durch Inflation
Wie viel 100 Euro Monatsrente nach Inflation künftig wert sind

Jahr	2,0 %	3,0 %	4,0 %	Jahr	2,0 %	3,0 %	4,0 %
0	100,00	100,00	100,00	18	69,51	57,80	47,96
1	98,00	97,00	96,00	19	68,12	56,06	46,04
2	96,04	94,09	92,16	20	66,76	54,38	44,20
3	94,12	91,27	88,47	21	65,43	52,75	42,43
4	92,24	88,53	84,93	22	64,12	51,17	40,73
5	90,39	85,87	81,54	23	62,83	49,63	39,11
6	88,58	83,30	78,28	24	61,58	48,14	37,54
7	86,81	80,80	75,14	25	60,35	46,70	36,04
8	85,08	78,37	72,14	26	59,14	45,30	34,60
9	83,37	76,02	69,25	27	57,96	43,94	33,21
10	81,71	73,74	66,48	28	56,80	42,62	31,89
11	80,07	71,53	63,82	29	55,66	41,34	30,61
12	78,47	69,38	61,27	30	54,55	40,10	29,39
13	76,90	67,30	58,82	31	53,46	38,90	28,21
14	75,36	65,28	56,47	32	52,39	37,73	27,08
15	73,86	63,33	54,21	33	51,34	36,60	26,00
16	72,38	61,43	52,04	34	50,31	35,50	24,96
17	70,93	59,58	49,96	35	49,31	34,44	23,96

Inflationsraten

Aber was kann man denn tun?

Um die Kaufkraft Ihres Geldes zu erhalten, sollte ein Teil Ihres Vermögens in Sachwerte investiert sein.

In Krisen- und Inflationsangst neigen viele Anleger dazu, Gold zu kaufen, in der Hoffnung, damit eine inflationssichere Sachwertanlage zu haben. Gold kann zwar niemals nichts mehr wert sein, aber es handelt sich doch eher um eine spekulative Anlage als um eine Wertsicherung. Gold bringt weder Zinsen noch Dividenden, und die Preissteigerung, auf die viele Anleger setzen, ist Spekulation. Ist eine Krise vorbei, sinkt der Goldpreis meist rapide.

Beispiel:

Wer 1980 in Gold investierte, hat bis Ende 2008 keinen Wertzuwachs erzielt! Nach Ausbruch der Finanzkrise Ende 2008 flüchteten plötzlich viele Anleger aus Panik in Gold, der Preis legte enorm zu.

Aber es kam, was kommen musste: Drei Jahre später wurde die Panik abgelöst von der Erkenntnis, dass der »Abgrund« doch nicht so tief war, wie zuerst gedacht und der Weltuntergang verschoben wurde – der Goldpreis stürzte ab!

Die Erkenntnis für Anlegerinnen: »Langfristiger Werterhalt« ist relativ.

Der Goldkauf erwies sich in dieser Krise für viele als echtes Verlustgeschäft.

Zum Vergleich:

Wer 1980 in den deutschen Aktienmarkt investierte, konnte bis 2008 sein Geld fast verzehnfachen! Damals stand der DAX bei 600 Punkten. Seit dem Kurssturz nach der Lehman-Pleite 2008 von über 40 % erholte er sich beeindruckend und hat im Januar 2014 die 9700-Punkte-Marke überschritten. Ein neuer Allzeit-Höchststand!

Die klassische Sachwertanlage sind Immobilien. Die Preise für Wohnungen in Westdeutschland stiegen seit den 70er-Jahren mit 141 % deutlich stärker als die Inflation (130 %).

Eine Immobilie setzt jedoch einiges an Eigenkapital und Finanzkraft voraus. Aber auch wer sich kein Haus, keine Eigentumswohnung leisten kann, muss nicht auf werterhaltendes Immobilieneigentum verzichten.

Bei offenen Immobilienfonds können Sie sich schon mit kleinen Summen an einem soliden Immobilienvermögen beteiligen.

Und über geschlossene Immobilienfonds werden Sie Mitinhaberin werthaltiger Büroimmobilien.

Neben Immobilien sind es Aktien und Aktienfonds, die als Sachwerte gelten. Denn über Aktien sichern Sie sich ein »Stück« eines großen real existierenden Unternehmens, das unter anderem Grundstücke und Gebäude besitzt, die für die Erhaltung der Substanz sorgen.

Worauf muss ich noch achten?

Von den Sachwerten einmal abgesehen, müssen Sie Geldanlagen wählen, die so viel Rendite bringen, dass nach Inflationsrate und Steuer noch etwas für Sie übrig bleibt. Das geht mit Sparbuch, Tages- und Festgeld garantiert nicht.

Sie kommen also um Fonds mit Aktien nicht herum. Es müssen ja nicht reine Aktienfonds sein, wenn Ihnen die mitunter starken Schwankungen Angst machen. Es gibt hervorragende Mischfonds, Dachfonds oder vermögensverwaltende Fonds, die nur zum Teil Aktien enthalten und mit denen bei moderatem Risiko über längere Zeiträume gutes Geld zu verdienen ist.

Bei Sparplänen mit Fonds sollten Sie die monatliche Sparrate einmal im Jahr erhöhen. Nutzen Sie dafür Ihre Gehaltserhöhungen. Wenn Ihr Gehalt um 2 % pro Jahr steigt, dann sollten Sie auch die Sparrate um 2 % erhöhen.

Das Gleiche gilt für Sparpläne mit privaten Rentenversicherungen. Auch hier schlagen Sie der Inflation ein Schnippchen, wenn Sie die Sparrate regelmäßig erhöhen und so einen Inflationsausgleich schaffen.

Und wie ist das mit dem Realzins?

Der Realzins sagt aus, wie viel Ihnen von Ihren Zinsen nach Abzug der Inflationsrate und der Steuer tatsächlich bleibt. Schauen Sie sich die nachfolgenden Beispiele an, dann wissen Sie, was wir meinen. Zugrunde gelegt haben wir die durchschnittliche Inflationsrate der letzten Jahre von 2 %.

Sparbuch	1,00 %	Zins
./. 25 % Abgeltungssteuer	0,25 %	
./. Inflationsrate	2,00 %	
= Realzins	−1,25 %	

Das Sparbuch bringt also einen echten Wertverlust!

Mischfonds	5,00 %	im Durchschnitt p. a.
./. 25 % Abgeltungssteuer	1,25 %	
./. Inflationsrate	2,00 %	
= Realzins	+1,75 %	

Private Rentenversicherung		
Rendite	4 %	
./. Inflationsrate	2 %	
= Realzins	+2 %	

Bei Rentenversicherungen fällt keine Abgeltungssteuer an!
Wenn Sie sich hier am Ende der Laufzeit das angesammelte
Kapital auszahlen lassen, müssen Sie nur die Hälfte des Ge-
winns versteuern, wenn die Versicherung mindestens zwölf
Jahre läuft und Sie am Laufzeitende über 62 sind. Da Ihr
Steuersatz im Ruhestand niedriger ist als während des Arbeits-
lebens, fällt hier kein hoher Steuerabzug an.
Wählen Sie die Rente, sieht die steuerliche Rechnung noch
günstiger aus: Die Rente wird nur minimal besteuert.

UNSERE MEINUNG

In eine gut gestreute Vermögensanlage gehören immer auch
Sachwerte. Gold ist zwar auch ein Sachwert, bringt aber zu
wenig Ertrag und verursacht dazu noch Kosten (durch die La-
gerung in einem Safe).
Bei Sparplänen oder privaten Rentenversicherungen sollten Sie die monatlichen Sparraten regelmäßig erhöhen. Da-

durch kann der Wertverlust durch Inflation ausgeglichen werden.

Krisen – nicht zu verhindern

Kennen Sie diese Schlagzeilen?
»Die Weltwirtschaft vor dem Kollaps – Die Lage auf dem Arbeitsmarkt wird immer düsterer – Entlassungen, Betriebsstilllegungen und Konkurse!« (Wirtschaftswoche)

»Angst an den Weltbörsen – Wie tief fallen die Kurse noch? Wiederholt sich der Crash von 1929?« (Börse Online)

Sie denken, die Schlagzeilen stammen aus den Jahren 2008/ 2009? Weit gefehlt! Die ersten Zeilen waren zu lesen am 13. August 1982. Die zweiten am 3. September 1998.
Krisen ähneln sich also, die Berichterstattung leider auch.

Wirtschaftskrisen gibt es, seit die Menschen Handel treiben. Allein seit der zweiten Hälfte des 20. Jahrhunderts waren da:

1962	Kubakrise
1973/74	Ölkrise
1982	Kleine Ölkrise
1987	Börsencrash
1990	Japankrise
1998	Asienkrise
2000/01	Börsencrash
2008	Beginn der Finanzkrise

Aber es ist in jeder Krise das Gleiche: Immer wird die aktuelle als die schwerste Krise empfunden. Das menschliche Gedächtnis ist eben kurz.

Schauen Sie sich die folgende Grafik an, dann sehen Sie, dass der deutsche Aktienindex DAX trotz all dieser Krisen über längere Zeiträume nur eine Richtung kennt: nach oben!

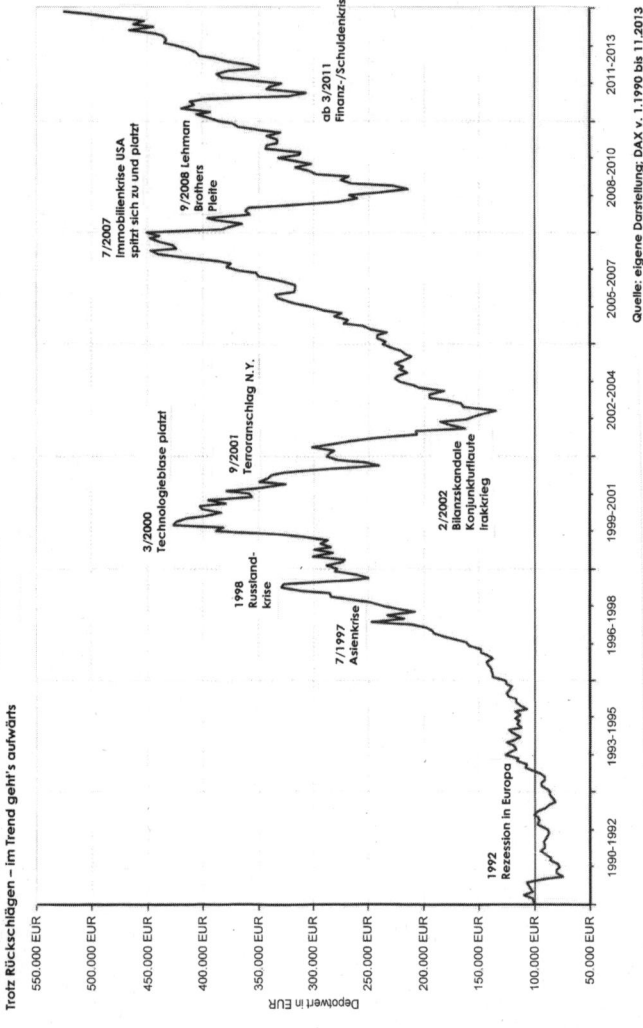

Langfristige Entwicklung des Deutschen Aktien Index DAX
Trotz Rückschlägen – im Trend geht's aufwärts

Quelle: eigene Darstellung: DAX v. 1.1990 bis 11.2013

Was Sie wissen sollten

Den bislang bekanntesten und schwersten Börsencrash gab es im Jahr 1929. Damals hatte sich die Industrieproduktion fast halbiert, die Arbeitslosigkeit stieg auf 30 %, das Bruttoinlandsprodukt fiel um ein Drittel, die Immobilienpreise sanken um 50 %.

Wir meinen, dass es unverantwortlich ist, die Krise 2008/2009 mit der schwersten Börsenkrise aller Zeiten, eben der von 1929, zu vergleichen. Die Arbeitslosigkeit in Deutschland lag im Jahr 2009 bei 8 %, das Bruttoinlandsprodukt hatte 2009 ein Minus von etwa 5 %. Die Immobilienpreise sind nicht eingebrochen.

Die politischen Verhältnisse sind in allen führenden Industrienationen relativ stabil.

Krise und Altersvorsorge

Viele Deutsche machen sich wegen der Krise Sorgen um ihre Alterssicherung.

Eine interessante Studie zu »Finanzkrise und Altersvorsorge« des Deutschen Instituts für Altersvorsorge im Juli 2009 zeigt, dass die deutsche Bevölkerung die tatsächlichen Verluste durch die Krise massiv überschätzt. Die »gefühlten« Verluste liegen rund viermal höher als die realen Verluste.

So schätzten z. B. 20 % der Befragten, dass sie mindestens die Hälfte ihrer Altersversorgung durch die Krise verloren haben. Durchschnittlich schätzten die Deutschen ihre Einbußen auf über 20 %. Und das sagten ausgerechnet diejenigen, die gar nicht in Aktien, Aktienfonds oder Zertifikate investiert hatten!

Die Realität sieht ganz anders aus. Prof. Dr. Bernd Raffelhüschen, Ökonomieprofessor und Altersvorsorgespezialist und Leiter der Studie, stellte fest, dass die überwiegende Mehrheit der Haushalte nominal weniger als 3 % ihrer gesamten Altersvorsorge verloren hat.

Besonders stark betroffen von der Finanzkrise waren vor allem sehr wohlhabende Ältere mit hohem Aktienanteil am Gesamtvermögen und junge Besserverdiener mit spekulativer Anlagestrategie. Wirklich Geld verloren haben nur diejenigen, die alles beispielsweise auf Lehman-Zertifikate gesetzt haben. Obwohl auch hier teilweise Entschädigungen gezahlt wurden.

UNSERE MEINUNG

Glauben Sie nicht alles, was Sie lesen! Denn für die Medien sind nur schlechte Nachrichten wirklich gute Nachrichten.
Und vergessen Sie auch in Krisenzeiten Ihre langfristigen Ziele nicht. Auch oder gerade in schwierigen Zeiten müssen Sie an Ihre Absicherung im Alter denken und Ihr Geld sinnvoll anlegen. Versichern Sie sich auch gegen Berufsunfähigkeit, denn dieser hoffentlich nie eintretende Fall träfe Sie härter als jede Krise.

Prognosen – trauen Sie ihnen lieber nicht

Kennen Sie die alte Bauernregel: »Kräht der Gockel auf dem Mist, ändert sich das Wetter, oder es bleibt, wie es ist«?
Sie passt nach unserer Meinung hervorragend zum Thema Prognosen.

Ein aktuelles Beispiel:
Im April 2008 trafen sich die führenden deutschen Wirtschaftsexperten, um die von der Bundesregierung bezahlte gemeinschaftliche Wirtschaftsprognose vorzustellen. Sie kamen zu der Aussage, dass das Jahr 2009 ganz passabel wird. 1,4 % Wirtschaftswachstum sei zu erwarten. Das sei weniger als

2008, aber noch in Ordnung. Außerdem meinten sie, die deutsche Wirtschaft sei in den vergangenen Jahren robuster geworden, sodass die Gefahr einer Rezession heute geringer sei. Zudem sei das deutsche Bankensystem »relativ robust«. Wenige Monate nach dieser verhalten optimistischen Aussage erlebte Deutschland eine der größten Bankenkrisen der Nachkriegszeit und den heftigsten Produktionseinbruch seit dem Zweiten Weltkrieg.

Traurig, aber wahr: Kein bekannter deutscher Konjunkturforscher hatte das vorhergesehen.

Aber das war noch nicht alles.

Nach Ausbruch der schweren Krise gab es nicht etwa einsichtsvolle Zurückhaltung in der Einschätzung der Krise und ihrer Auswirkungen. Nein, da hatte dann Schwarzmalerei Hochkonjunktur. Da überboten sich Börsenexperten, Finanzwissenschaftler und Chefvolkswirte verschiedener Banken in Negativ-Prophezeiungen. Sagte Finanzwissenschaftler A., das Bruttoinlandsprodukt werde um 3 % sinken, tat Chefvolkswirt B. am Tag darauf in ARD oder ZDF kund, dass es mindestens 6 % minus sein werden. Jeder »Experte«, dem ein Mikrofon unter die Nase gehalten wurde, musste seinen Vorredner in der Beschreibung von Horrorszenarien noch überbieten.

Sehr gut gefiel uns in dieser Szenerie der Präsident des Deutschen Instituts für Wirtschaftsforschung, Klaus Zimmermann. Er schlug auf dem Höhepunkt der Krise vor, auf einen Wettlauf immer dramatischerer Prognosen zu verzichten. Er meinte, dass dies in einer so kritischen Lage mehr zur Verunsicherung der Bevölkerung beitrage als zur Klärung der Situation.

Wörtlich sagte er: »Wenn man ziemlich wenig weiß, ist eine Prognose eher gefährlich. Ich habe mich damals ein bisschen geschämt für die Profession, die jede Woche immer schlimmere Schlagzeilen produzierte, ohne gesichertes Wissen zu haben. (…) Mit ihren Prognosen haben die Ökonomen mit Sicherheit einen Beitrag zur Verschärfung der Krise geleistet.«

Na, so was:
Und während sich noch all diese Experten in Horrorszenarien für die nächsten Jahre ergingen, stiegen erstaunlicherweise die Häuserpreise in den USA wieder, die Banken machten mitten in der Krise Gewinne, die Exporte in Deutschland nahmen zu. Zu hoher Arbeitslosigkeit kam es nicht. Wirtschaftsinstitute riefen das Ende der Krise aus. Das zarte Pflänzchen Hoffnung hat Aussicht, zu einer veritablen Staude zu werden.
Nicht mehr überraschend: Auch diesen doch relativ bald erfolgenden Aufschwung haben unsere »Chefvolkswirte« und »Experten« nicht vorhergesehen.

Aber kann uns das nicht egal sein?

Nein, das kann es nicht. Denn die öffentliche Aussage eines »Experten« wird ja von unzähligen Lesern und Fernsehzuschauern ernst genommen. In Deutschland, dem Land der Pessimisten, ganz besonders, wenn die Prognosen schlecht sind. Und die dadurch ausbrechende Verunsicherung, wenn nicht gar Panik, hat ja weitreichende Folgen: Die Leute lösen ihre Geldanlagen auf, kaufen Gold, vernachlässigen ihre Altersvorsorge (weil ja eh alles den Bach runtergeht …) usw.

Deshalb können wir Ihnen raten:
Schauen Sie in den Kaffeesatz, legen Sie Tarotkarten oder fragen Sie die Sterne. Sie werden im Zweifelsfall genau-

so viel erfahren wie durch die Prognose mancher Experten.

»Ich weiß, dass ich nichts weiß«, sagte Sokrates.
Aber der war Philosoph und damit weise und konnte sich so einen Satz erlauben.

KAPITEL 5

Die Bausteine für Ihre Altersversorgung
Das Drei-Schichten-Modell

Die drei Schichten des deutschen Alterssicherungssystems

Schicht 1

BASISVERSORGUNG

→ gesetzliche Rentenversicherung
→ berufsständische Versorgungseinrichtungen
→ Rürup-Rente

Schicht 2

KAPITALGEDECKTE ZUSATZVERSORGUNG

→ betriebliche Altersversorgung
→ Riester-Rente

Schicht 3

PRIVATE ALTERSVORSORGE

→ private Rentenversicherungen
→ Kapitalanlageprodukte

Schicht 1: Gesetzliche Rente und Rürup-Rente

Die gesetzliche Rente

Die gesetzliche Rentenversicherung in Deutschland ist eine Erfolgsgeschichte, allen Unkenrufen zum Trotz. Sie hat das Kaiserreich, die Weimarer Republik und die Nazis überlebt. Sie überstand zwei Weltkriege, die Hyperinflation in den 20er-Jahren, die Weltwirtschaftskrise von 1929/1930, die Währungsreform von 1948 und die Teilung Deutschlands. Sie hat die Eingliederung von Millionen von Flüchtlingen und Vertriebenen nach 1945 verkraftet und die deutsche Einheit, also die Integration der ostdeutschen Bevölkerung in das westdeutsche Sozialversicherungssystem.

Historie

Entstanden ist sie unter Reichskanzler Bismarck 1881 infolge des gewaltigen sozialen und wirtschaftlichen Umbruchs jener Zeit. Deutschland wandelte sich vom Agrar- zum Industriestaat. Der Einsatz neuer Techniken, etwa der Dampfmaschine, führte zum Aufbau riesiger Industriezentren.
Die Industrialisierung zerstörte die bäuerlichen Strukturen. Das soziale Elend in den industriellen Ballungszentren, vor allem im Ruhrgebiet und in Berlin, führte zum Erstarken der Sozialdemokratie. Der konservative Reichskanzler Bismarck unternahm deshalb den Versuch, die sozialen Verhältnisse zu verbessern, um den Sozialdemokraten den Wind aus den Segeln zu nehmen.

Unter dem Einfluss der Ideen Bismarcks erließ der Reichstag zunächst das Krankenversicherungsgesetz (1883), dann das Unfallversicherungsgesetz (1884) und schließlich am 22. Juni 1889 das »Gesetz, betreffend die Invaliditäts- und Altersversicherung«.

Die Bausteine für Ihre Altersversorgung

Kaiserliche Botschaft vom 17. November 1881:
Auch diejenigen, welche durch Alter und Invalidität erwerbsunfähig werden, haben der Gesamtheit gegenüber einen begründeten Anspruch auf ein höheres Maß staatlicher Fürsorge, als ihnen bisher hat zuteilwerden können. Für diese Fürsorge die rechten Mittel und Wege zu finden, ist eine schwierige, aber auch eine der höchsten Aufgaben eines jeden Gemeinwesens, welches auf den sittlichen Fundamenten des christlichen Volkslebens steht …

Um es deutlich zu sagen: Bismarck war kein Wohltäter!
Die Sozialgesetzgebung am Ende der Bismarck-Zeit hatte den Machterhalt für Adel und Bürgertum zum Ziel und nicht humanitäre oder altruistische Motive.
Das Gesetz zur Rentenversicherung sah vor, dass jeder einen Anspruch auf eine Alters- oder Invalidenrente hatte, der als Arbeiter, Gehilfe, Geselle oder Dienstbote gegen Lohn beschäftigt war. Von der Rente allein konnte aber damals niemand leben, dafür war sie viel zu gering. Die Rentenversicherung hatte auch nicht zum Ziel, die Lebenshaltungskosten abzudecken. Sie sollte nur ein Fundament schaffen. Die meisten Rentnerinnen und Rentner blieben auf die Unterstützung durch ihre Familie angewiesen oder darauf, dass sie auch noch im hohen Alter dazuverdienten. Rente gab es erst ab 70! Dieses Alter erreichten aber nur wenige Menschen, denn die durchschnittliche Lebenserwartung lag damals bei 47 Jahren.
Die damalige Rente war kapitalgedeckt, das heißt, das Geld wurde tatsächlich für jeden künftigen Rentner angespart.

Mehrfach änderten verschiedene Regierungen im Lauf der Jahrzehnte die Rentenversicherung. Das Renteneintrittsalter wurde auf 65 abgesenkt. 1957 gab es tief greifende Veränderungen der Sozialversicherung durch die große Rentenreform.

Der Grundgedanke dieser Reform war, dass der Lebensstandard mit dem Eintritt ins Rentenalter nicht sinken sollte. Zum ersten Mal in der Geschichte wurden Rentnerinnen und Rentner ausreichend versorgt. Voraussetzung dafür war die dynamische Rente, das heißt, die Rente wurde an die Entwicklung der Löhne und Gehälter gebunden.

Unter dem damaligen Bundeskanzler Adenauer wurde das Kapitaldeckungssystem auf das Umlageverfahren umgestellt, das bis heute gilt.

Wie funktioniert die gesetzliche Rentenversicherung?

Die gesetzliche Rentenversicherung basiert auf dem sogenannten Generationenvertrag. Das heißt, die jeweils arbeitende Generation finanziert mit ihren Beiträgen zur gesetzlichen Rentenversicherung die aktuellen Renten der jeweiligen Rentnergeneration. Das Geld, das Sie einzahlen, wird also nicht für Sie angelegt, wie das zum Beispiel bei Lebensversicherungen der Fall ist. Das eingezahlte Geld wird vielmehr sofort wieder an die heutigen Rentnerinnen und Rentner weitergegeben, also umgelegt. Daher kommt der Name »Umlageverfahren«.

Aussichten

Die gesetzliche Rentenversicherung steckt in einer tiefen Krise. In den westlichen Industrieländern werden die Menschen immer älter, das bedeutet, sie beziehen immer länger Rente. Das derzeitige Renteneintrittsalter liegt bei 65 bis 67 Jahren. Eine heute 35-jährige Frau hat aber eine Lebenserwartung von 96,5 Jahren. Ein heute geborenes Mädchen kann 103 Jahre alt werden. Wenn also die derzeit 35-jährige Frau mit 67 in Rente geht, hat sie fast 30 Jahre Ruhestand vor sich, die finanziert werden müssen.

Dass die Rente immer länger gezahlt werden muss, ist das eine. Verschärft wird die Situation dadurch, dass immer weniger eingezahlt wird: Es werden weniger Kinder geboren als früher, und viele junge Leute, bedingt durch lange Ausbildungszeiten, werden erst spät berufstätig. Und schließlich belastet das System der Rentenversicherung ganz erheblich, dass immer mehr Menschen im erwerbsfähigen Alter arbeitslos werden oder nur geringfügig beschäftigt sind.

Fazit:
Private Vorsorge ist also lebensnotwendig!

Die Rürup-Rente (Basis-Rente)

Seit 2002 fördert der Staat die private Altersvorsorge mit direkten Zulagen und Steuerersparnissen innerhalb der Riester-Rente (Altersvermögensgesetz). Selbstständige und Freiberufler gingen zunächst leer aus. Sie zahlen ja nicht in die gesetzliche Rentenversicherung ein und können daher keine Riester-Rente abschließen. Damit auch Selbstständige und Freiberufler staatlich gefördert Altersvorsorge betreiben können, wurde 2005 im Rahmen des Alterseinkünftegesetzes genau diese Möglichkeit geschaffen: mit der Rürup-Rente.
Der Clou: Ein Steuerbonus ab dem ersten Euro!

Welche Verträge werden gefördert?
»Altersvorsorge ist Rente« lautete das Leitmotiv, das die Rürup-Rente hervorbrachte, benannt nach ihrem Erfinder, dem Wirtschaftswissenschaftler Bert Rürup. Gefördert werden demnach ausschließlich Verträge, die eine lebenslange Rente im Alter zusagen, also die gute alte Rentenversicherung – einschließlich ihrer modernen Ausprägungen.
Zwei grundsätzliche Unterschiede zur gesetzlichen Rente gibt es: Die Rürup-Rente ist freiwillig und unterliegt keiner Pflicht. Darüber hinaus ist sie kapitalgedeckt finanziert und nicht umlagefinanziert wie die gesetzliche Rente. Das heißt, Bei-

träge in die Rürup-Rente werden steuerbegünstigt angespart und verzinst, um ab Renteneintritt lebenslang ausgezahlt zu werden.

Wie sieht die staatliche Förderung aus?

Jede Selbstständige ist es gewohnt, bei jeder Investition zu fragen: Lohnt sich das? In diesem Fall fällt die Antwort nicht schwer. Die Rürup-Rente stellt die höchste Steuersparmöglichkeit im Bereich der Altersvorsorge dar, die es in Deutschland jemals gegeben hat.

Und so geht's:
Sie können die Beiträge, die Sie in einen Rürup-Vertrag einzahlen, als Sonderausgaben geltend machen und so Ihr zu versteuerndes Einkommen verringern. Und das Jahr für Jahr!

Die folgende Tabelle zeigt, wie sich die steuerliche Absetzbarkeit erhöht, denn diese steigt bis zum Jahr 2025 jedes Jahr um 2 %.

2014	78 %	2020	90 %
2015	80 %	2021	92 %
2016	82 %	2022	94 %
2017	84 %	2023	96 %
2018	86 %	2024	98 %
2019	88 %	2025	100 %

Beispiel:
Wenn Sie 2014 Beiträge in Höhe von 15 000 Euro einzahlen, können Sie 78 % davon im Jahr 2014 steuerlich absetzen, also 11 700 Euro!

Wie viel kann man einzahlen?
Welche Summe wird gefördert?

Singles können maximal 20 000 Euro im Jahr einzahlen, Verheiratete maximal 40 000 Euro. Dabei ist es egal, auf welche Weise das geschieht. Es kann monatlich, vierteljährlich, halbjährlich und jährlich eingezahlt werden. Ebenso ist es möglich, anfänglich eine Einmalzahlung zu leisten und im Lauf der Versicherungsjahre zusätzliche Beträge einzuzahlen. So können Sie Ihren Sparbeitrag Ihrer Einkommensentwicklung anpassen und die steuerliche Förderung optimal nutzen.

Freiberuflerinnen, die bereits Beiträge in ihre Versorgungswerke überweisen, können nur noch den Differenzbetrag in die Rürup-Rente einzahlen.
Ein Beispiel: Klara S. zahlt monatlich 1000 Euro in die Ärzteversorgung ein, also jährlich 12 000 Euro. Sie könnte also noch 8000 Euro jährlich in die Rürup-Rente investieren. Immer vorausgesetzt, dass sich dies steuerlich für sie lohnt.

Auch rentenversicherungspflichtige Angestellte und Beamtinnen können in die Rürup-Rente einzahlen. Allerdings ist hier die Ermittlung des absetzbaren Beitrags kompliziert. Lassen Sie sich dazu bitte qualifiziert beraten.

Wer ist förderberechtigt?

Selbstständige und Freiberuflerinnen, deren Hauptwohnsitz in Deutschland liegt, bilden die Hauptzielgruppe. Aber auch gut verdienende Angestellte, die ihre Riester-Förderung bereits ausgeschöpft haben, Beamtinnen und ältere Arbeitnehmerinnen, die kurz vor dem Ruhestand stehen, können von der Rürup-Rente profitieren.

Besteuerung der Rürup-Rente im Ruhestand

Auf die Beiträge, die in die Rürup-Rente eingezahlt werden, gibt es erhebliche Steuererleichterungen. Im Gegenzug müssen die lebenslangen Renten aus diesen Vorsorgemodellen als sonstige Einkünfte versteuert werden. »Nachgelagerte Besteuerung« heißt das.

Der Vorteil der nachgelagerten Besteuerung ist, dass die Steuervergünstigungen in die aktive Berufszeit fallen, in der ja meist auch höhere Steuern zu zahlen sind. Und die zu versteuernden Renten fallen naturgemäß in einen Lebensabschnitt, in dem Einkommen und damit auch der Steuersatz in der Regel niedriger sind als in der aktiven Zeit, sodass die Steuerabzüge geringer ausfallen.

Die nachgelagerte Besteuerung gilt auch für Betriebsrenten und Riester-Renten. Auch Renten aus der gesetzlichen Rentenversicherung und aus den Versorgungswerken von Freiberuflerinnen müssen nach einer Übergangszeit voll versteuert werden wie die Rürup-Rente.

Besteuerung der gesetzlichen Rente und der Rürup-Rente im Ruhestand

Jahr des Rentenbeginns	Besteuerungs-anteil in %	Jahr des Rentenbeginns	Besteuerungs-anteil in %
2014	68	2030	90
2015	70	2035	95
2020	80	2040	100
2025	85		

Wichtig zu wissen:
Der zu versteuernde Anteil der Rürup-Rente richtet sich nach dem ersten Jahr des Rentenbezugs und bleibt dann lebenslang gleich.

Was heißt das jetzt genau?

Wer 2014 in den Ruhestand geht, muss die gesetzliche Rente und die Rürup-Rente zu 68 % versteuern. Dieser Prozentsatz bleibt lebenslang gleich. Wer erst 2040 diese Lebensphase einläutet, versteuert bereits 100 % der Rente! Der zu versteuernde Anteil steigt dazwischen, wie Sie sehen, bis 2020 jährlich um 2 %, danach bis 2040 jährlich um 1 %.

Besonderheiten der Rürup-Rente

EINSCHRÄNKUNGEN

- Zum Renteneintritt muss der Vertrag eine lebenslange Rente vorsehen.
- Eine Auszahlung in einer Summe ist nicht möglich, ebenso gibt es keine Teilauszahlungen während der Ansparzeit.
- Die Rente darf nicht vor dem 62. Lebensjahr ausbezahlt werden.
- Ansprüche aus der Rürup-Rente sind nicht beleihbar.
- Ansprüche aus der Rürup-Rente sind grundsätzlich auch nicht vererbbar. Im individuellen Vertrag kann jedoch zusätzlich eine Hinterbliebenenrente für den Ehepartner oder die Kinder vereinbart werden.
- Die ausgezahlte Rente muss versteuert werden.

VORTEILE

- Die Rürup-Rente ist flexibel. Die Beiträge können monatlich, viertel- oder halbjährlich sowie jährlich eingezahlt werden.
- Einmalbeiträge und Zuzahlungen sind möglich.
- Anspar- und Auszahlungsphase der Rürup-Rente können flexibel vereinbart werden, vorausgesetzt, die Rentenzahlung beginnt nicht vor Vollendung des 62. Lebensjahres.
- Die Rürup-Rente kann in beinahe jedem Alter abgeschlossen werden. Das Höchstalter bei Rentenbeginn liegt in der Regel bei 85 Jahren.

- Auf Wunsch kann ein zusätzlicher Risikoschutz für den Fall der Berufs- oder Erwerbsunfähigkeit eingebaut werden.
- Die gesetzliche Rentenversicherung beruht auf dem Umlageverfahren. Das heißt, das Geld, das Sie einzahlen, wird nicht für Sie angelegt, sondern sofort wieder an die heutigen Rentnerinnen und Rentner ausgezahlt, also umgelegt.

Die Rürup-Rente aber ist nach dem Kapitaldeckungsverfahren konzipiert, das heißt, Ihr eingezahltes Geld wird für Sie angelegt und verzinst. Im Rentenalter wird es an Sie ausgezahlt.

- Das angesparte Kapital ist Hartz-IV-sicher, es ist also vor dem Zugriff des Sozialamtes geschützt.
- Wenn ein Elternteil oder beide Eltern pflegebedürftig werden und deren Vermögen (zusammen mit den regulären staatlichen Hilfen) nicht ausreicht, um die Kosten zu decken, kann auch das Sozialamt Ihre Rürup-Rente nicht heranziehen.

Häufig gestellte Fragen

Was passiert, wenn ich nicht mehr einzahlen kann?
Sie können jederzeit die Einzahlungen stoppen oder für eine Zeit aussetzen. Selbstständige haben häufig schwankende Einnahmen, das weiß auch der Gesetzgeber. Deshalb ist Flexibilität in der Beitragszahlung einer der großen Vorteile.

Kann ich den Vertrag kündigen?
Ja. Bei der Rürup-Rente bedeutet das aber lediglich einen Einzahlungsstopp, eine unmittelbare Auszahlung (etwa zum Rückkaufswert) ist nicht möglich. Bis zum vertraglich vereinbarten Rentenbeginn verzinst sich das bis zur Kündigung eingezahlte Kapital und wird frühestens ab dem 62. Lebensjahr als lebenslange monatliche Rente ausbezahlt.

Soll ich lieber eine klassische Rentenversicherung wählen oder eine Fondspolice?

Ginge es nicht um die Rürup-Rente, würden wir sagen: »Das kommt auf Ihre Risikobereitschaft an und darauf, wie lange Sie noch Zeit haben.«

Grundsätzlich empfehlen wir für die Rürup-Rente aber eine klassische Rentenversicherung. Sie stellt eine der Basisabsicherungen Ihres Ruhestandes dar. Sie brauchen ja ein Produkt, das berechenbar und sicher ist. Schließlich haben Sie mit der Rürup-Rente eine lebenslange und unkündbare Beziehung! Da ist Verlässlichkeit gefragt.

Setzen Sie Investmentfonds daher lieber beim Vermögensaufbau ein und weniger zur Alterssicherung!

Ist eine ganz »normale« private Rentenversicherung – ohne die Steuervorteile und ohne die Einschränkungen – nicht doch besser für mich?

In der Ansparphase ist die Rürup-Rente im Vorteil, da Sie unmittelbare Steuervorteile haben. Dies gilt allerdings nur für gut Verdienende mit hohem Steuersatz.

In der Rentenphase liegt die private Rentenversicherung vorne. Rentenzahlungen hieraus werden nur mit dem geringen Ertragsanteil versteuert. Der beträgt mit 65 nur 18 %, das heißt, nur 18 % der Rente müssen mit dem persönlichen Steuersatz versteuert werden.

Kann ich meine bestehende private Rentenversicherung in eine Rürup-Rente umwandeln?

Leider nicht, da es sich bei den Rürup-Renten um eigens dafür entwickelte Produkte handelt, die bestimmte Merkmale aufweisen müssen (vgl. oben).

Was passiert im Scheidungsfall?

Das angesparte Vorsorgekapital wird steuerunschädlich auf zwei Verträge aufgeteilt.

Für gut verdienende Selbstständige und Freiberufler lohnt sich die Rürup-Rente besonders. Durch ihre Flexibilität und den Steuervorteil kann sie aber auch für andere Einkommensgruppen attraktiv und für den (zusätzlichen) Ausbau der Altersversorgung gut geeignet sein.

Die Einschränkungen fallen für viele Selbstständige nicht ins Gewicht. Denn solchen Einschränkungen unterliegen auch Angestellte, die sich die gesetzliche Rente ja auch nicht in einer Summe auszahlen lassen können.

Auch die Nicht-Vererbbarkeit muss keine Rolle spielen. Es geht ja schließlich um Sie und Ihre Absicherung im Alter.

Wenn dies aber für Sie ein Problem ist, ja, dann gibt es genügend Alternativen, zum Beispiel klassische Rentenversicherungen oder Fonds.

Schicht 2: Betriebliche Altersversorgung und Riester-Rente

Betriebliche Altersversorgung

Kaum zu glauben: Die betriebliche Altersversorgung hat eine noch längere Tradition als die gesetzliche Rentenversicherung, die 1889 eingeführt wurde.

Schon um 1850 nämlich haben die ersten Unternehmen in Deutschland eine zusätzliche Altersversorgung für ihre Mitarbeiter angeboten.

Alle Arbeitnehmer haben seit Januar 2002 ein Recht auf Entgeltumwandlung. Das heißt, sie können verlangen, dass ein Teil ihres Gehalts nicht ausgezahlt wird, sondern in eine betriebliche Altersversorgung fließt, also umgewandelt wird.

Es gibt fünf sogenannte Durchführungswege der betrieblichen Altersvorsorge. Welchen Weg der Arbeitgeber wählt, bleibt ihm überlassen.

Direktversicherung

Sie ist – vermutlich wegen ihrer einfachen Funktionsweise – die populärste betriebliche Vorsorgemöglichkeit.

Der Arbeitgeber schließt für seine Mitarbeiterin eine private Rentenversicherung ab, die strikten Anlagevorschriften unterliegt. Zugesagt wird ein Garantiezins (aktuell 1,75 %) plus Überschussbeteiligung. Bis 2856 Euro können 2014 vom Bruttogehalt abgezweigt werden und steuer- und sozialabgabenfrei in die Versicherung fließen.

Pensionskasse

Sie wird von Unternehmen oder Versicherungsgesellschaften eingerichtet; es gelten konservative Anlageregeln. Die Beiträge fließen überwiegend in festverzinsliche Anlagen und sind bis 2856 Euro 2014 steuer- und sozialabgabenfrei.

Unterstützungskasse

Das sind rechtlich selbstständige Einrichtungen, die von einem oder mehreren Unternehmen getragen werden. Die Beiträge sind nahezu unbegrenzt steuerfrei und bis 2856 Euro 2014 sozialabgabenfrei.

Die Unternehmen haften für ihre Zusagen. Es ist nicht vorgeschrieben, wie das Kapital angelegt wird. In der Praxis wird aufgrund der Haftung aber vorsichtig investiert.

Direktzusage

Der Arbeitgeber sagt Leistungen aus dem Unternehmensvermögen zu und bildet dafür Rückstellungen. Auch Direktzusagen sind für Arbeitnehmer nahezu unbegrenzt steuerfrei und bis 2856 Euro 2014 auch sozialabgabenfrei. Es gibt keine

Anlagevorschriften. Das Unternehmen haftet aber für Zusagen mit dem Betriebsvermögen.

Pensionsfonds

Das Kapital wird von professionellen Fondsverwaltern an den Märkten angelegt. Dabei können sie, anders als bei den anderen Durchführungswegen, auch höhere Risiken eingehen. Den höheren Renditeerwartungen steht das Risiko der Nullverzinsung gegenüber. Das eingezahlte Kapital ist garantiert. Bis zu 2856 Euro können 2014 steuer- und sozialabgabenfrei umgewandelt werden.

BEI ALLEN FÜNF MODELLEN GIBT ES DREI MÖGLICHKEITEN:

a) Entgeltumwandlung, das heißt, Sie zahlen den Beitrag selbst
b) Betriebsrente, die der Arbeitgeber bezahlt
c) oder eine Kombination aus a) und b)

Bei Verträgen, die nach dem 1. Januar 2009 abgeschlossen wurden, gilt, dass Sie nur noch fünf Jahre im Unternehmen sein müssen und mindestens 25 Jahre alt, damit Ihr Anspruch »unverfallbar« wird. Das gilt aber nur, wenn der Arbeitgeber die Betriebsrente bezahlt. Wer die Vorsorge selbst finanziert, muss keine Fristen einhalten.

Seit 2002 haben Sie das Recht, den Wert Ihrer betrieblichen Versorgung auf Ihren neuen Arbeitgeber zu übertragen, wenn Sie aus dem Betrieb ausscheiden. Dies gilt aber nur für Verträge, die ab dem 1. Januar 2005 abgeschlossen wurden.

Und was ist, wenn der Betrieb pleitegeht?
Wird über Direktversicherung oder Pensionskasse in eine Versicherung eingezahlt, sind die Verträge den Gläubigern entzogen. Geraten Versicherungsgesellschaften in Schieflage, springt

wie bei allen anderen Versicherungsverträgen der Sicherungsfonds »Protektor« der Versicherungswirtschaft ein.
Bei Rentenansprüchen aus Direktzusagen, Unterstützungskas-
sen und Pensionsfonds springt der Pensions-Sicherungsverein
(PSV) ein, wenn der Arbeitgeber zahlungsunfähig wird.

Und wenn ich arbeitslos werde?
Sie können die Policen ruhen lassen. Besser ist es aber, wenn
der Mindestbeitrag weiter bezahlt wird.
Bei Bezug von Arbeitslosengeld II ist das angesparte Geld vor
dem Zugriff der Behörden sicher. Es muss also nicht aufgebraucht werden, bevor ALG II beantragt werden kann.

Wichtig zu wissen:
Für alle Mitglieder der gesetzlichen Krankenversicherung ist
die Attraktivität der betrieblichen Altersvorsorge seit 2004
stark gesunken. Sie müssen nämlich als Rentner auf die Betriebsrente oder zehn Jahre lang auf $1/_{120}$ der einmaligen Kapitalleis-
tung den vollen Beitragssatz für die Kranken- und Pflegeversicherung bezahlen. Privat Krankenversicherte sind davon nicht
betroffen.

Die Riester-Rente

In unseren Beratungen und in Seminaren zum Bereich Altersvorsorge werden zu keinem Thema so viele Fragen gestellt
wie zur Riester-Rente. Wie hoch ist die Zulage? Und wie
hoch ist mein Beitrag? Wie war das mit der Steuer? Die gibt's
doch nur in Deutschland, oder? Kann ich überhaupt »riestern«?
Ja, es ist ein sehr sperriges Konzept, das sich die Bundesregierung da ausgedacht hat, ein echtes Bürokratie-Mons-
ter. Aber mit ein paar Kniffen hat jeder verstanden, wie es
funktioniert. Ziehen wir diesem Monster also die Zähne und

tasten uns langsam heran – und Sie werden sehen, es lohnt sich!

Wieso gibt es sie überhaupt?

Die Riester-Rente wurde am 1. Januar 2002 eingeführt, um die Lücke zu schließen, die durch den geringeren Anstieg der gesetzlichen Rente entsteht. Sie ist, entgegen weitverbreiteter Meinung, kein Ersatz für die private Altersvorsorge.

Die nach Walter Riester, dem damaligen Bundesarbeitsminister, benannte Riester-Rente soll den Betroffenen die Chance geben, die entstehenden Einbußen auszugleichen.

Daraus ergibt sich die Hauptzielgruppe für die Riester-Rente: Normal- und Geringverdiener und insbesondere Familien.

Sie sind besonders stark von den Rentenkürzungen betroffen, denn sie können – da sie finanziell eingeschränkt sind – die Lücke nicht so einfach schließen. Es musste also eine Form der Förderung gefunden werden, die gerade dieser Gruppe zugutekommt.

Eine Förderung allein über eine Steuerersparnis – wie bei der betrieblichen Altersversorgung oder der Rürup-Rente – wäre verfehlt, denn bei geringem Einkommen werden ohnehin nicht viele Steuern gezahlt, die eingespart werden könnten.

Das Neue und Besondere an der Riester-Rente ist daher die staatliche Förderung in Form von jährlichen Zulagen *und* der Möglichkeit einer Steuerersparnis.

Zulagen gibt es für die Sparer selbst (Grundzulage) und für die im Haushalt lebenden Kinder, für die Kindergeld bezahlt wird (Kinderzulage). Eine Steuerersparnis kommt bei höheren Einkommen und dadurch höheren Beiträgen dazu. Dieser Steuervorteil ist so attraktiv, dass sich entgegen der ursprünglichen Intention mehr Besserverdienende für die Riester-Rente interessieren als Normal- und Geringverdiener.

Wer ist »förderberechtigt«?

Da von den Kürzungen der gesetzlichen Rente nur diejenigen betroffen sind, die in die gesetzliche Rentenversicherung auch einzahlen, wird dieser Personenkreis *unmittelbar* gefördert. Also alle gesetzlich Pflichtversicherten, wie Angestellte und Auszubildende. Auch Beamte, Landwirte, Wehr- und Zivildienstleistende, Mütter und Väter während der Kindererziehungszeit (innerhalb von 36 Monaten nach der Geburt), Empfänger von Arbeitslosengeld oder Arbeitslosengeld II (auch dann, wenn der Anspruch auf Arbeitslosengeld wegen zu hohen Vermögens oder Einkommens ruht), Empfänger von Vorruhestands-, Kranken- oder Übergangsgeld und sogar Minijobberinnen können »riestern«.

Ebenso können selbstständig Tätige, die Pflichtmitglieder in der Künstlersozialkasse sind, eine Riester-Rente abschließen.

Bestimmte Berufsgruppen unterliegen auch in der Selbstständigkeit der Versicherungspflicht in der gesetzlichen Rentenversicherung. Hierzu gehören unter anderem selbstständige Lehrerinnen und Erzieherinnen, freiberufliche Hebammen oder Selbstständige mit nur einem Auftraggeber, selbstständige Pflegerinnen, Physiotherapeutinnen, Ergotherapeutinnen. Sie alle können riestern.

Selbstständige, die keiner Versicherungspflicht unterliegen, können von den staatlichen Zulagen nicht profitieren. Ebenso wenig können das freiberuflich Tätige, die Beiträge in ihre berufsständischen Versorgungswerke entrichten.

Sind Selbstständige, Freiberufler oder nicht erwerbstätige Frauen aber mit unmittelbar förderberechtigten Personen verheiratet, sind sie *mittelbar* oder »abgeleitet« förderberechtigt und können auch riestern! Sie müssen einen eigenen Riester-Vertrag abschließen, in den die Zulage fließt. Der Eigenbeitrag beträgt 60 Euro im Jahr. Voraussetzung dafür ist, dass der förderberechtigte Ehepartner selbst einen Riester-Vertrag hat oder einen abschließt. Freilich hält sich die Versorgung aus so einem mittelbaren Vertrag mit geringer Eigenleistung in Grenzen.

Wie hoch ist diese Zulage? Und wie viel muss ich einzahlen?
Ihr Beitrag p. a. beträgt 4 % Ihres Vorjahresbruttoeinkommens. Es gibt jedoch eine Obergrenze:

Der höchste geförderte Beitrag p. a.	= 2100 €
Die jährliche Grundzulage	= 154 €
Die jährliche Kinderzulage (vor 2008 geboren)	= 185 €
Die jährliche Kinderzulage (nach 2008 geboren)	= 300 €

Ein Bonbon für junge Leute:
Für Berufseinsteiger (bis zum 25. Lebensjahr) gibt es einmalig 200 Euro.

Die Förderberechtigten erhalten also jährlich eine Grundzulage von 154 Euro und – wenn sie Kinder haben – eine jährliche Kinderzulage von 185 Euro bzw. 300 Euro. Das sind bei einer vierköpfigen Familie pro Jahr schon 154 + 154 + 185 + 300 = 793 Euro, die der Staat jährlich zuschießt. Sind beide Kinder nach dem 1. Januar 2008 geboren, sind es sogar 908 Euro im Jahr!

Wie bekommt man die volle Riester-Förderung?
Die vollen Zulagen erhalten Sie nur, wenn Sie einen Eigenbeitrag (inkl. Zulagen) von mindestens 4 % Ihres Vorjahresbruttoeinkommens einzahlen.

Ein Beispiel:
Verona C. hat ein vierjähriges Kind und 35 000 Euro brutto 2013 verdient. So sieht es für sie aus:

Rentenversicherungspflichtiges Gehalt 2009	35 000 €
4 % von 35 000 €	1400 €
./. Grundzulage	− 154 €
./. Kinderzulage	− 300 €
ergibt einen Mindesteigenbeitrag 2014	946 €
Das sind monatlich 2014	78,83 €

Wichtiger Hinweis zur Kinderzulage:
Die Kinderzulage wird nur in dem Zeitraum gezahlt, in dem für das Kind Kindergeld gezahlt wird, in der Regel bis zum 25. Lebensjahr. Sobald dieser Anspruch entfällt, zum Beispiel weil das Kind schon vorher ein eigenes, zu hohes Einkommen hat, müssen Sie das melden, und die Kinderzulage wird gestrichen. Zu viel gezahlte Kinderzulagen müssen zurückbezahlt werden.

Wann ergibt sich ein Steuervorteil?

Die Beiträge in die Riester-Rente sind Vorsorgeaufwendungen, also steuerliche Sonderausgaben. Die Höhe macht's, wie Sie gleich sehen werden.
Der maximale Förderbeitrag liegt bei 2100 Euro im Jahr. Mehr wird nicht gefördert. Das entspricht einem Bruttojahreseinkommen von 52 500 Euro. Ob sich ein ordentlicher Steuervorteil ergibt oder ob doch die üppigen Zulagen den Hauptvorteil ausmachen, hängt vom Familienstand, von der Höhe des Einkommens und der Anzahl der Kinder ab. In der Regel haben gut verdienende Singles ohne Kinder einen höheren Steuervorteil, wogegen Familien mit mehreren Kindern hauptsächlich von den Zulagen profitieren.

Beispiel 1: **Alleinerziehende (30) mit Kind**

Bruttovorjahreseinkommen	40 000 €
davon 4 %	1600 €
./. Grundzulage	–154 €
./. Kinderzulage	–300 €
ergibt einen Eigenbeitrag in Höhe von jährlich	1146 €
Mit diesem Einkommen ergibt sich zusätzlich eine Steuerersparnis von etwa	69 €
und damit eine Förderquote von	32,6 %

Ausgehend von diesem Gehalt bzw. dieser Einzahlung ergibt sich bis zum Ruhestand eine monatliche Rente von etwa *538 €.

* Da sich Gehälter über die Zeit aber ändern, vielleicht noch Kinder dazukommen, Sie sich eventuell selbstständig machen und den Vertrag ruhen lassen usw., ist diese Rentenhöhe nur aus heutiger Sicht unter den hier gegebenen Voraussetzungen gültig.

Beispiel 2: **Mann (33) angestellt,
Frau (33) freiberuflich tätig, drei Kinder**

	Mann	*Frau*
Bruttovorjahreseinkommen	52 000 €	
davon 4 %	2080 €	
./. Grundzulage	–154 €	–154 €
./. Kinderzulage (1 Kind vor 2008 geboren)		–185 €
./. Kinderzulage (2 Kinder nach 2008 geboren)		–600 €
ergibt einen Eigenbeitrag in Höhe von jährlich		987 €
Mit diesem Einkommen ergibt sich keine Steuerersparnis		0 €
aber eine Förderquote von		51 %

Ausgehend von diesem Gehalt bzw. dieser Einzahlung ergibt sich bis zum Ruhestand eine monatliche Rente von etwa *399 € für den Mann und etwa *223 € für die Frau.

* Auch hier gilt der oben genannte Hinweis.

Die Bausteine für Ihre Altersversorgung

Beispiel 3: **Gut verdienende Singlefrau (35)**

Bruttovorjahreseinkommen	80 000 €
Sie zahlt den Höchstbeitrag	2100 €
./. Grundzulage	−154 €
ergibt einen Eigenbeitrag in Höhe von jährlich	1946 €
Mit diesem Einkommen ergibt sich zusätzlich	
eine Steuerersparnis von etwa	776 €
und damit eine Förderquote von	44,3 %

Ausgehend von diesem Gehalt bzw. dieser Einzahlung ergibt sich bis zum Ruhestand eine monatliche Rente von etwa *557 €.

* Auch hier gilt der oben genannte Hinweis.

Was besagt die Förderquote?

Die Förderquote zeigt, mit welchem prozentualen Anteil sich der Staat durch Zulagen und eventueller Steuerersparnis an der Riester-Rente beteiligt.

Eine Förderquote von 44 % beispielsweise heißt, dass sich der Staat an jedem von Ihnen eingezahlten Euro über Zulagen und Steuerersparnis mit 44 Cent beteiligt.

Anlagen, die das erwirtschaften, werden Sie nicht oft finden!

Warum haben dann noch nicht alle einen Riester-Vertrag?

Weil es Einschränkungen gibt:

• Sie können das in einem Riester-Vertrag angesammelte Kapital nicht vererben oder verschenken. Ausnahmen im Todesfall: Ihr Ehepartner kann Ihren Vertrag ohne Rückerstattung der Zulagen und Steuervorteile erben, wenn er einen eigenen Riester-Vertrag hat. Eine Waisenrente an kindergeldberechtigte Kinder ist ebenfalls unschädlich.

• Wenn Sie den Vertrag kündigen wollen und er damit nicht Ihrer Altersversorgung dienen kann, müssen Sie die bis dahin erhaltene Förderung (Zulagen und Steuervorteile) zurückbezahlen. Ausnahme: Sie wechseln das Pferd und zahlen das Kapital unmittelbar in einen anderen Riester-Vertrag ein. Eine Kündigung ist jederzeit mit einer Kündigungsfrist von maximal drei Monaten zum Quartalsende möglich. Ein Anbieterwechsel kann mit Kosten verbunden sein!

• Renten aus der Riester-Rente sind im Alter zu 100 % zu versteuern (ebenso wie Renten aus der betrieblichen Altersversorgung). Das ist in gewisser Weise fair, denn während der Ansparphase gewährt Ihnen der Staat ja auch die Zulagen und einen Steuervorteil.

Riester-Renten jetzt auch im Ausland

Der Europäische Gerichtshof hat entschieden: Sie können auch im europäischen Ausland uneingeschränkt Ihre Riester-Rente aus Deutschland beziehen. Zulagen und Steuervorteile müssen nicht mehr – wie früher – zurückgezahlt werden.

Allgemeine Merkmale für Riester-Verträge:

Die Riester-Förderung gibt es nur für »zertifizierte Altersvorsorgeverträge«, die alle denselben Bedingungen unterliegen, die das Bundesamt für Finanzdienstleistungsaufsicht (BaFin) festgelegt hat. Um das Zertifikat zu erhalten, muss der Riester-Vertrag Folgendes bieten:

• Er muss garantieren, dass zu Beginn der Auszahlungsphase mindestens die eingezahlten Beiträge – Eigenleistungen und Zulagen – zur Verfügung stehen.

• Er muss eine lebenslange Rente gewährleisten.

• Es gibt keine Auszahlungen während der Ansparphase! Lediglich mit Beginn des Rentenbezugs können 30 % des angesammelten Kapitals auf einen Schlag entnommen werden. Der Rest wird zwingend lebenslang verrentet.

- Der früheste Rentenbeginn ist zum 62. Lebensjahr.
- Die Abschlusskosten, die bei der Vermittlung des Vertrages anfallen, müssen mindestens auf fünf Jahre verteilt werden.
- Die Anbieter müssen die Versicherten einmal im Jahr umfassend und schriftlich über die Entwicklung ihres Vertrages informieren.

Was ist, wenn ich nicht mehr zahlen kann?
Wir wollen es nicht hoffen, denn es geht ja um Ihre Altersversorgung! Wenn Sie aber in Zahlungsschwierigkeiten geraten, gibt es Lösungen. Im Prinzip können Sie so flexibel zahlen, wie es Ihnen möglich ist, also zur Not auch aussetzen. Wenn Sie ein ganzes Beitragsjahr aussetzen, erhalten Sie in diesem Jahr auch keine Zulagen und haben auch keinen Steuervorteil. Wenn Sie weniger als 4 % Ihres Vorjahresbruttoeinkommens einzahlen, erhalten Sie die Förderung nur anteilig.
Bei Arbeitslosigkeit gehen Ihnen die Ansprüche aus der Riester-Rente nicht verloren. Die Riester-Rente ist – wie die Rürup-Rente und Betriebsrenten – vor vorzeitiger Verwertung geschützt, sie ist »Hartz-IV-sicher«.

Sie haben eine Auskunftspflicht
Die staatliche Zulage muss jedes Jahr aufs Neue beantragt werden. Mit dem Dauerzulagenantrag geht das aber (seit 2005) ganz einfach. Bei Abschluss Ihres Vertrages beauftragen Sie Ihren Vertragsanbieter, dass der für Sie jedes Jahr Ihre Zulagen beantragen darf.
Wenn sich (neuer) Nachwuchs ankündigt oder sich Ihr Gehalt geändert hat, wenn Sie geheiratet haben oder geschieden wurden, müssen Sie das Ihrem Vertragsanbieter oder Ihrem Berater, bei dem Sie abgeschlossen haben, melden. Die Änderungen werden dann über den Zulagenantrag an das Zulagenamt weitergeleitet. Nur so können Beitrag, Zulagen und

Steuervorteil angeglichen werden und Sie aktuell die volle Förderung erhalten.

Denken Sie unbedingt auch daran anzuzeigen, wenn Kindergeldansprüche auslaufen, Sie in Vorruhestand gehen oder sich selbstständig machen. Zu viel gezahlte Förderung muss zurückgezahlt werden.

Besonderheit:
Beamtinnen müssen bei ihrer Besoldungsstelle schriftlich die Erlaubnis erteilen, dass alle relevanten Daten zur Zulagenbeantragung weitergegeben werden dürfen.

Welche Produkte gibt es?

Das Angebot gleicht mittlerweile einem »Kessel Buntes«, sich zu entscheiden ist schwer. Lassen Sie sich daher unbedingt, *bevor* Sie einen Vorsorgevertrag unterschreiben, unabhängig beraten! Denn ob eine Riester-Rente zu Ihren Zielen und Ihrer allgemeinen Situation passt und welche Vertragsvariante die beste für Sie ist, hängt vom Einzelfall ab.

Zertifizierte Riester-Verträge werden in vier unterschiedlichen Varianten angeboten. Bei allen Varianten sind das eingezahlte Kapital und die Zulagen garantiert.

RENTENVERSICHERUNGEN

Sie sind der Klassiker, der das Ziel »Altersversorgung« am besten erfüllt, die meisten Möglichkeiten bietet und daher zu den meistgewählten gehört. Hier gibt es die traditionelle, klassische Rentenversicherung, bei der der Anbieter eine garantierte, lebenslange Rente ausweist. Dazu sind Sie per Gesetz an den erwirtschafteten Gewinnen beteiligt. Die Sicherheit steht bei der Anlage des Vorsorgekapitals im Vordergrund.

Neben der klassischen Rentenversicherung gibt es fondsgebundene Riester-Renten. Hier werden Teile des Kapitals in Investmentfonds angelegt. Unter den angebotenen Fonds gibt es auch ökologisch/nachhaltig ausgerichtete.

Fondssparpläne

Riester-Fondssparpläne bieten bei guter Börsenentwicklung die Aussicht auf hohe Wertsteigerungen. Zum Ende der Versicherungslaufzeit hin schichten die Fonds um von Aktien in festverzinsliche Papiere, um das Erreichte zu sichern.

Banksparpläne

Wegen der mageren Renditen wird diese Variante kaum gewählt, die Kosten sind hier aber am geringsten. Für Anlegerinnen, die kurz vor dem Ruhestand stehen, kann das eine gute Wahl sein.

Wohnriester/Eigenheimrente

Seit 1. Januar 2008 wird durch das Eigenheim-Rentengesetz die selbst genutzte Wohnimmobilie als Altersvorsorge staatlich gefördert. Wohnriester-Bausparverträge und -Finanzierungen gehören seither ebenfalls zu den geförderten Produkten. Gefördert wird die Anspar- und die Tilgungsphase.

Wohnriester-Bausparvertrag

In einem zertifizierten Bausparvertrag können Sie zunächst Eigenkapital bilden. Während der Ansparphase beschleunigen die Zulagen die Ansparung, in der Darlehensphase werden die Zulagen als Sondertilgungen behandelt und verkürzen die Rückzahlungszeit des Bauspardarlehens.

Wohnriester-Finanzierung/Riester-Darlehen

Wenn Sie zum Bau oder Kauf Ihrer eigenen vier Wände ein Riester-Darlehen aufnehmen, bekommen Sie die Förderung für die Tilgung des Kredits. Die steuerbegünstigten Beiträge und die Zulagen fließen direkt in die Tilgung des Kredits. Sie sollten aber unbedingt darauf achten, dass Sie bei den staatlich geförderten Finanzierungen und Bausparverträgen ebenso günstige Zinsen erhalten wie bei nicht geförderten Finanzierungen und Bausparverträgen!

Kapitalentnahme aus einem bestehenden Riester-Vertrag
Wenn Sie schon einen Riester-Vertrag haben, können Sie das dort angesammelte Vorsorgekapital bis zu 100 % für den Erwerb einer selbst genutzten Immobilie einsetzen. Sie können zusätzlich für den Kauf ein Wohnriester-Darlehen abschließen und die volle staatliche Förderung künftig allein dafür nutzen.

Entschuldung einer Immobilie mit Wohnriester
Das in einem Riester-Vertrag gebildete Kapital können Sie für die Sondertilgung eines bestehenden Darlehens nutzen.

Besonderheiten bei Wohnriester:
• Die Finanzierung muss in eine selbst genutzte Immobilie fließen, die den inländischen Hauptwohnsitz darstellt.
• Erwerb, Bau, Entschuldung und Tilgung werden gefördert. Es können auch Anteile an einer eingetragenen Genossenschaft erworben werden oder eigentumsähnliches Dauerwohnrecht in einem Alten- oder Pflegeheim. Auch den alters- oder behindertengerechten Umbau können Sie mit Wohnriester finanzieren.
• Sie können – zum Beispiel bei einem berufsbedingten Wohnortwechsel – Ihre Wohnriester-geförderte Wohnung zeitweise vermieten. Die Förderung bleibt allerdings nur erhalten, wenn Sie spätestens bis zum 67. Lebensjahr die Immobilie wieder selbst bewohnen.
• Sie können Ihre Wohnriester-geförderte Wohnung auch verkaufen, wenn Sie die Fördersumme entweder innerhalb eines Jahres in einen neuen Riester-Vertrag einzahlen oder in-

nerhalb von sieben Jahren wieder in eine selbst bewohnte Immobilie investieren.

• Eine Bau- oder Wohnungsfinanzierung muss so angelegt sein, dass der Kredit spätestens bis zum 68. Lebensjahr getilgt ist.

• Jeder Ehepartner muss einen eigenen Kreditvertrag abschließen, um die Förderung auszuschöpfen.

Besteuerung von Wohnriester im Alter

Bei Wohnriester wird das Vermögen nicht bei Eintritt in den Ruhestand in Rentenform ausgezahlt. Es ist ja zuvor schon in den Erwerb des Eigenheims gewandert. Eine fortlaufende Rente lässt sich also nicht besteuern, weil im Alter kein Geld mehr fließt. Aus diesem Grund wird ein fiktives Konto für den Wohnriester angelegt, das Wohnförderkonto. Auf diesem Konto werden die staatlich geförderten Tilgungsleistungen und die gewährten Zulagen erfasst. Am Ende eines jeden Jahres wird der Stand um 2 % erhöht – als Zinsaufschlag. Den Betrag müssen Sparer vom Beginn der Auszahlungsphase an versteuern. Wer dann die sofortige Einmalbesteuerung wählt, erhält 30 % Rabatt und muss nur 70 % des Betrags zur Versteuerung ansetzen.

Die Steuern können seit 2014 wahlweise auch schon nach der Auszahlungsphase (und nicht erst zum Renteneintritt) auf einmal beglichen werden.

UNSERE MEINUNG

Einen Riester-Vertrag in Form einer Rentenversicherung oder eines Fondssparplans sollte jede Angestellte nutzen. Entweder Sie profitieren von den Zulagen oder von einer attraktiven Steuerersparnis oder von beidem!

Wohnriester kann im Einzelfall interessant sein, auch wenn diese Variante sehr kompliziert ist.

Sie sollten aber nicht vergessen, dass ein Immobilienkauf stets starke finanzielle Einschnitte zur Folge hat. Wenn Sie sich

also auf ungefördertem Weg keine Immobilie leisten können, sollten Sie auch die Finger von Wohnriester lassen. Es nützt Ihnen nichts, mittels Wohnriester zwar an eine Immobilie zu kommen, aber dann zu wenig Rente zu haben, weil alles Geld in der Immobilie feststeckt. Wenn Sie die Steuer nicht schon vorher begleichen konnten, kommt diese erst im Alter auf Sie zu. Sie begleitet Sie bis zum 85. Lebensjahr, wenn Sie sich die Rückzahlung »auf einen Schlag« nicht leisten können.
Auch lässt sich Wohnriester nicht unbedingt bequem an die oft überraschenden Wendungen des Lebens anpassen.

Sie sollten sich also fragen oder von einer unabhängigen Beraterin prüfen lassen, ob Sie es sich grundsätzlich leisten können, eine Immobilie zu kaufen. Oder ob es besser ist, Ihre Altersversorgung in Rentenform weiter auszubauen und einen eventuellen Immobilienkauf unabhängig von staatlicher Förderung weiterzuverfolgen.

Schicht 3: Private Altersvorsorge Kapitalanlageprodukte von A (Aktien) bis Z (Zertifikate)

Aktien

Deutsche Sparer gelten als Angsthasen. Sie halten Aktien für Teufelszeug und parken ihr Geld lieber auf Sparbüchern und Tagesgeldkonten. Deutschland hat keine Aktienkultur, heißt es. Damit ist die Einstellung der Bevölkerung zu Aktien als Anlagemöglichkeit gemeint. Bei der Aktionärsquote belegt Deutschland international einen der hintersten Plätze. Die Quote ist in Frankreich mehr als doppelt, in der Schweiz ungefähr dreimal und in den USA und Japan viermal so hoch wie bei uns.

Dabei ist längst bewiesen, dass mit Aktienanlagen über längere Zeiträume mehr Rendite erzielt werden kann als mit anderen Anlageformen. Aktien sind eben nicht nur Spekulationspapiere. Sie beteiligen Aktionäre am unternehmerischen Erfolg und damit am Wirtschaftswachstum.

Über Aktien beteiligen Sie sich an realen Werten, deshalb bieten sie auch einen Schutz vor Inflation.

Während der Käufer einer Anleihe nicht mehr in Händen hat als ein Stück Papier mit einem Zahlungsversprechen, wird der Aktionär zum Miteigentümer eines Unternehmens.

Historie

Das Huis ter Beurze steht heute noch in der belgischen Stadt Brügge. Es ist das Haus, in dem vor mehr als 600 Jahren die ersten regelmäßigen Börsensitzungen stattfanden.

Van der Beurse hieß eine Patrizierfamilie in Brügge. Die van der Beurses waren geschäftstüchtig und großzügig. So stellten sie ihr Haus durchreisenden Kaufleuten als Unterkunft zur Verfügung. Das hatte für die Familie große Vorteile: Da es im Mittelalter keine Zeitungen gab, hörten sie auf diese Weise Wissenswertes aus aller Welt, und natürlich erfuhren sie dabei auch von günstigen Geschäften. Verbürgt ist, dass das Haus der Familie van der Beurse im Lauf der Zeit ein großer Anziehungspunkt für Kaufleute wurde, die sich auf dem Platz vor dem Haus trafen, Neuigkeiten austauschten und Geschäfte machten. Daraus entstand 1409 die erste Börse der Welt, an der Kaufleute aus vielen Ländern mit Waren und Wechseln handelten. So wurde die Stadt Brügge das Zentrum der Geld- und Wechselhändler.

Weitere Börsengründungen folgten in Lyon und Toulouse, in London und Amsterdam. In Deutschland entstanden die ersten Börsen in Augsburg und Nürnberg in der ersten Hälfte des 16. Jahrhunderts. Die bedeutendste deutsche Börse, die in

Frankfurt a. M., wurde 1585 gegründet. Die erste Börse aber, an der nicht nur konkrete Waren, sondern Wertpapiere gehandelt wurden, entstand 1602 in Amsterdam. Ebenfalls 1602 wurde in Amsterdam die erste Aktiengesellschaft der Welt gegründet, die Vereinigte Ostindische Kompanie.

Spekulieren kann man an der Börse mit vielem: mit Aktien, festverzinslichen Wertpapieren, Kupfer, Gold oder mit Schweinehälften. Uns interessieren an dieser Stelle die Aktien.

Wie funktionieren Aktien?

Aktien sind Wertpapiere. Mit dem Kauf einer Aktie erwerben Sie einen kleinen Anteil am Grundkapital einer Aktiengesellschaft, zum Beispiel von Siemens, BMW oder Solarworld.

Sie werden damit zur Miteigentümerin des Unternehmens und sind an Gewinn und Verlust beteiligt. Mit der Ausgabe von Aktien besorgen sich Aktiengesellschaften Eigenkapital, mit dem Forschung und Entwicklung, der Einsatz neuer Technologien usw. finanziert werden.

Was sind Nennwert und Kurswert?

Der Nennwert ist der nominale Wert einer Aktie, also der Anteil am Grundkapital des Unternehmens. Der Nennwert einer Aktie lautet in der Regel auf 1 Euro oder auf ein Vielfaches davon.

Gekauft werden Aktien aber nicht zum Nennwert, sondern zum Kurswert, der völlig unabhängig ist vom Nennwert. Der Kurswert wird bestimmt von Angebot und Nachfrage, von Erfolg und Misserfolg der einzelnen Unternehmen. Aber natürlich auch von der allgemeinen wirtschaftlichen Entwicklung und von innen- sowie außenpolitischen Ereignissen. Sie kennen das aus den Nachrichten: Regierungswechsel, Attentate, die Entwicklung im Nahen Osten, Naturkatastrophen.

Alle Ereignisse, deren Folgen erst einmal nicht zu übersehen sind, haben Auswirkungen auf Aktienkurse.

Einen großen Einfluss haben psychologische Faktoren, also Hoffnungen und Wünsche, Ängste und Panik und – nicht zu vergessen – die Gier der Anleger.

Aus all diesen Gründen ist eine Kursentwicklung nicht vorherzusagen.

Einen Kursgewinn erzielen Sie, wenn Sie Ihre Aktie zu einem höheren Kurs verkaufen, als Sie diese gekauft haben. Einen Kursverlust müssen Sie verbuchen, wenn Sie das Papier zu einem niedrigeren Kurs verkaufen, als Sie es gekauft haben.

Und was sind Dividenden?

Als Aktionärin erhalten Sie auf Ihre Anteile eine jährliche Gewinnausschüttung, die sogenannte Dividende. Im Gegensatz zu Zinsen bei festverzinslichen Wertpapieren steht die Dividende aber nicht fest. Erzielt die Aktiengesellschaft keinen Gewinn, kann die Dividende herabgesetzt werden oder auch ganz ausfallen. Sie kann aber natürlich auch erhöht werden.

UNSERE MEINUNG

Kaufen Sie Einzelaktien nur dann, wenn Sie sich mit dieser Anlageform auskennen und wenn Sie Zeit und Lust haben, sich intensiv damit zu beschäftigen. Wie gerade die letzte Krise gezeigt hat, können Sie nicht mehr davon ausgehen, dass es sich für Sie lohnt, ein paar namhafte Aktien ins Depot zu legen und sich nicht weiter darum zu kümmern.

Was ist namhaft? Wer von den Unternehmen ist in der globalisierten Welt dauerhaft konkurrenzfähig? Nehmen Sie die jüngste Krise. Wer hätte gedacht, dass die zweitgrößte Bank der Welt (Lehman Brothers) pleitegeht und völlig von der Bildfläche verschwindet? Dass große Banken »am Rand des Abgrunds stehen«?

Untersuchungen zeigen, dass die Hälfte aller deutschen Privataktionäre weniger als fünf Aktien besitzt, und die stammen überwiegend von deutschen Unternehmen wie Telekom, Daimler, VW oder Infineon. Von einer sinnvollen Investition kann hier nicht die Rede sein.

Einzelne Aktien zu kaufen ist nur dann zu empfehlen, wenn so viel Geld investiert werden kann, dass eine gute Risikostreuung möglich ist. Dazu müssten Aktien aus unterschiedlichen Branchen und Ländern gemischt werden können. Dies ist mit beispielsweise 10 000 Euro nicht möglich. Wir raten deshalb vom Kauf von Einzelaktien ab und empfehlen, breit gestreute internationale Aktienfonds zu kaufen, wenn Sie in Aktien investieren möchten.

Große internationale Fonds investieren in bis zu 200 Aktien verschiedener Unternehmen, verschiedener Regionen und unterschiedlicher Branchen. Sie haben also eine enorme Risikostreuung, und Sie können die Analyse der einzelnen Aktien delegieren.

Es gibt deshalb Vermögensverwaltungen, die sogar bis zu einem Vermögen von mehreren hunderttausend Euro überwiegend mit Aktienfonds arbeiten.

Fazit:
Für die Altersvorsorge geeignet?
Bedingt! Nur dann, wenn es sich um ein großes, also sehr breit gestreutes Depot handelt und wenn Sie sich gern darum kümmern.

Bausparen

Boomt die Börse, wird regelmäßig über sie die Nase gerümpft. Sie gelten dann als spießig und wenig lukrativ. Die Rede ist von Bausparverträgen. In Krisenzeiten aber haben sie Hochkonjunktur. Sicherheit ist wieder gefragt. Und die können

Bausparverträge bieten: Denn Bausparkassen haben eigene Sicherungssysteme. Guthaben auf Bausparverträgen sind praktisch unbegrenzt geschützt.

Wie funktioniert Bausparen?

Am Grundprinzip hat sich seit der Gründung der ersten Bausparkasse im Jahr 1912 nichts geändert. Bausparen funktioniert wie eine Art Generationenvertrag: Während die einen sparen, bauen die anderen mit diesem Geld. In der Ansparphase sammeln Sie mit monatlichen Raten oder auch einmaligen Zahlungen Eigenkapital für einen Immobilienkauf. Damit erwerben Sie einen Anspruch auf ein zinsgünstiges Darlehen, das Ihnen bei Vertragszuteilung zusammen mit Ihrem Guthaben ausgezahlt wird.

Damit der Bausparvertrag zugeteilt werden kann, müssen Sie das sogenannte Mindestguthaben (je nach Tarif sind das 40 oder 50 % der Bausparsumme) erreicht haben. Ausgezahlt wird aber erst, wenn Sie zudem eine bestimmte Wartefrist eingehalten haben.

Ist ein Bausparvertrag heute noch sinnvoll?

Ja, natürlich. Gerade in Zeiten niedriger Zinsen, wie wir sie derzeit noch haben, ist es sehr sinnvoll, einen Bausparvertrag abzuschließen und sich damit den Anspruch auf ein zinsgünstiges Darlehen zu sichern. Denn Sie können nicht davon ausgehen, dass es dauerhaft bei diesen niedrigen Zinsen bleibt. Der Nachteil von Bausparverträgen, der geringe Guthabenzins, wiegt derzeit nicht so schwer, weil es bei anderen ähnlich sicheren Geldanlagen auch keine wesentlich höheren Zinsen gibt.

Die Vorteile überwiegen: Sie können gut kalkulieren, denn Sie wissen heute schon, welche Zins- und Tilgungsleistungen später auf Sie zukommen. Und der niedrige Darlehenszins ist über die gesamte Laufzeit garantiert. Ein weiterer, nicht zu unterschätzender Vorteil von Bauspardarlehen gegenüber Bankdarlehen: Sie können später jederzeit kostenfreie Sondertilgungen leisten, zum Beispiel wenn Sparverträge frei werden oder eine Erbschaft ins Haus schneit.

Für Familien mit Kindern kann bausparen in Verbindung mit Riester, dem sogenannten Wohnriester, attraktiv sein.

Was kann ich noch mit einem Bausparvertrag machen?

Laut Gesetz darf ein Bauspardarlehen nur für »wohnwirtschaftliche Maßnahmen« eingesetzt werden. So eingeschränkt das klingt – es gibt eine Reihe von Möglichkeiten, zum Beispiel Instandsetzung und Modernisierung einer vorhandenen Wohnung. Damit sind Einbauten gemeint, die fest mit dem Gebäude verbunden sind, wie zum Beispiel Wandschränke, WC oder Waschbecken. Sie können aber auch Parkett, Fliesen oder Teppichboden verlegen lassen, vorausgesetzt, der Bodenbelag wird fest mit dem Untergrund verbunden. Auch ein Ferienhaus dürfen Sie damit erwerben oder sich in ein Seniorenstift einkaufen. Und wenn Sie mit anderen zusammen eine Immobilie geerbt haben, lassen sich mit dem Darlehen auch die anderen Erben auszahlen. Sogar die Erbschaftssteuer können Sie mit einem Bauspardarlehen bezahlen, wenn diese im Zusammenhang mit einer Immobilienerbschaft anfällt.

UNSERE MEINUNG

Auch wenn in den Medien gern über Zocker und Spekulantentum berichtet wird, über verlustreiche Wertpapiere und undurchsichtige Derivate – es gibt sie noch, die einfachen Dinge: sicher, überschaubar, vielseitig einsetzbar und damit gut.

Fazit:
Für die Altersvorsorge geeignet?

Ja, aber nur dann, wenn Sie in den nächsten Jahren eine Immobilie kaufen und den Bausparvertrag dafür einsetzen möchten.

Festverzinsliche Wertpapiere

Wer »Börse« hört, verbindet damit den Aktienhandel. Doch die größte Börse der Welt ist der Rentenmarkt. Mit »Renten« sind hier nicht die lebenslangen Zahlungen der gesetzlichen oder privaten Rentenversicherung gemeint. Rentenpapier ist vielmehr der offizielle Name für alle Arten von festverzinslichen Wertpapieren. Und der Markt, auf dem diese Papiere an der Börse gehandelt werden, ist der Rentenmarkt.

Historie

Vermutlich geht die Bezeichnung »Rentenpapiere« zurück auf einen Etikettenschwindel zu der Zeit, als es den Christen verboten war, Zinsen für ein Darlehen zu nehmen. Das war im 14. und 15. Jahrhundert. Dieses Zinsverbot behinderte das Kreditwesen erheblich, denn wer verleiht schon gern Geld, ohne eine Gegenleistung dafür zu bekommen? Aber wie so oft waren Verbote dazu da, umgangen zu werden. Und so bediente man sich eines Tricks: Zinszahlungen für Kredite wurden schlicht und einfach als Rentenzahlungen deklariert. Es konnte sich dabei um eine zeitlich befristete, aber auch um eine lebenslange Rente handeln.

Damals liehen sich Fürsten über die Ausgabe von Schuldscheinen Geld, um ihre Hofhaltung, ihre Schlösser, aber auch ihre Kriege zu finanzieren. Selbst Städte und sogar die katholische Kirche – Zinsverbot für Christenmenschen hin oder her – borgten sich Geld und boten dafür regelmäßige Rentenzahlungen.

Wie funktioniert's heute?

Rentenpapiere sind praktisch Schuldscheine, denn mit der Ausgabe dieser Papiere leihen sich Staat, Länder und Gemeinden, aber auch Unternehmen Geld von Anlegern. Sie zahlen dafür einen Zins, der über die gesamte Laufzeit fest ist, daher die Bezeichnung »festverzinslich«. Festgelegt ist auch die Laufzeit. Sie kann von einem bis zu 30 Jahre betragen.

Bundeswertpapiere (Finanzierungsschätze, Bundesschatzbriefe, Bundesobligationen und Bundesanleihen) geben die Bundesrepublik Deutschland und die Bundesländer aus.

Inhaber-Schuldverschreibungen werden von Sparkassen und Banken emittiert, Unternehmensanleihen von großen und mittleren Unternehmen. Über Staatsanleihen verschaffen sich ausländische Staaten Geld.

Gibt es auch ein Risiko?

Ein Risiko liegt in der Bonität des Emittenten, also des Schuldners. Wenn das Unternehmen oder der Staat, dem Sie über den Kauf der Papiere Geld geliehen haben, in Zahlungsschwierigkeiten gerät, können die Zinsen ausbleiben. Im schlimmsten Fall ist sogar das ganze Geld verloren.

Anleihen werden von Rating-Agenturen wie Moody's, Fitch oder Standard & Poor's bezüglich ihrer Sicherheit bewertet.

Ein oft verkanntes Risiko ist die Änderung des Zinsniveaus. *Ein Beispiel:* Sie haben eine börsennotierte Anleihe mit einer Laufzeit von zehn Jahren gekauft. Zwei Jahre nach dem Kauf steigt das Zinsniveau. Dadurch fällt der Kurs Ihrer Anleihe. Denn Ihre Anleihe lautet dann auf einen niedrigeren Zins, der ja über die ganze Laufzeit gleich bleibt. Die Anleihe ist also, einfach ausgedrückt, nicht mehr so viel wert. Einen echten Verlust erleiden Sie aber nur dann, wenn Sie das Papier vor Fälligkeit verkaufen. Behalten Sie die Anleihe bis zum Laufzeitende, gibt es für Sie immer 100 % zurück.

Aber kein Risiko ohne Chance:
Sinken nämlich während der Laufzeit Ihrer Rentenpapiere die Zinsen, dann haben Sie die Möglichkeit, bei einem vorzeitigen Verkauf der Papiere einen Kursgewinn zu erzielen. Ihre Papiere sind dann mehr wert. Sie würden also mehr als 100 % des eingesetzten Geldes zurückbekommen.

Wichtig zu wissen:
Zinsen und Kurse laufen meist entgegengesetzt. Das bedeutet:
Steigende Zinsen = fallende Kurse
Fallende Zinsen = steigende Kurse

Die wichtigsten Kategorien von festverzinslichen Wertpapieren

BUNDESWERTPAPIERE

Wer ganz auf Nummer sicher gehen will bei festverzinslichen Papieren und weder großen Unternehmen mit ihren Anleihen noch fremden Staaten traut, der ist mit Wertpapieren der Bundesrepublik Deutschland bestens bedient.
Die hohe Sicherheit hat ihren Preis: Deutsche Staatspapiere bieten relativ geringe Zinsen.
Mit der Ausgabe dieser Wertpapiere finanziert der Staat teilweise seinen Haushalt, also seine Ausgaben. Er leiht sich damit von den Bürgern Geld und verspricht einen festen Zins über die gesamte Laufzeit und die Rückzahlung zu 100 % der eingezahlten Summe am Ende der Laufzeit. Abgesichert ist die Rückzahlung durch die Steuereinnahmen.

Die einzelnen Bundeswertpapiere unterscheiden sich allerdings in Laufzeit, Verzinsung, Liquidität und Kursrisiko.
Bundesobligationen haben eine Laufzeit von fünf, Bundesanleihen von zehn Jahren. Bundesobligationen und Bundes-

anleihen werden an der Börse gehandelt, unterliegen also bei Zinsänderungen Kursschwankungen.

Alle Bundeswertpapiere können bei der Finanzagentur des Bundes, Lurgiallee 5, 60295 Frankfurt am Main (info@deutsche-finanzagentur.de), kostenfrei deponiert werden.

Pfandbriefe

Pfandbriefe, die als besonders sicher gelten, sind im Zusammenhang mit der krisengeschüttelten Hypo Real Estate ins Gerede gekommen. Zu Recht?

Der deutsche Pfandbriefmarkt ist nach dem der USA der zweitgrößte der Welt. Um Pfandbriefe ging es bei Berichten über die Rettung der Hypo Real Estate deshalb, weil von der HRE rund ein Fünftel des gesamten Volumens auf den Markt gebracht wurde.

Pfandbriefe sind, wie alle anderen Arten von festverzinslichen Wertpapieren, Schuldverschreibungen, die von Pfandbriefanstalten und Landesbanken herausgegeben werden. Sie haben somit alle Merkmale festverzinslicher Papiere, d. h. eine feste Laufzeit, die je nach Anbieter unterschiedlich lang ist, einen festen Zins, der über die gesamte Laufzeit gleich bleibt, und die garantierte Rückzahlung des Nennwertes, auf den der Pfandbrief lautet.

Die wichtigsten Pfandbriefarten sind Hypothekenpfandbriefe, die durch Grundpfandrechte auf Grundstücke abgesichert sind, und öffentliche Pfandbriefe (früher hießen sie Kommunalobligationen), mit denen Sie Forderungen gegen die öffentliche Hand haben. Darüber hinaus gibt es Schiffspfandbriefe, die durch Schiffshypotheken im Schiffsregister abgesichert sind.

Diese drei Pfandbriefgattungen haben eine jahrhundertealte Tradition.

Pfandbriefanstalten und Landesbanken vergeben mit dem Geld, das sie sich über die Ausgabe von Pfandbriefen verschaffen,

Hypothekenkredite an Hausbauer und Kredite an Städte und Gemeinden. Die Sicherheit dieser Anlage ist damit sehr hoch, denn die Immobilien oder das Steueraufkommen dienen als Sicherheit. Geht eine Pfandbriefbank in die Insolvenz, fallen die Deckungswerte für die von der Bank herausgegebenen Pfandbriefe nicht in die Insolvenzmasse. Auch die von der Hypo Real Estate herausgegebenen Pfandbriefe sind also sicher.

Die Grundlagen des Pfandbriefes sind gesetzlich geregelt, das Pfandbriefgeschäft der Pfandbriefbanken unterliegt einer besonderen Aufsicht.

Pfandbriefe sind, wie alle Arten von festverzinslichen Wertpapieren, sehr gut geeignet, wenn jemand im Ruhestand die Früchte seines Geldes ernten möchte, also gern regelmäßige Zinseinnahmen hätte und braucht.

STAATSANLEIHEN

Zur Finanzierung ihrer vielfältigen Aufgaben leihen sich Staaten damit Geld von Anlegern und versprechen dafür einen festen Zins, der über die Laufzeit hinweg garantiert ist.

Das Prinzip ist also das gleiche wie bei allen festverzinslichen Papieren.

Deutsche Staatsanleihen zählen zu den sichersten der Welt. Sie werden von den führenden Rating-Agenturen mit AAA bewertet, der höchsten Bewertung, die es gibt.

Aufpassen müssen Sie bei Anleihen fremder Staaten, die häufig höhere Zinsen bieten als deutsche Anleihen. Denn grundsätzlich gilt: Je unsicherer die wirtschaftliche und/oder politische Lage in einem Land, desto höhere Zinsen müssen gezahlt werden, wenn sich der Staat Geld leiht. Sonst würde ja niemand diese Papiere kaufen. Für Anleihen politisch und wirtschaftlich stabiler Länder wie Deutschland gibt es also nur niedrige Zinsen. Wackelkandidaten müssen dagegen hohe Zinsen bezahlen, deren Papiere sind aber natürlich eine spekulative Anlage. Wenn das Land, dem Sie über so eine Anleihe Geld geliehen haben, zahlungsunfähig würde, bekämen Sie keine Zinsen, und die Rückzahlung Ihres Geldes wäre gefährdet. Der höhere Zins ist also immer eine Risikoprämie.

Leidvoll haben das Anleger 2002 erfahren müssen, die Argentinien-Anleihen gekauft hatten. 11 % Zins waren damals einfach zu verführerisch. Mittlerweile war das Land pleite und konnte weder die Zinsen bezahlen noch die Rückzahlung des Geldes garantieren. Werden Sie also misstrauisch, wenn ein Land Anleihen mit 13 % Zins auf den Markt bringt!

Wenn Sie an Staatsanleihen interessiert sind, sollten Sie immer nach dem Rating des jeweiligen Landes fragen. Die höchstmögliche Sicherheit haben Sie bei AAA. Ab einem Rating, das niedriger ist als BBB, wird es schwierig, und vollends fragwürdig sind Anleihen mit der Bewertung C. Das sind sogenannte Junk Bonds, »Schrott-Anleihen«.

UNTERNEHMENSANLEIHEN

»Was halten Sie denn von Unternehmensanleihen?«, werden wir oft gefragt. »Da kann man ja noch richtig gute Zinsen bekommen.«

Das Interesse an dieser Kategorie von festverzinslichen Wertpapieren hat in den letzten Jahren zugenommen. Kein Wunder, bieten sie doch deutlich höhere Zinsen als beispielsweise Bundesanleihen.

Aber, wie immer bei Geldanlagen: Geschenkt wird Ihnen auch da nichts. Wie der Name schon sagt, leiht sich hier nicht eine Bank oder ein Staat Geld von den Bürgern, sondern ein Wirtschaftsunternehmen. Das Feld ist groß, auf dem hier agiert wird. Das geht vom bekannten Großkonzern bis zum mittelständischen Unternehmen. Sie müssen sich also vor einer Investition genauso gründlich informieren wie bei einem Aktienkauf, wenn Sie nicht Schiffbruch erleiden wollen. Denn im Gegensatz zum Staat können Unternehmen ja auch pleitegehen. Die Erfahrungen in der Finanzkrise haben das drastisch gezeigt.

Wie Staatsanleihen werden auch die Anleihen großer Unternehmen von Rating-Agenturen bewertet. Auch hier sind die besten Bewertungen AAA, AA und A, die schlechtesten C. Die Papiere werden über eine Bank auf den Markt gebracht und an der Börse gehandelt. Das schützt zwar auch nicht unbedingt vor Verlust, wie der Fall Lehman Brothers gezeigt hat: Die international bekannte US-Bank wurde noch kurz vor ihrer Pleite von einer Rating-Agentur mit »A« bewertet, was so viel heißt wie »gute Bonität«. Trotzdem bieten Rating, Börsenhandel und Bankenemission noch am ehesten ein Stück Sicherheit.

Unbedingt aufpassen müssen Sie dagegen bei privat platzierten Anleihen (oft auch Schuldverschreibungen und Genussscheinen). Bestimmt haben auch Sie schon mal einen bunten Prospekt in Ihrem Briefkasten vorgefunden, in dem Ihnen 7–8 % Zinsen pro Jahr versprochen werden, wenn Sie Ihr Geld einem Unternehmen leihen. Diese Angebote müssen nicht unbedingt unseriös sein. Sie verlangen aber besondere Vorsicht, denn Sie haben hier doch ein erhebliches Risiko. Es gibt ja bei diesen Direktemissionen keine offizielle Bewertung von Rating-Agenturen. Die Bundesanstalt für Finanzdienstleistungsaufsicht (BaFin) prüft bisher lediglich, ob der Prospekt den formalen Anforderungen des Prospektgesetzes genügt. Eine inhaltliche Bewertung wird nicht vorgenommen. Die Papiere werden außerdem vom Unternehmen selbst ausgegeben, also nicht über eine Bank, und sie werden auch nicht an der Börse gehandelt.
Es ist für Anlegerinnen fast unmöglich, die Kreditwürdigkeit eines solchen Unternehmens einzuschätzen, und damit auch,

wie sicher Zins und Rückzahlung des eingesetzten Kapitals sind. Ob die Anleihe von einem großen oder kleinen Unternehmen stammt: Geht das Unternehmen pleite, ist Ihr Geld weg.

Lassen Sie sich also von hohen Zinsen nicht blenden. Ein Zinssatz, der deutlich über dem üblichen Zinsniveau (z. B. bei Bundesanleihen) liegt, ist immer eine Risikoprämie.

Setzen Sie also nur auf Unternehmensanleihen guter Qualität oder – noch besser – kaufen Sie einen Fonds mit Unternehmensanleihen, sogenannten Corporate Bonds. Hier nimmt Ihnen ein Fondsmanagement das ab, was die wenigsten Anlegerinnen leisten können: die Auswahl und die Prüfung der Bonität bzw. Kreditwürdigkeit.

UNSERE MEINUNG

Festverzinsliche Wertpapiere sind eine der bekanntesten und beliebtesten Geldanlagen. Sie sind überschaubar: Jeder weiß, wann und in welcher Höhe das Geld zurückfließt. Besonders geeignet ist diese Art von Geldanlage, wenn Anlegerinnen von den Zinseinnahmen leben müssen, beispielsweise im Rentenalter.

Für Anlegerinnen, die Kapital bilden möchten und müssen, zum Beispiel für die Altersvorsorge, die also die Zinsen nicht zum Lebensunterhalt brauchen, sind festverzinsliche Papiere nur bedingt geeignet, aus einem einfachen Grund: Nach unserer Erfahrung werden die Zinsen, die ein- oder zweimal jährlich ausgezahlt werden, häufig nicht wieder angelegt, sondern verbraucht. Wenn aber aus Ihrem Geld Vermögen werden soll, *müssen* Zins und Zinseszins das Kapital vermehren. Wenn Sie schon solche Papiere in Ihrem Depot haben, dann zahlen Sie doch einfach konsequent die jährlichen Zinsen in einen Fonds oder eine private Rentenversicherung ein. Dann erzielen Sie den gewünschten Effekt. Oder Sie investieren gleich in einen Rentenfonds, in dem sich eine Mischung aus

Pfandbriefen, Staats- und Unternehmensanleihen befindet. Hier werden die Zinsen automatisch wieder angelegt. Die Auswahl der Papiere nimmt Ihnen das Fondsmanagement ab. Und die Risikostreuung ist bei einem Fonds ohnehin wesentlich besser als bei einem Depot mit einzelnen Wertpapieren.

Fazit:
Für die Altersvorsorge geeignet?
Ja, wenn Sie vor dem Ruhestand konsequent die Zinsen wieder anlegen. Und natürlich, wenn Sie im Ruhestand die jährlichen Zinszahlungen brauchen oder möchten.

Investmentfonds

Fonds sind in aller Munde, zu Recht. Denn sie eignen sich besonders zur Altersversorgung. Ein guter Grund, sich einmal näher mit der Anlagegattung »Fonds« zu beschäftigen. Zumal das Wissen über Fonds, wie Umfragen bestätigen, sehr zu wünschen übrig lässt.

Das fängt schon mit dem Namen an: Heißt es denn nun Fond oder Fonds? Der Unterschied könnte größer nicht sein.
Ein Fond (also ohne s) ist eine eingedickte Brühe von Kalb, Rind, Wild etc. Fond heißt aber auch der Rücksitz eines Autos.
Die Geldanlage, von der hier die Rede ist, heißt »Fonds«. Die genaue Bezeichnung ist Investmentfonds, üblicherweise wird die Abkürzung »Fonds« verwendet.

Historie
Wer zuerst auf die geniale Idee kam, einen Fonds zu gründen, ist umstritten. Allererste Anfänge gab es 1822 in Brüssel auf Initiative des niederländischen Königs Wilhelm I. und 1849 in Genf. Die ersten »richtigen« Investmentgesellschaften aber

entstanden um 1860 in Schottland und England. Im Gründungsprospekt der 1868 in England errichteten Investmentgesellschaft »Foreign and Colonial Government Trust« kam das Prinzip des Investmentgedankens zum Ausdruck, das auch heute noch gilt: »Das Ziel der Gesellschaft ist es, den kleinen Sparern dieselben Vorteile zu verschaffen wie den Reichen, indem das Risiko durch Streuung der Kapitalanlage auf eine Anzahl verschiedener Aktien vermindert wird.«

Schon nach dem Ersten Weltkrieg hat sich die Investmentidee in allen westlichen Industrienationen rasch durchgesetzt. In Deutschland allerdings gelang der Durchbruch erst sehr spät. Für das lang währende Desinteresse der Deutschen am Investmentsparen gab es zwei Gründe: Deutsche gehen bei der Geldanlage lieber auf Nummer sicher, sie sind eher Aktienmuffel. Der zweite Grund: In Deutschland gab es schon sehr früh ein Sozialversicherungssystem. Der Bedarf an privater Altersvorsorge war, anders als beispielsweise in England und den USA, lange Zeit eher gering.

Wie funktionieren Fonds?

Ein Fonds ist eine Art »Topf«, in den viele Anleger gemeinsam einzahlen. Der Inhalt des »Topfes« können Aktien sein oder festverzinsliche Wertpapiere oder auch Immobilien. Oder eine Mischung aus allem. Das Geld der Anleger wird von einer Kapitalanlagegesellschaft (Investmentgesellschaft) verwaltet. Aus Gründen des Anlegerschutzes muss das Fondsvermögen bei einer anderen Bank, der Depotbank, verwahrt werden. Mit dem Kauf von Fondsanteilen werden Anleger Miteigentümer des Fonds.

Was ist das Besondere an Fonds?

Fonds sind sehr flexibel. Sie können einmalig oder auch monatlich über einen Dauerauftrag einzahlen. Sie können jederzeit nachzahlen, aussetzen oder auch täglich verkaufen.

Die Bausteine für Ihre Altersversorgung

Zudem sind Fonds sehr transparent. Die Anteilspreise werden börsentäglich festgestellt und in den großen Tageszeitungen veröffentlicht. Außerdem können sie über das Internet abgerufen werden. Sie können also laufend feststellen, wie sich Ihr Fonds entwickelt.

Ein besonderer Vorteil von Fonds, besonders von Aktienfonds, ist die Risikostreuung. Wenn Sie selbst einzelne Aktien kaufen, können Sie in der Regel nur eine kleine Auswahl von Wertpapieren erwerben. Die Gefahr, dabei auf das falsche Pferd zu setzen, ist groß. Ein Fonds kann dagegen das Kapital auf Wertpapiere mit verschiedenen Laufzeiten, verschiedener Länder, verschiedener Währungen verteilen.

Und das Schöne daran: Sie müssen sich um all das nicht selbst kümmern. Manager von Fonds nehmen Ihnen die Arbeit ab. Ein Fonds ist also auch pflegeleicht.

Und es gibt keine Nachteile?

Fonds kosten Gebühren. Beim Kauf wird einmalig der sogenannte Ausgabeaufschlag erhoben. Als laufende Kosten fallen die Depotbankvergütung und die Verwaltungsgebühr an.

Den Ausgabeaufschlag können Sie reduzieren oder ganz vermeiden, wenn Sie Fonds bei einer Direktbank (telefonisch oder über das Internet) erwerben. Unserer Meinung nach ist das aber ein Weg, den nur erfahrene Anlegerinnen beschreiten sollten, also Anlegerinnen, die sich gut auskennen und unter den vielen Fonds, die es am Markt gibt, auch wirklich die passenden auswählen können.

Wer dies nicht kann oder nicht will, sollte die Gebühren in Kauf nehmen und sich unbedingt von unabhängigen Fachleuten beraten lassen.

AKTIENFONDS

Die Auswahl bei Aktienfonds ist enorm. Sie können hier auf einzelne Länder setzen oder auf bestimmte Regionen (Europa, Lateinamerika, Asien etc.) oder gleich weltweit anlegende Fonds nehmen.

Aktienfonds investieren in Standardwerte (sogenannte Bluechips) und/oder in kleinere und mittlere Firmen (Small und Mid Caps). Sie können mit Ihrer Anlage auch bestimmte Schwerpunkte setzen, zum Beispiel bestimmte Branchen auswählen (Software-, Pharmawerte) oder in aktuelle Themen investieren (Infrastruktur, Rohstoffe, Ökologie und Nachhaltigkeit).

Die Methodik und/oder der Investmentstil der einzelnen Fonds können obendrein sehr unterschiedlich sein.

Die Wertentwicklung von Aktienfonds wird bestimmt von Kursbewegungen der im Fonds befindlichen Aktien und von Dividenden, die von den einzelnen Aktiengesellschaften ausgeschüttet werden.

Wenn »Wertsteigerung« Ihr langfristiges Ziel ist und Sie die Schwankungen an den Börsen (Volatilität) gut aushalten, dann sind Sie bei Aktienfonds richtig.

Sie tragen zwar ein größeres Risiko, haben dafür aber auch größere Ertragschancen. Ein langer Atem (= Anlagehorizont) ist aber unabdingbar, um schlechte Börsenzeiten aussitzen zu können.

MISCHFONDS

Mischfonds (auch gemischte Fonds) legen sowohl in Aktien als auch in festverzinslichen Wertpapieren (Rentenpapieren) an. Das Fondsmanagement kann diese Mischung je nach sich bietenden Marktchancen optimal zusammenstellen. In guten Börsenzeiten dürfen es ruhig ein bisschen mehr Aktien sein, das bringt Rendite. Kündigt sich eine Krise an, kann das Fondsmanagement die Aktienquote herunterfahren und überwiegend in sichere Rentenpapiere oder auch in Immobilienwerte umschichten. So bleiben Verluste in schlechten Börsenzeiten gering.

Wichtig:
Es gibt viele Mischfonds, in denen die Zusammensetzung aus Aktien und Renten (festverzinslichen Wertpapieren) festgelegt ist. Diese Fonds tun sich in turbulenten Zeiten oft schwer. Ist zum Beispiel in einem Fonds der Aktienanteil bei 50 % festgeschrieben, so ist der Mischfonds auch mit 50 % an negativen Börsenentwicklungen, also an fallenden Kursen, beteiligt. Achten Sie also darauf!

Mischfonds eignen sich für Anlegerinnen, die ein gewisses Maß an Sicherheit suchen, gleichzeitig aber auch die höheren Ertragschancen des Aktienmarktes nutzen wollen. Wegen des geringeren Risikos sind Mischfonds auch für einen mittelfristigen Anlagehorizont sehr gut geeignet.

DACHFONDS

In Deutschland gibt es sie seit 1999. Der englische Begriff dieser Fondskategorie ist auch oft zu lesen und lautet »Fund of Funds«. Denn Dachfonds investieren nicht in Einzelwerte, sondern in andere Investmentfonds (»Zielfonds«).
Damit bieten Dachfonds eine doppelte Risikostreuung, denn sie verteilen das Vermögen auf viele Zielfonds, die wiederum in eine Vielzahl von Einzeltiteln anlegen.
Dachfonds, die ausschließlich in Aktienfonds investieren, unterliegen höheren Kursschwankungen und sind für risikofreudigere Anlegerinnen geeignet. Bei gemischten Dachfonds, die Aktien-, Renten- und/oder auch Immobilienfonds unter ihrem Dach vereinen, ist das Anlagerisiko durch die breitere

Streuung geringer. Daher können gemischte Dachfonds auch für sicherheitsorientierte Anlegerinnen sehr interessant sein, die einen mittel- bis längerfristigen Anlagehorizont zur Verfügung haben.

Vermögensverwaltende Fonds

Seit Inkrafttreten des Investmentänderungsgesetzes am 28. Dezember 2007 können solche »sonstigen Sondervermögen« in Investmentfondsform in Deutschland aufgelegt werden.
Das Neue daran: Ihnen stehen immens erweiterte Anlagemöglichkeiten zur Verfügung! Sie können in Einzelaktien und Aktienfonds, Mischfonds und festverzinsliche Rentenpapiere, Rentenfonds und in Immobilienfonds investieren. Daneben in Geldmarktinstrumente, Bankguthaben, Derivate und sogar in Edelmetalle, wie Gold und Platin.

Ein Fonds mit einem solchen vermögensverwaltenden Ansatz versucht den renditeträchtigen Anteil (Aktien, Rohstoffe etc.) in einer Phase steigender Kurse deutlich zu erhöhen und umgekehrt in der Phase sinkender Kurse den Renten- oder Geldmarktanteil deutlich anzuheben, um das Vermögen der Anleger zu schützen. Im Extremfall kann dann zum Beispiel der Aktienanteil bei null liegen! Reinvestiert wird erst dann, wenn sich die Börsen wieder freundlicher zeigen.
Aber Vorsicht: Nur weil diese Fonds (beinahe) alles dürfen, heißt das noch lange nicht, dass das Fondsmanagement alles managen kann! Sie sollten sich bei dieser relativ neuen Fondskategorie daher das Management und dessen Erfahrung sowie die Spezialisierung des jeweiligen Fonds genau ansehen. Oder Sie lassen sich unabhängig beraten, bevor Sie investieren. Ihre Beraterin kann Ihnen sagen, welche Fonds die besten Ertragschancen bei mittlerem Risiko haben.

Diese Fonds stellen sogenannten Mikrofinanzinstituten Kapital zur Verfügung. Das sind Kreditinstitute, die in Entwicklungs- und Schwellenländern Kleinstkredite ohne die üblichen Sicherheiten an einfache Leute mit guten Ideen vergeben. Diese (finanziell) armen Menschen würden mit ihren Geschäftsideen bei herkömmlichen Banken niemals einen Kredit bekommen, denn ihre Sicherheit ist lediglich das Gelingen dieser Idee und ihre Arbeitskraft. Die Ertragskomponente ist hierbei nicht nur der Zins, den Sie erhalten, sondern auch die Gewissheit, vielen Menschen mit Ihrer Investition aus der Armut herausgeholfen zu haben.

RENTENFONDS

Schon 1966 wurden die ersten deutschen Rentenfonds aufgelegt, und auch in dieser Fonds-Kategorie ist von Langeweile keine Spur. Rentenfonds enthalten zwar überwiegend (langweilige) festverzinsliche Wertpapiere, wie z. B. Staatsanleihen, Bundesschatzbriefe, Kommunalobligationen, Wandel- oder Unternehmensanleihen. Auf die Mischung kommt es aber an, ob ein Rentenfonds eine sichere Anlage ist oder eher eine riskante.

Die Hauptertragskomponente bei Rentenfonds sind Zinseinnahmen. Aber auch Wechselkurse spielen – insbesondere bei speziellen Währungsfonds (wie Convertible Bonds) und weltweit anlegenden Fonds – eine große Rolle.

Ein wichtiges Kriterium für das Zusammenspiel von Rendite und Risiko bei Rentenfonds ist aber die Laufzeitenstruktur der im Fonds befindlichen Wertpapiere: Geldmarktnahe Rentenfonds sind an die kurzfristige Entwicklung des Kapitalmarktes angepasst und ersetzen quasi ein Tagesgeld- oder Festgeldkonto. Das heißt, es gibt eine geldmarktnahe Verzinsung bei sehr geringem Risiko, geeignet für kurze Laufzeiten.

Sogenannte Kurzläuferfonds sind ebenfalls risikoarm. Sie investieren in Rentenpapiere mit kurzen Restlaufzeiten. Dadurch können sie relativ schnell auf Veränderungen an den Anleihemärkten reagieren und mehr Rendite erzielen.

Die Bandbreite reicht weiter über Euro-Rentenfonds mit einer ausgewogenen Struktur, z. B. nach (Rest-)Laufzeit der Papiere, Bonität der Emittenten etc., bis hin zu global investierenden Rentenfonds sowie Rentenfonds, die auf Spezialitäten wie Wandel- und Optionsanleihen, Unternehmensanleihen (High Yield), Zero-Bonds oder bestimmte Währungsverhältnisse ihren Schwerpunkt setzen.

Je ausgefallener die Zusammenstellung, desto mehr Rendite ist möglich. Aber Vorsicht: Auch bei Rentenfonds kann es zu Kursschwankungen kommen, wenn zum Beispiel die Zentralbanken das Zinsniveau in den einzelnen Ländern stark verändern oder eine Währung stark ab- oder aufwerten. Nicht umsonst gehören Rentenspezialisten zu den gefragtesten Spezialisten. Sie müssen diese Entwicklungen genauestens beobachten und die Zusammenstellung im Fonds frühestmöglich anpassen.

Gute Beratung, welche Art Rentenfonds mit welchem Risiko speziell für Sie empfehlenswert ist, ist auch hier der Schlüssel zum Erfolg.

Offene Immobilienfonds

Offene Immobilienfonds legen Ihr Geld in ausgesuchten Gewerbeimmobilien an, die das Fondsmanagement nach Größe, Nutzungsart, Branche der Mieter, Alter und Standorten der Gebäude zusammenstellt. Die besten in Deutschland verfügbaren offenen Immobilienfonds investieren europaweit oder weltweit, da im Ausland höhere Renditen mit Immobilien zu erzielen sind. Durch diesen Mix wird ein hohes Maß an Streuung erreicht.

Obendrein bieten sie einen guten Schutz gegen Inflation, denn für Gewerbeimmobilien werden meist langfristige und inde-

Die Bausteine für Ihre Altersversorgung

xierte Mietverträge abgeschlossen. So lag die durchschnittliche jährliche Wertentwicklung offener Immobilienfonds in den vergangenen drei Jahrzehnten im Schnitt mehr als doppelt so hoch wie die Inflationsrate in dieser Zeit!

Ein begrenzter Anteil des Fondsvermögens wird in liquiden Mitteln, wie etwa verzinslichen Wertpapieren gehalten, um günstige Kaufgelegenheiten zu nutzen, Bestandsoptimierungen und Ausschüttungen an die Anlegerinnen durchführen zu können.

Der größte Vorteil von offenen Immobilienfonds ist aber, dass Privatanlegerinnen mit begrenzten finanziellen Mitteln einen Teil ihres Vermögens ganz unkompliziert in Immobilien anlegen können. Große Schwankungen sind bei offenen Immobilienfonds nicht zu erwarten, daher wirken diese Fonds sehr ausgleichend und stabilisierend aufs Depot.
Die Ertragskomponenten sind hier Miet- und Zinseinnahmen sowie die in der Regel steuerfreien Wertsteigerungen der Immobilien, die der Verkauf eines oder mehrerer Objekte bringt.

Offene Immobilienfonds in der Finanzkrise
Jahrzehntelang waren sie genau das, was man von einem Immobilieninvestment erwartete: sicher, solide, lukrativ und steuergünstig. In den letzten Jahren aber hatten sie es nicht leicht.
In der Finanzkrise 2008 bekamen viele Großinvestoren und Anleger Panik und zogen in kurzer Zeit sehr viel Geld aus den Fonds ab. Weil aber offene Immobilienfonds nur über eine bestimmte Bargeldreserve verfügen dürfen, mussten einige offene Immobilienfonds einen historischen Schritt gehen – sie mussten schließen! Denn Immobilien kann man ja nicht von heute auf morgen zu einem guten Preis im Sinne der Anleger verkaufen.

Das ist aber heute Geschichte.

Die offenen Immobilienfonds, die diese Turbulenzen überstanden haben, können auf eine lange und sehr erfolgreiche Zeit zurückblicken und bieten vorsichtigen Anlegerinnen immer noch eine sehr gute Möglichkeit, ihr Geld konservativ und lukrativ anzulegen.

Aus Erfahrung wird man klug:
Seit dem 21. Juli 2013 gibt es für offene Immobilienfonds neue Regeln. Um zu verhindern, dass Anleger in Panik wieder massenhaft Geld abziehen, hat der Gesetzgeber eine einjährige Kündigungsfrist eingeführt. Sie gilt für Geld, das *nach* Inkrafttreten des Gesetzes in solche Fonds fließt, sowie für neu aufgelegte Immobilienfonds.

Außerdem gibt es eine zwei Jahre dauernde Ersthaltefrist für Neuanleger. Das heißt: Wer innerhalb des Jahres 2014 in einen offenen Immobilienfonds investiert, kommt frühestens 2016 wieder an sein Geld.

Wer Anteile aus offenen Immobilienfonds 2014 kauft und 2017 wieder kündigt, kann 2018 über das Geld verfügen. Wer schon länger Geld in offenen Immobilienfonds angelegt hat, darf bis zu 30 000 Euro pro Halbjahr verkaufen.

EXCHANGE TRADED FUNDS (ETFS)

Sie haben den Begriff sicher schon öfter gelesen. ETFs sind ja die Lieblinge der Medien. Es vergeht kaum ein Tag, an dem sie nicht als *die* preiswerte, weil kostengünstige Alternative zu »normalen« Fonds empfohlen werden.

Uns erinnert das stark an den Zertifikate-Hype vor einigen Jahren. Auch da wurden Zertifikate als das Nonplusultra der Geldanlage gepriesen, mit der man sogar bei fallenden Kursen noch Geld verdienen könne. Bis die jüngste Krise den Wahnsinn zutage brachte: Geld verdient haben in der Regel die Banken, für die waren Zertifikate die Gelddruck-maschine. Für Anleger hat sich das Investment meist nicht gelohnt.

Wir informieren Sie über ETFs, damit Sie sich selbst ein Urteil bilden können.
Diese relativ neue Fondskategorie unterscheidet sich von den oben genannten Fonds durch mehrere wichtige Merkmale: ETFs werden nicht aktiv von einem Fondsmanager oder einem Spezialistenteam gemanagt, sondern sie bilden die Entwicklung des zugrunde liegenden Börsenindex 1:1 ab. Steigt der Index, steigt auch der ETF auf diesen Index, fällt der Index, fällt auch der ETF in gleicher Weise.

Ein ETF-Fonds »auf den DAX« enthält exakt die Aktien der 30 größten Unternehmen, die im DAX enthalten sind. Es gibt also kein Fondsmanagement, das nach interessanten Aktien sucht, das Portfolio je nach Marktlage zusammenstellt. Man nennt das »passives Management«. Das Management hat, salopp gesagt, kaum etwas zu tun. Deshalb sind diese Fonds auch kostengünstig. Das Argument für einen Kauf von ETFs ist oft, dass es den meisten »aktiven« Fondsmanagern nicht gelingt, besser zu sein als der Index. Dann könne man doch gleich einen viel günstigeren Indexfonds kaufen, heißt es.

Gerade die aktuelle Krise hat aber deutlich gezeigt, dass aktives Fondsmanagement in turbulenten Zeiten deutlich überlegen ist und am ehesten dem Wunsch nicht besonders risikofreudiger Anlegerinnen entspricht.
Ein ETF auf den DAX hat, wie der DAX im Jahr 2008, einen satten Verlust von ca. 40 % gebracht.
Aktiv gemanagte Fonds hatten da einen ganz anderen Spielraum: Sie konnten angesichts der Krise ihre Aktienquote reduzieren,

in Cash gehen und die Entwicklung abwarten. Es gibt vermögensverwaltende Fonds, die in dieser heftigen Krise sogar einen Gewinn aufweisen oder nur einen kleinen Verlust.

Die Abbildung des Index hat noch andere Nachteile: Die Aktien von Banken, Versicherungen und großen Finanzdienstleistern fließen derzeit mit ca. 20 % in den DAX ein und bestimmen dessen Verlauf erheblich mit. Wer also einen ETF auf den DAX kaufte, war zu etwa 20 % an Finanztiteln beteiligt, an den Aktien also, die es in der Krise am stärksten getroffen hat.

Das Angebot an Indexfonds wächst ständig. Sie können heute auf Aktienindizes von Australien bis Vietnam, auf bestimmte Branchen oder Regionen setzen. Und damit setzt die gleiche Entwicklung ein wie bei Zertifikaten. Die Produkte werden immer weniger verständlich, immer komplizierter und undurchschaubarer.

Dadurch sind ETFs nicht mehr generell kostengünstig. Je mehr Ertragsmöglichkeiten damit verknüpft sind, desto teurer sind sie. Außerdem kann sich einiges darin verbergen, worin Anlegerinnen nicht so gern investieren möchten, zum Beispiel Zertifikate. Denn es kommt darauf an, mit welchen Methoden der Index nachgebildet wird.

In ETFs sollten Sie also nur investieren, wenn Sie sich wirklich gut auskennen und entsprechend Zeit investieren wollen. Die Kosten allein können für eine Investition ohnehin nicht entscheidend sein.

Ein großer Teil deutscher Anleger ist doch eher risikoscheu und durch leidvolle Erfahrungen mit zwei Krisen in den letzten zehn Jahren lieber vorsichtig. Deshalb kann ein aktiv gemanagter vermögensverwaltender Fonds genau das Richtige für Sie sein. Solche Fonds können den Aktienanteil je nach Marktlage reduzieren oder erhöhen und Sie damit vor großen Verlusten bewahren.

Sie sehen, die Aussage »Ich möchte in einen Fonds investieren«, ist ähnlich ungenau wie »Ich möchte Urlaub machen«. Beim Fondskauf wie bei der Urlaubsplanung müssen Sie sich entscheiden: Soll es ruhig und gemütlich werden? Oder aufregend und riskant? Bleiben Sie lieber auf vertrautem Terrain, oder reizt Sie Neues und Unbekanntes?

Ganz gleich, wie Sie sich entscheiden, für alle Fonds gilt: Sie sind eine pflegeleichte und hochinteressante Anlage, die auch Kleinanlegerinnen den Zugang zu globalen Kapitalmärkten ermöglicht. Und sie bieten ein hohes Maß an Sicherheit, denn Fondsvermögen ist rechtlich »Sondervermögen«. Es kann, selbst wenn die Fondsgesellschaft pleiteginge, nicht in die Insolvenzmasse gelangen.

Sie haben gesehen:
Die guten, transparenten und verständlichen Fonds gibt es schon lange. Sie haben sich bewährt. Greifen Sie also nicht nach jedem »neuen Besen«, den Ihnen Ihre Bank empfiehlt. Sie wissen ja, die kehren bekanntlich nur am Anfang gut …

Fazit:
Für die Altersvorsorge geeignet:
Unbedingt! Besonders, wenn es sich um breit gestreute Fonds handelt. Wichtig ist jedoch die Auswahl nach Laufzeit und Risikoneigung.

Geschlossene Fonds

Geschlossene Fonds gelten als börsenunabhängige Sachwerte. Es handelt sich dabei um unternehmerische Beteiligungen mit allen unternehmerischen Chancen und Risiken. Sie bieten Anlegerinnen die Möglichkeit, sich mit einem verhältnismäßig geringen Kapitaleinsatz (oft schon ab 10 000 Euro) an einer renditeträchtigen und steuerlich günstigen Investition zu beteiligen.

Und so funktioniert's

Sie investieren gemeinsam mit mehreren Anlegern in ein größeres Wirtschaftsgut, z. B. in eine Gewerbeimmobilie im In- und Ausland, in Flugzeuge oder Flugzeugturbinen, in junge Unternehmen mit großen Erfolgsaussichten oder in Anlagen, die regenerativ Energie produzieren, also Solarparks, Windparks oder Biogas- und Biomasseanlagen, aber auch in Container und Schiffe. Ist der Investmentgegenstand vollständig finanziert, werden keine weiteren Anteile mehr verkauft, und der Fonds ist »geschlossen«.

Ihre Beteiligung richtet sich nach der Höhe Ihrer Zeichnungssumme. Sie werden unmittelbar oder mittelbar (treuhänderisch) Mitunternehmerin – mit allen Chancen und Risiken.

Der Geschäftszweck liegt darin, ein oder mehrere Objekte zu erwerben, diese mit einer Gewinnabsicht zu betreiben, sie instand zu halten und am Ende der Laufzeit lukrativ zu veräußern. Der dabei erwirtschaftete Gewinn wird abzüglich der Kosten unter allen Beteiligten aufgeteilt und ausgeschüttet. Diese Ausschüttungen und der Verkaufserlös am Ende der Laufzeit ergeben die Rendite der Beteiligung.

Geschlossene Immobilienfonds

Sie sind der Klassiker unter den Beteiligungen. Mit Immobilienfonds, deren ausgesuchte Objekte im Ausland liegen (zum Beispiel Großbritannien, Niederlande, Australien etc.), profitieren die Investoren von unterschiedlichen Immobilienmärkten und oft von günstigen Doppelbesteuerungsabkommen. Das heißt, die Einnahmen, die im Ausland erzielt werden, sind auch dort zu versteuern und müssen in Deutschland nicht mehr versteuert werden. Die Steuersätze sind im Ausland oft günstiger und die Freibeträge höher als hierzulande. Das macht die Ausschüttungen für die Anleger weitgehend steuerfrei.

SCHIFFSBETEILIGUNGEN

Hier finanzieren viele Anleger ein oder mehrere Schiffe, in der Regel entweder Container- oder Kühlschiffe, Tanker, Bulker, Schiffe für Massengüter. Ein Vertragsreeder übernimmt gegen Gebühr das technische und kommerzielle Management des Schiffes. Der Charterer mietet das Schiff an, um im Auftrag Dritter Frachtgut zu transportieren.

Anleger profitieren von Ausschüttungen aus den Chartereinnahmen. Dazu sind Schiffsfonds steuerlich sehr interessant, da sie von der sogenannten Tonnageversteuerung profitieren. Der Clou dabei: Nicht der tatsächliche Gewinn wird versteuert, sondern ein geringer, pauschal ermittelter Betrag, der von der Schiffsgröße abhängt. Einmal beim Stapellauf festgelegt, begleitet die pauschale Tonnagesteuer das Schiff bis zur Verschrottung. Für Anleger ist das deshalb so lukrativ, weil nur sehr geringe Steuern auf die meist sehr hohen Ausschüttungen anfallen.

ÖKOLOGISCHE BETEILIGUNGEN

In diesem Bereich wird die Auswahl immer größer und interessanter. Sie können sich an einem oder mehreren Solarparks beteiligen, an einem Windpark an Land oder »offshore« im Meer, an einer Biomasseanlage oder an bestehendem und bewirtschaftetem Wald.

Mit dem »Erneuerbare-Energien-Gesetz« (EEG) werden Solar- oder Fotovoltaik-Anlagen, Windparks usw. staatlich gefördert. Auch im Ausland gibt es für Ökostrom eine feste Einspeisevergütung, sodass sonnenreiche Regionen für Solarparks genutzt werden können.

Hohe und fast steuerfreie Ausschüttungen, keine Abhängigkeit vom Auf und Ab der Aktienbörsen – klingt alles toll, aber wo ist der Haken?

Natürlich gibt es Haken, das wäre sonst ja auch zu schön, um wahr zu sein.

Haken 1:
Die mangelnde Fungibilität, das heißt, die eingeschränkte Möglichkeit, Ihren Anteil vor Laufzeitende zu verkaufen, ist für viele ein gravierender Nachteil. Ein Verkauf von Anteilen ist häufig schwierig, auch wenn es mittlerweile einen Zweitmarkt für »gebrauchte« Anteile gibt.

Sie sollten also vor Kauf einer Beteiligung immer überlegen, ob Sie während der vorgesehenen Laufzeit des Fonds, das sind mindestens zehn, oft aber 20 Jahre, auf die Beteiligungssumme verzichten können. Wenn dies nicht der Fall ist, sollten Sie Abstand davon nehmen.

Haken 2:
Solange der Geschäftsbetrieb läuft wie geplant, können Sie mit den prognostizierten Ausschüttungen und einer ordentlichen Schlusszahlung rechnen. Bei einer unternehmerischen Beteiligung kann es aber sein, dass bestimmte Ereignisse eintreten, die nicht planbar sind, durch die aber die Rendite gemindert wird.

Beispiele: Die Insolvenz eines Mieters (bei geschlossenen Immobilienfonds), rückläufige Auslastungszahlen (bei Hotels oder Pflegeheimen), der Rückgang des Welthandels und damit einhergehend der Charterraten wie in der letzten Krise (bei Schiffsbeteiligungen).

Diese unvorhersehbaren Ereignisse gehen meist in absehbarer Zeit vorüber. Es werden neue Mieter gefunden, der Welthandel und die Charterraten steigen wieder an usw. Doch Sie müssen während dieser Durststrecke mit einem Rückgang oder gar dem Ausfall der Ausschüttung rechnen. Das heißt, Sie haben in dieser Zeit weniger oder gar keine Rendite, und das müssen Sie verkraften.

Die Beteiligung an einem geschlossenen Fonds kommt wegen der unternehmerischen Unsicherheiten während der oft langen Laufzeiten nur für fortgeschrittene Anlegerinnen in Betracht, als Beimischung in einem größeren Vermögen. Für diese allerdings kann es ein überdurchschnittlich lukratives Geschäft sein.

Da es erhebliche Unterschiede in der Ausgestaltung von geschlossenen Fonds gibt, ist es unerlässlich, sich fachkundig und unabhängig beraten zu lassen.

Fazit:
Zur Altersvorsorge geeignet:
Bedingt, wenn beispielsweise im Ruhestand Ausschüttungen wichtig sind.

Gold

»Soll ich jetzt in Gold investieren?«
»Ich habe Angst und kaufe jetzt Gold!«
»Ich löse meine Aktienfonds (mit Verlust) auf und lege mir Goldbarren zu.«
So und ähnlich hören wir es in jeder Krise, per Brief, per E-Mail und in persönlichen Gesprächen. Es ist nicht zu glauben: Der Goldpreis steigt immer krisenbedingt, und alle wollen trotz der dann hohen Preise kaufen! Heraeus, eines der führenden Edelmetall-Verarbeitungsunternehmen, stellte in der jüngsten Krise Goldbarren an sieben Tagen in der Woche in jeweils drei Schichten her, um der enormen Nachfrage gerecht zu werden. Eine regelrechte Goldhysterie war ausgebro-

chen. Ganz deutlich ist wieder einmal: Gold ist eine typische Krisenanlage. In jeder Krise ist das Gleiche festzustellen: Wenn Angst und Panik um sich greifen, setzt häufig der Verstand aus.

Aber der Goldpreis kann doch nur steigen angesichts der häufigen Krisen!
Das denken viele. Aber diese Annahme ist reine Spekulation, sonst nichts.
Die Preisbildung beim Goldpreis wird zum einen maßgeblich von Großspekulanten bestimmt. Zum anderen hängt die Goldnachfrage, und damit der Preis, von den Schmuckherstellern ab. Die weltweite Rezession hat aber auch da zu einer stark sinkenden Nachfrage, vor allem in Asien, geführt. Der Goldmarkt gilt jedenfalls als reichlich intransparent. Auch angesehene Finanzfachleute sind deshalb der Ansicht, dass Gold nicht per se eine sichere Anlage, sondern eher ein Spekulationsobjekt ist.

Was spricht sonst noch gegen einen Goldkauf?
Es gibt keine laufenden Erträge wie Zinsen und Dividenden. Außerdem ist der Kauf von Gold teuer. Der Unterschied zwischen Kaufpreis und Verkaufspreis, der sogenannte Spread, ist hoch. Ein Beispiel: Wer im März 2009 einen Zehn-Gramm-Barren kaufte, zahlte 254,64 Euro beim Erwerb. Wer am gleichen Tag einen Zehn-Gramm-Barren verkaufen musste, bekam lediglich 217,73 Euro dafür, fast 17 % weniger.
Außerdem fallen für physisches Gold wie Münzen und Barren Lagerkosten an. Sie müssen das Gold ja in einem Safe aufbewahren.

Aber Gold ist doch trotzdem eine risikolose Anlage, oder?
Gold kann niemals gar nichts mehr wert sein. Aber der Goldpreis schwankt genauso wie Aktienkurse. Eine absolut sichere

Geldanlage, die vor Verlusten schützt, ist Gold keinesfalls. Wie schon gesagt: Gold bringt keine Zinsen und Dividenden. Gold kann also nur Gewinne bringen, wenn der Goldpreis weiter steigt. Diese Annahme aber ist Spekulation. Beruhigt sich die Krise wieder, wie alle Krisen vorher, sinkt der Goldpreis wieder. Aber selbst ein steigender Goldpreis bringt nichts, wenn gleichzeitig der Dollar verfällt, wie das in den letzten Jahren der Fall war. Denn Gold ist in Dollar notiert. Wer 1980 Gold gekauft hat, kam erst nach fast 30 Jahren wieder auf den Einstiegspreis!

Ist Goldkauf also Unsinn?
Nein, das meinen wir nicht. Wir würden allerdings keinesfalls Gold zum Höchstpreis kaufen. Wenn Sie in ruhigeren Zeiten bei Normalisierung des Goldpreises ein paar Münzen oder Barren kaufen wollen und Sie dies beruhigt, dann können Sie dies tun. Gold sollte aber immer nur eine Beimischung in einer gut gestreuten Vermögensanlage sein. 5–10 % des Gesamtvermögens könnten allenfalls so investiert werden.

Und lassen Sie sich dann bitte nicht vom Geiz packen, indem Sie die Gebühren für den Banksafe, den Sie zur Aufbewahrung brauchen, sparen wollen. Wir kennen den Fall einer Frau, die in Panik all ihre Anlagen auflöste und das Geld in Gold investierte. Aufbewahrt hat sie es zu Hause im Wäscheschrank. Sie können sich bestimmt denken, was dann passiert ist: Ja, genau, es wurde eingebrochen. Das Gold ist weg und damit die gesamte Altersvorsorge.

Fazit:
Für die Altersvorsorge geeignet?
Nein, weil das Investment zu spekulativ und die Preisentwicklung intransparent ist.

Immobilien

»Lohnt sich ein Immobilienkauf? Wer ist besser dran: Mieter oder Käufer?« Diese Fragen können Sie immer wieder in Zeitungen lesen, wenn es um einen Immobilienkauf geht.

Da rechnen dann Finanzprofis überzeugend vor, dass erst nach 27 Jahren der Käufer einer Immobilie dem Mieter wirtschaftlich überlegen ist.

Das mag alles stimmen, rein rechnerisch kann das Ergebnis durchaus richtig sein. Aber wie so oft geht hier Expertenmeinung vollkommen an der Realität und den Bedürfnissen vieler Menschen vorbei. Und um die sollte es doch gehen!

Für drei Viertel der Deutschen sind die eigenen vier Wände *die* Altersvorsorge schlechthin. Mit kaum einer anderen Geldanlage sind so viele Emotionen verknüpft.

Die eigene Wohnung nach Gutdünken gestalten zu können, nicht mehr von einem Vermieter und von Mieterhöhungen abhängig zu sein und dazu noch die Krisensicherheit und Wertbeständigkeit einer Immobilie sind die Hauptkriterien für diesen Wunsch. Sie wiegen schwerer als rein finanzielle Überlegungen.

Dazu kommt, dass Wohneigentümer wesentlich diszipliniertere Sparer sind als Mieter. Sie zahlen nicht nur ihren Kredit zurück, sondern bilden häufig auch noch Rücklagen. Das Zwangssparen über die Immobilie schafft also Vermögen.

Die selbst genutzte Immobilie

Sie kann ein wichtiger Baustein für die Altersvorsorge sein. Allerdings nur dann, wenn Sie es schaffen, bis zum Ruhestand die Schulden zu tilgen. So interessant so eine Investition ist, sie darf nicht zum Wagnis werden.

Sie brauchen auf jeden Fall ausreichend Eigenkapital, wenn das Ganze nicht zum Klotz am Bein werden soll. 20 bis 30 % der Kaufsumme sollten es mindestens sein. Und vergessen Sie nicht die Kaufnebenkosten, wie Notar-Honorar, Grundbucheintragung, Grunderwerbssteuer usw., die mit 6–9 % (je nach Bundesland) des Kaufpreises zu Buche schlagen. Eventuell kommt auch noch die Maklergebühr dazu.

Nutzen Sie unbedingt die derzeit noch niedrigen Zinsen zu einer höheren Tilgungsrate, sonst sitzen Sie jahrzehntelang auf einem Schuldenberg! Mit einer höheren Tilgung geht die Entschuldung schneller, und die Bank bekommt weniger Zinsen!

Wenn eine höhere Tilgung Ihr Monatsbudget zu sehr belastet, können Sie auch den niedrigsten Tilgungssatz wählen (1 %) und sich ein Sondertilgungsrecht einräumen lassen. Dann können Sie meist einmal jährlich mit Weihnachtsgeld, Tantiemen oder frei gewordenen Spargeldern Ihre Schuld verringern.

Bei niedrigem oder ungesichertem Einkommen und zu wenig Eigenkapital kann der Traum von den eigenen vier Wänden allerdings schnell zum Albtraum werden. Können Sie die Raten nicht mehr bezahlen, muss die Immobilie verkauft werden. Deckt der Verkaufserlös nicht die Kreditsumme, sitzen Sie auf einem Schuldenberg, der nicht mehr durch einen Sachwert gedeckt ist.

Die vermietete Immobilie

Hier gilt im Prinzip das Gleiche wie oben. Sie schaffen sich einen inflationssicheren Wert. Eine vermietete Immobilie bringt Ihnen dazu laufende Miteinnahmen.

Diese Mieteinnahmen und die Steuerersparnis helfen Ihnen, Ihre Immobilie zu finanzieren.

Und wenn die Wohnung bis zum Ruhestand schuldenfrei ist, haben Sie in der Mieteinnahme eine solide Zusatzrente.

Die Risiken dürfen aber auch hier nicht übersehen werden:

Stehen Sie es durch, wenn der Mieter, weshalb auch immer, nicht zahlt? Haben Sie Rücklagen für diesen Fall? Oder bricht dadurch Ihr Konzept zusammen?

Hypotheken-Darlehen:
Höhere Tilgung – viel Geld gespart

Beispielrechnung: 200 000 Euro Darlehen, Zinssatz 3,5 % p. a., Zinsbindung 15 Jahre

Til-gung	monatl. Rate	Rest nach 15 Jahren	gezahlte Zinsen	abgezahlt nach ...
1 %	750,00 €	160 619,01 €	95 945,04 €	43 Jahren, 2 Mon.
2 %	916,67 €	121 237,27 €	86 563,90 €	29 Jahren, 1 Mon.
3 %	1083,33 €	81 857,78 €	77 183,21 €	22 Jahren, 3 Mon.
4 %	1250,00 €	42 475,94 €	67 801,97 €	18 Jahren, 1 Mon.
5 %	1416,67 €	3 094,21 €	58 420,84 €	15 Jahren, 4 Mon.

Lassen Sie die Finger von zu kleinen Ein-Zimmer-Apartments! Bei manchen Anlegerinnen ist der Wunsch nach einer Immobilie sehr stark. Weil aber das nötige Eigenkapital für eine größere Wohnung fehlt, werden Kleinstwohnungen gekauft. Wir raten dringend davon ab. Solche Wohnungen werden meist nur vorübergehend gemietet, denn der Platzbedarf ist auch bei jüngeren Menschen gestiegen. Das heißt aber, dass die Fluktuation bei diesen Wohnungen besonders groß ist.

Sie möchten die Wohnung vorsorglich für Ihr Kind, wenn es später einmal studiert? Aber Sie wissen doch noch gar nicht, ob Ihr Kind studiert, und wenn ja, ob es einen Studienplatz in Ihrer Stadt bekommt.

Sehr gut zu vermieten sind erfahrungsgemäß Zwei-Zimmer-Wohnungen in akzeptabler Lage mit guter Verkehrsanbindung und Einkaufsmöglichkeiten um die Ecke.

Die denkmalgeschützte Immobilie

Stuckdecken, Flügeltüren, großzügige Räume und attraktive Innenstadtlagen – der Traum vieler Immobilienkäufer! Und dazu kommen noch hohe Steuervorteile. Der Staat fördert damit die Sanierung denkmalgeschützter Wohnungen.

So profitieren Sie:

Selbstnutzerinnen
können zehn Jahre lang jeweils 9 % der Sanierungskosten steuerlich abschreiben.

Kapitalanlegerinnen
Wer eine solche Wohnung lieber vermietet, kann 100 % der Sanierungskosten in zwölf Jahren absetzen und zwar
acht Jahre lang zu je 9 %,
vier Jahre lang zu je 7 %.

Neben den Sanierungskosten können auch die Anschaffungskosten von der Steuer abgesetzt werden. Die Abschreibung beträgt 40 Jahre lang 2,5 % (bis Baujahr 1924) bzw. 50 Jahre lang 2 % (ab Baujahr 1925). Es können nur die anteiligen Anschaffungskosten des Gebäudes, nicht jedoch die anteiligen Kosten für das Grundstück abgesetzt werden.

Das kann also ein richtig gutes Investment werden, vorausgesetzt so ein Juwel ist zu noch einigermaßen günstigen Preisen zu finden.

UNSERE MEINUNG

Verausgaben Sie sich nicht völlig. Ein finanzielles Polster für Anschaffungen und Renovierungen muss sein. Denken Sie auch an unvorhergesehene Ausgaben!
Lassen Sie sich unbedingt als Miteigentümerin ins Grundbuch eintragen, wenn Sie die Immobilie mitfinanziert oder durch Ihre Arbeitsleistung den Kauf erst möglich gemacht haben.
Eine selbst genutzte Wohnung/Haus ist Hartz-IV-sicher. Wenn erwachsene Kinder zum Unterhalt für pflegebedürftige Eltern herangezogen werden sollen, lassen Sozialämter Immobilien der Kinder unangetastet.

Fazit:
Für die Altersvorsorge geeignet?
Ja, unbedingt, allerdings nur dann, wenn Sie es schaffen, bis zum Ruhestand schuldenfrei zu sein. Und wenn Sie nicht Ihr gesamtes Vermögen in Ihre Immobilie investiert haben. Der Aufbau einer privaten Grundabsicherung sollte trotzdem möglich sein.

Lebensversicherungen

Unter diesem Begriff sind sehr unterschiedliche Produkte zusammengefasst:
- die Risiko-Lebensversicherung
- die Kapital-Lebensversicherung
- die private Rentenversicherung, in der klassischen Form, als Fondspolice oder als britische Lebensversicherung

Risiko-Lebensversicherung

Sie ist keine Geldanlage, sondern eine reine Risikoabsicherung. Das heißt, die Versicherungssumme wird ausschließlich im Todesfall an die Hinterbliebenen ausbezahlt.

Die Laufzeit kann beliebig bestimmt werden. Weil die Risiko-Lebensversicherung keinen Sparanteil enthält, fällt die Prämie niedrig aus. Die Risiko-Lebensversicherung sollte immer dann abgeschlossen werden, wenn durch einen Todesfall finanzielle Schwierigkeiten entstehen können. Sie eignet sich also besonders zur Absicherung, wenn die Kinder noch klein sind oder wenn Schulden, zum Beispiel aus einem Immobilienkauf, drücken.

Kapital-Lebensversicherung

Sie war jahrzehntelang eine der beliebtesten Anlageformen, hat aber in den letzten Jahren stark an Bedeutung verloren.

Kapital-Lebensversicherungen verbinden einen Sparplan mit einer Risiko-Lebensversicherung. Das heißt, ein Teil Ihres monatlichen Beitrags wird für Sie angelegt, erwirtschaftet Zinsen und wird Ihnen am Ende des Vertrages ausbezahlt.

Ein anderer Teil Ihres Monatsbeitrags fließt in eine Risiko-Lebensversicherung. Mit dieser Risiko-Lebensversicherung sichern Sie Ihre Angehörigen im Fall Ihres Todes ab.

Günstiger und transparenter ist es, wenn Sie Sparplan und Risikoversicherung trennen. Ihr Sparbeitrag fließt zum Beispiel in eine private Rentenversicherung. Die Hinterbliebenenabsicherung ist günstiger über eine separat abgeschlossene, preiswerte Risiko-Lebensversicherung. Der Vorteil: Die Risikoversicherung kann genau Ihren familiären Bedürfnissen angepasst werden.

Ganz wichtig:
Wenn Sie eine Kapital-Lebensversicherung haben, lösen Sie diese bitte nicht auf. Bei allen Lebensversicherungen, die vor

dem 1. Januar 2005 abgeschlossen wurden, die zwölf Jahre Laufzeit und laufende Beitragszahlungen aufweisen, ist die Kapitalauszahlung am Ende der Laufzeit steuerfrei! Ein Steuerbonbon, das es seit 2005 nicht mehr gibt.

Die private Rentenversicherung

Das Alterseinkünftegesetz, das 2005 in Kraft getreten ist, hat auch die private Rentenversicherung reformiert. Sie ist deutlich flexibler geworden, Zuzahlungen sind seitdem möglich. Und lebenslange Rentenzahlungen aus privaten Rentenversicherungen sind steuerlich noch günstiger geworden.

Altersschwach ist sie also noch lange nicht und besser als ihr Ruf. Dabei gibt es sie schon seit Jahrhunderten.

Historie

Das Bedürfnis der Menschen nach einer sicheren Einnahmequelle bis zum Lebensende ist offenbar schon uralt. In Kleinasien fanden sich bei Ausgrabungsarbeiten Hinweise darauf, dass eine Form der Leibrente schon 205 v. Chr. existierte. In Europa kamen die ersten Leibrenten um 1228 auf. Die ältesten erhaltenen Leibrentenbriefe stammen aus der französischen Stadt Tournai. Die Städte hatten damals wie heute einen steigenden Geldbedarf. Deshalb gaben sie Anleihen aus und zahlten dafür den Bürgern eine lebenslange Rente. So einfach wie heutzutage war die Auszahlung der Renten natürlich nicht. Ein städtischer Beamter musste mit Geldsäcken und einer Leibwache durch die Lande reisen. Durch Anschläge an den Kirchentüren wurden dann die Leibrentner davon verständigt, dass sie ihr Geld in Empfang nehmen konnten.

Die Städte, die Leibrenten ausgaben, hatten allerdings ein großes Problem: Es gab damals keinerlei Aufzeichnungen über die Lebenserwartung der Menschen. Deshalb wusste man nicht, wie hoch der Rentenbetrag sein musste, damit das Geld möglichst lange reichte. Erst im 17. Jahrhundert kam ein holländischer Mathematiker auf die Idee, die durchschnittliche Lebenserwartung der Menschen zu berechnen und mithilfe der Wahrscheinlichkeitsrechnung die richtige Höhe der Leibrente zu ermitteln. Seine Berechnungen waren der Beginn der Versicherungsmathematik.

Die längste Tradition mit Rentenversicherungen haben die Briten. Deren älteste Versicherungsgesellschaft wurde 1699 gegründet. Die älteste deutsche gibt es seit 1806.

Und so funktioniert's

Rentenversicherungen sind überschaubare Produkte: Anlegerinnen haben einen garantierten Zins und sind per Gesetz an den von der Versicherungsgesellschaft erwirtschafteten Gewinnen beteiligt.

Sie wissen genau, wie viel Sie einzahlen müssen, um eine bestimmte Summe zu erreichen.

Sie können monatlich oder jährlich regelmäßige Beiträge einzahlen. Oder Sie setzen eine einmalige Summe ein. Auch jährliche Zuzahlungen sind möglich. Das heißt, Sie können den laufenden Beitrag vorsichtig kalkulieren, aber mit jährlichen Zuzahlungen Ihre spätere Rente erhöhen.

Sie können für den Todesfall jemanden als Begünstigten einsetzen und dies jederzeit wieder ändern.

Bei vielen Gesellschaften gibt es einen flexiblen Rentenbeginn. Sie können die Rente früher abrufen oder auch später als vereinbart.

Die Versicherungsgesellschaft verwaltet das Geld der Anlegerinnen. Deutsche Versicherungsgesellschaften müssen konservativ anlegen. Der Aktienanteil darf nicht mehr als 35 % betragen. Bei den meisten Gesellschaften liegt er weit darunter. Die Sicherheit ist also groß.

Und wie ist das mit der Steuer?

Zinszahlungen in einer Rentenversicherung, die während der Laufzeit anfallen, sind steuerfrei. Am Ende der Laufzeit können Sie dann zwischen einer Auszahlung des angesammelten Kapitals und einer lebenslangen Rente wählen. Bei der Auszahlung des Kapitals müssen die angefallenen Zinsen nur zur Hälfte versteuert werden, wenn eine Laufzeit von zwölf Jahren eingehalten wurde und Sie bei der Auszahlung über 62 Jahre alt sind. Wählen Sie die lebenslange Rentenzahlung, so wird diese nur mit dem sogenannten Ertragsanteil versteuert. Dieser ist gering. Er richtet sich nach dem Alter, in dem Ihre Rentenzahlung beginnt, und bleibt dann während der gesamten Rentenbezugszeit gleich. Wenn Sie zum Beispiel beim Ablauf Ihrer Versicherung 65 Jahre alt sind und aus einer privaten Rentenversicherung eine monatliche Zusatzrente von 500 Euro beziehen, dann beträgt der Ertragsanteil 18 %. Das heißt, nur 90 Euro müssen versteuert werden.

Die wichtigsten Kategorien von privaten Rentenversicherungen

Für Sicherheitsbewusste: die klassische Rentenversicherung

Bei ihr gibt es eine garantierte Verzinsung auf den Sparanteil Ihrer Einzahlung. Sie liegt derzeit bei 1,75 %. Per Gesetz sind Sie an den erwirtschafteten Überschüssen beteiligt.

Für Mutigere: die Fondspolice

Mit diesem Modell können Sie in mehrere Fonds mit unterschiedlichem Risiko investieren. Die Fonds können Sie sich selbst zusammenstellen. Oder es wird ein gut gestreutes Fondsdepot angeboten mit Ablaufmanagement, d. h. dass zum Ende der Laufzeit hin automatisch in sicherere Fonds umgeschichtet wird. Fondspolicen haben keine garantierte Verzinsung. Neuere Varianten bieten eine Kapitalgarantie.

Für Renditebewusste: die britische Versicherung

Die ältesten Versicherungsgesellschaften Europas stammen aus Großbritannien. Die erste wurde 1699 gegründet. Seit 1994 gibt es sie auch in Deutschland, mit großem Erfolg.

Der Grund: Ihre Ablaufsummen fallen meist höher aus als die der deutschen Konkurrenz. Das Erfolgsrezept liegt in der spezifischen Anlagepolitik: Britische Versicherer dürfen bis zu 99 % in Aktien investieren. Bei den meisten Gesellschaften liegt der Aktienanteil deutlich niedriger, wird aber regelmäßig an die Marktgegebenheiten angeglichen. Zum Vergleich: Deutsche Gesellschaften dürfen maximal 35 % in Aktien investieren, die tatsächliche Aktienquote liegt allerdings in der Regel unter oder knapp über 10 %.

Die höhere Aktienquote birgt neben der Chance natürlich auch Risiken, zum Beispiel das der deutlich niedrigeren Auszahlung bei einer vorzeitigen Auflösung. Und natürlich das Risiko des geringeren Gewinns in einer längeren Börsenflaute.

Britische Versicherungen arbeiten daher mit verschiedenen Sicherungsinstrumenten, damit einmal erreichte Werte im Vertrag erhalten bleiben. Darin, wie das geschieht, unterscheiden sich die Anbieter. Um es auf einen Nenner zu bringen, kann man sagen:

Der Weg führt grundsätzlich weg von festen Garantien hin zu Sicherheiten, die sich während der Laufzeit sukzessive aufbauen und dann zu Garantien werden. Zum Beispiel durch jährlich gutgeschriebene Wertentwicklungen. Diese Garantien können nicht mehr verloren gehen.

Ein Instrument, das es bei verschiedenen Anbietern in unterschiedlicher Ausprägung gibt, ist das sogenannte Smoothing. Das funktioniert so: Die Versicherungsgesellschaften glätten die jährlichen Ergebnisse, indem sie Erträge aus guten Börsenjahren nicht voll gutschreiben, sondern einen Teil zurückhalten, um damit schlechtere Phasen auszugleichen. Dadurch werden Aktienmarktschwankungen abgemildert.

Anlegerinnen profitieren darüber hinaus meist von einem Schlussbonus, der bei Fälligkeit der Rentenversicherung ausbezahlt wird und zum Durchhalten motiviert.

Wer eine lange Anlagezeit vor sich hat, kann von der jahrhundertealten Tradition der aktienorientierten Vermögensverwaltung mit Sicherheit profitieren.

Die Vorteile von Rentenversicherungen

Bei allen Varianten gibt es eine große Bandbreite an Gestaltungsmöglichkeiten, sodass für jede persönliche Lebenssituation das richtige Modell gefunden werden kann. Es werden, anders als bei der Kapital-Lebensversicherung, keine Fragen nach dem Gesundheitszustand gestellt. Auch das Eintrittsalter ist nicht entscheidend. Sie können Rentenversicherungen mit Einmalbeitrag in der Regel sogar bis zum 80. Lebensjahr abschließen. Bei der klassischen Variante gibt es eine garantierte Mindestverzinsung. Darüber hinaus sind Sie an den Überschüssen der Gesellschaft beteiligt.

Private Rentenversicherungen sind sicher. Sollte eine Versicherungsgesellschaft in Notlage geraten (was in Deutschland in 60 Jahren nur einmal vorkam), dann übernimmt die Sicherungseinrichtung »Protektor« die gesamten Verträge und führt sie weiter.

Auch das kann wichtig sein:
Mein Vater will mir (45) 25 000 Euro schenken. Allerdings muss ich ihm nachweisen, dass ich das Geld für meine Altersvorsorge anlege.
Er rät zu einer privaten Rentenversicherung. Jetzt weiß ich aber nicht, ob mein Job sicher ist und ich nicht irgendwann einmal

*ALG II, also Hartz IV, beziehen werde. Dann muss ich doch die
Versicherung auflösen, oder?*

Nein. Denn das Geld, das der Alterssicherung dient (und nicht
anders genutzt werden kann), müssen Sie nicht verbrauchen,
bevor Sie Hartz-IV-Leistungen erhalten. Für ALG II (Hartz IV)
gilt ein Altersvorsorgefreibetrag von 750 Euro pro Lebensjahr. Das bedeutet, dass Sie aktuell einen Altersfreibetrag von
33 750 Euro haben (45 x 750 Euro). Dieser Freibetrag steigt
jährlich um 750 Euro bis höchstens 50 350 Euro.

Sie können Ihre private Rentenversicherung Hartz-IV-sicher machen mit einer sogenannten Hartz-IV-Klausel oder auch Verwer-
tungsausschluss genannt. Dabei vereinbaren Sie mit der Versicherung, dass Ihr Vertrag nicht vor dem vollendeten 62. Lebensjahr
»verwertet« werden kann. Sie dürfen den Vertrag also nicht
kündigen, nicht verpfänden, nicht abtreten oder beleihen.

Wichtig ist, dass Sie diese Klausel in Ihre Rentenversicherung
aufnehmen lassen, BEVOR Sie ALG-II-Leistungen beantragen. Wichtig ist auch zu wissen, dass Sie diese Vereinbarung,
wenn sie einmal geschlossen ist, NICHT mehr rückgängig machen können.

UNSERE MEINUNG

Klassische Rentenversicherungen sind sicherlich nicht der
Renditeturbo für Ihre Altersversorgung, wie es beispielsweise
Aktienfonds sein können. Für uns sind Rentenversicherungen das sichere Standbein, die private Grundabsicherung. Sie
sind risikolos, verständlich und dazu steuerlich begünstigt.
Und es gibt keine andere Anlageform, die Ihnen ein lebenslanges Einkommen garantiert, unabhängig davon, wie alt Sie
werden und wie sich die Kapitalmärkte entwickeln.

Aber Rentenversicherungen sind langfristige Sparverträge. Die
volle Wirkung des Zinseszinses kann sich nur entfalten, wenn
der Vertrag auch wirklich durchgehalten wird.

Fazit:
Für die Altersvorsorge geeignet?
Ja, unbedingt, und zwar für Jung und Alt!

Ökologische Geldanlagen

Sie trennen Ihren Müll, fahren ein sparsames Auto und kaufen nur Bio-Lebensmittel? Sie sind also umweltbewusst. Und ausgerechnet bei der Geldanlage, sagen Sie, soll ich keine strengen ökologischen und ethischen Maßstäbe anlegen?

Sie befinden sich in guter Gesellschaft, denn immer mehr Menschen möchten mit ihrer Geldanlage nichts unterstützen, was sie sonst ablehnen. Beispielsweise Waffenproduktion und Atomkraftwerke, Umweltverschmutzung, Gentechnik, Tierversuche, Kinderarbeit und soziale Ungerechtigkeit.

Vor allem Frauen ist es nicht egal, was sie mit ihrem Geld unterstützen.

Vor 20 Jahren noch waren ökologisch/ethische Geldanlagen kaum jemandem bekannt. Inzwischen aber ist der einstige Nischenmarkt zu einem Milliardengeschäft geworden.

Bei fast jedem Geldanlageprodukt gibt es heute eine »grüne« Variante.

Was halten Sie von Öko-Aktien?
Sie können Aktien einzelner Unternehmen kaufen, z. B. von Solarzellenherstellern, Windkraftbetreibern etc. Wie immer aber bei Einzelaktien ist hier das Risiko besonders groß. Wir raten deshalb eher davon ab.

Und wie ist es mit Öko-Aktienfonds?
Wir finden Öko-Aktienfonds viel interessanter. Durch die Streuung auf viele Aktien aus verschiedenen Branchen und Ländern verringert sich Ihr Risiko.

In Deutschland sind mittlerweile rund 100 ökologische Investmentfonds zugelassen, die nach unterschiedlichen Prinzipien arbeiten. Die einen begrenzen ihre Aktienauswahl durch Ausschlusskriterien wie Gentechnik, Kinderarbeit, Rüstung, Pornografie oder Tierversuche. Andere wiederum arbeiten nach dem Best-in-Class-Ansatz. Das heißt, sie wählen anhand eigener Kriterien die ökologisch/ethisch Besten einer Branche aus.

Ebenso wie bei konventionellen Anlagen gibt es auch Mischfonds mit ökologischer Ausrichtung.

Gibt es auch Öko-Rentenfonds?
Sie scheuen die Schwankungen bei Aktienfonds? Kein Problem – auch manche Rentenfonds passen in die umweltbewusste Kategorie. Die Manager dieser Fonds legen strenge ökologische Kriterien an. Bei der Auswahl der Staatsanleihen spielt es zum Beispiel eine Rolle, welche Nation einen besonders hohen Energie- und Rohstoffverbrauch aufweist, wo auf Atomkraftwerke verzichtet wird, wer führend in der Umweltpolitik ist und ob Menschenrechte geachtet werden.

Kann ich mich auch direkt beteiligen?
Neben ökologischen Investmentfonds gibt es geschlossene Fonds im Bereich der regenerativen Energien. Hier beteiligen Sie sich quasi als Mitunternehmerin an der Errichtung und dem Betrieb von Windparks, Solarenergieanlagen, Bio-Heizkraftwerken, Biomasse- oder geothermischen Projekten. Auch die Beteiligung an bewirtschaftetem Wald ist möglich. Dabei kann es sich beispielsweise um Edelholzplantagen in Südamerika oder um Mischwälder in Rumänien handeln.

Gibt es auch Öko-Rentenversicherungen?
Auch fürs Alter vorsorgen können Sie mit »grünen« Anlagen. Einige der Riester-Anbieter führen Produkte mit ökologisch/

ethischer Ausrichtung. Und es gibt Rentenversicherungen, über die Sie Ihr Geld in mehrere ökologisch ausgerichtete Fonds investieren können. Sogar eine Versicherungsgesellschaft hat sich zu einer sozialen und umweltfreundlichen Kapitalanlagepolitik verpflichtet.

Was halten Sie von Mikrofinanzfonds?
Neu im Bereich der ethischen Anlagen sind sogenannte Mikrofinanzfonds, die so entstanden sind: Der Friedensnobelpreisträger Yunus bezeichnete Mikrofinanz als das vermutlich wirkungsvollste Werkzeug, weltweit nachhaltig Armut zu bekämpfen. 1974 vergab er den ersten Kleinstkredit an drei Frauen in Bangladesch. Heute gibt es nach Schätzungen der Vereinten Nationen weltweit ca. 3100 Mikrofinanz-Institute mit 92 Millionen Kunden. Um der enormen Nachfrage nach diesen Kleinstkrediten nachkommen zu können, wird privates Kapital gebraucht, das nun über Mikrofinanzfonds aufgebracht wird. Interessant: Mikrokredite werden in allen Ländern überwiegend an Frauen vergeben, weil, so die Erfahrung, Frauen zuverlässig in der Rückzahlung des Kredits und der Zahlung der Zinsen sind.

Kann ich ökologisch und ethisch korrekt in Sparkonten, Tagesgeld oder Festgeld anlegen?
Auch das ist möglich. Sie müssten dazu ein Festgeldkonto bei einer ökologisch/ethischen Bank eröffnen. Drei davon gibt es in Deutschland. Die älteste ist die GLS-Bank, die vor 35 Jahren gegründet wurde. Die Umweltbank existiert seit 1994, und die EthikBank gibt es seit 2002. Mit allen drei Instituten können Sie über das Internet Kontakt aufnehmen. Geld, das auf der Umweltbank liegt, ist über die Entschädigungseinrichtung deutscher Banken geschützt, es sind also Summen bis zu 100 000 Euro abgesichert. GLS-Bank und EthikBank sind zusätzlich im Sicherungsfonds der Volks-

und Raiffeisenbanken. Der schützt auch sehr hohe Anlage-
summen.

Fazit:
Für die Altersvorsorge geeignet?
Bedingt oder sehr gut geeignet je nach Anlageart.

Zertifikate

Seit dem Ausbruch der letzten Krise ist in fast jeder Zeitung
und vielen einschlägigen Fernsehsendungen der Ratschlag
zu lesen oder zu hören: »Kaufen Sie nichts, was Sie nicht verstanden haben!«
Schade, dass dieser gute Rat nicht früher in den Medien auf-
getaucht ist. Dann hätten zwar die Banken auf ihre beste Einnahmequelle verzichten müssen, vielen Anlegern wäre aber
einiges an Ärger und Verlust erspart geblieben. Die Rede ist
von Zertifikaten, eine der undurchsichtigsten und meistver-
kauften Anlagen überhaupt. Unter wohlklingenden Namen
wie Bonuszertifikate (wer will keinen Bonus?), Discountzer-
tifikate (Deutsche lieben Rabatte) und Kapitalgarantiezerti-
fikate (Garantien sind doch immer gut) finden sie sich in nahezu jedem Wertpapierdepot. Verstanden, worum es bei diesen
Produkten geht, haben die wenigsten.

Obwohl mittlerweile landauf, landab bekannt ist, dass Anleger
mit Lehman-Zertifikaten ihr Geld verloren haben, dass viele Zertifikate ein Verlustgeschäft waren, werden diese Produkte mun-
ter weiterverkauft, als hätte es die Krise und die dadurch ent-
standene Kritik an der Verkaufspraxis von Banken nie gegeben.

Ein Beispiel:
Ein älteres Ehepaar, beide um die 60, suchte ganz sichere Anlagen. Beide kennen sich nicht aus und sind sehr ängstlich.

Und diesem Ehepaar hat seine Bank ein Zertifikat angeboten, das folgendermaßen beschrieben ist:

»… Die Höhe Ihrer Zinszahlungen ist davon abhängig, wie viele der 10 derzeit erstklassigen Aktien des zugrunde liegenden Aktienkorbes (Referenzaktien) an den 12 Bewertungstagen je Zinsperiode ihre jeweilige 75%ige Barriere 1 bzw. ihre jeweilige 55%ige Barriere 2 unterschritten haben … Hat mindestens eine Referenzaktie ihre Barriere 1 unterschritten, wird geprüft, ob diese oder eine andere Referenzaktie zusätzlich ihre Barriere 2 unterschritten hat. Ist dies nicht der Fall, liegt die Verzinsung in dieser Zinsperiode bei 5 %. Sollte mindestens eine Referenzaktie an mindestens einem Bewertungstag der Zinsperiode zusätzlich ihre Barriere 2 unterschritten haben, ist Ihnen eine Mindestverzinsung von mindestens 1 % in dieser Zinsperiode sicher.«

Alles klar, oder?
Wir finden es unglaublich, dass zwei älteren Menschen, die keine Ahnung von Geldanlagen haben, eine so beschriebene Anlage zugemutet wird.

UNSERE MEINUNG

Zertifikate sind »Wenn-dann«-Anlagen. Es geht mit vielen wolkigen Umschreibungen letztlich darum: Wenn etwas Bestimmtes eintritt oder nicht, meist kombiniert mit einem zweiten Ereignis, das eintritt oder nicht, gibt es viel oder wenig oder gar nichts. Sie gehen also eine Wette auf eine bestimmte Entwicklung ein. Und wenn der Emittent des Zertifikats, wie im Fall Lehman Brothers, pleitegeht, ist das ganze Geld weg. Toll, oder?

Sehr interessant: In den Mutterländern des Kapitalismus und der Geldanlage, also in England und den USA, werden Zertifikate kaum an »normale« Privatanleger verkauft. Sie entsprechen nicht den dortigen Anlegerschutzbestimmungen.

Weil Zertifikate mittlerweile einen sehr schlechten Ruf haben, sie den Banken aber viel Geld einbringen, werden sie seit Neuestem unter dem Begriff »Anleihe« unter die Kunden gebracht. »Anleihe« soll Sicherheit und Solidität suggerieren. Es handelt sich aber natürlich um einen ausgesprochenen Etikettenschwindel.

Fazit:
Für die Altersvorsorge geeignet?
Nein, weil zu undurchsichtig.

Auf den Punkt gebracht

Sie wissen nun, dass es die wichtigsten Bausteine für Ihre Altersvorsorge schon sehr lange gibt.

- Aktien seit 400 Jahren.
- Festverzinsliche Papiere seit dem Mittelalter.
- Investmentfonds seit 150 Jahren.
- Und Lebensversicherungen seit 130 Jahren.
- Vorläufer der Rentenversicherungen sogar schon 800 Jahre.

Das bedeutet, Wirkungsweise, Vor- und Nachteile dieser Geldanlagen sind bestens bekannt.

Und das heißt wiederum, dass Sie bei diesen Geldanlagen ziemlich genau wissen, worauf Sie sich einlassen.

Ein gutes Gefühl, oder?

KAPITEL 6

Geschenktes Geld muss nicht gespart werden

Was Sie geschenkt bekommen, müssen Sie nicht selbst sparen!

Nutzen Sie deshalb alle Möglichkeiten, die sich Ihnen bieten – und das sind nicht wenige: Vermögenswirksame Leistungen vom Arbeitgeber, die Arbeitnehmer-Sparzulage, die Wohnungsbauprämie, betriebliche Altersversorgung, Riester- und Rürup-Rente.

Wenn Sie die einzelnen Angebote nutzen und geschickt kombinieren, gehen Sie optimal mit Ihrem Geld um!

Das gibt's vom Arbeitgeber: Vermögenswirksame Leistungen (VL)

Ob und in welcher Höhe Ihr Arbeitgeber Ihnen zusätzlich zum Gehalt vermögenswirksame Leistungen (VL) zahlt, steht im Tarifvertrag oder in einer Betriebsvereinbarung. Es gibt dabei erhebliche Unterschiede. Mitarbeiterinnen im öffentlichen Dienst bekommen zurzeit 6,65 Euro monatlich, manche Unternehmen zahlen den Höchstbetrag von 40 Euro. Dazwischen ist im Prinzip alles möglich.

Wenn Ihr Arbeitgeber VL bezahlt, haben Sie schon während Ihrer Ausbildung Anspruch darauf, allerdings noch nicht in der Probezeit. Fragen Sie im Personalbüro oder beim Betriebsrat nach.

Vermögenswirksame Sparverträge laufen sieben Jahre. Sechs Jahre zahlen Sie ein, ein Jahr ruht der Vertrag. Nach insgesamt sieben Jahren können Sie schließlich über Ihr Geld verfügen.

Für die Anlage der vermögenswirksamen Leistungen haben Sie mehrere Möglichkeiten:

Banksparpläne

Banksparpläne sind eher für risikoscheue Anlegerinnen geeignet. Die Verzinsung ist variabel, das heißt, steigt der Marktzins, gibt es mehr Zinsen. Sinkt der Marktzins, gibt es weniger. Zum Ende der Laufzeit zahlen die Anbieter meist einen Schlussbonus aus.

Bausparverträge

Einige Bausparkassen zahlen gute Zinsen auf einen reinen Sparvertrag, wenn Sie kein Darlehen beanspruchen. Für eine solche Anlage reicht eine relativ geringe Bausparsumme von 5000 Euro.

Eine höhere Bausparsumme ist dann richtig, wenn Sie den Bausparvertrag später zum Bauen oder Modernisieren verwenden möchten. Mehr als 10 000 Euro Bausparsumme müssen es aber auch hier nicht sein (das hält die Kosten für den Abschluss des Vertrages in Grenzen).

Wird der Vertrag vor Ende der siebenjährigen Sperrfrist zugeteilt, verlieren Sie die staatliche Förderung trotzdem nicht, sofern Sie den Bausparvertrag für wohnwirtschaftliche Zwecke (z. B. Renovierung) nutzen.

Tilgung eines Baukredits

Wenig bekannt ist die Möglichkeit, mit vermögenswirksamen Leistungen einen Baukredit zu tilgen. Es gibt zwei Varianten:
Sie können sich die vermögenswirksamen Leistungen auf Ihr Konto überweisen lassen. Das Kreditinstitut muss dann zur Vorlage beim Arbeitgeber bestätigen, dass seine Zahlungen für die Schuldentilgung verwendet wurden. Einfacher ist es daher, wenn der Arbeitgeber die Summe direkt auf das Baudarlehenskonto überweist.

Aktienfonds

Bei Aktienfonds haben Sie die höchsten Chancen, aber natürlich auch ein höheres Verlustrisiko als bei den anderen VL-Möglichkeiten. Wer jung ist und eine lange Anlagezeit einplanen kann, sollte sich für diese Sparform entscheiden.
Dass der VL-Vertrag nach sieben Jahren endet, ist kein Hindernis. Sie können das angesparte Guthaben im Aktienfonds liegen lassen, so lange Sie wollen, und von den höheren Chancen profitieren.
Nicht jeder Aktienfonds ist für VL-Sparverträge zugelassen. Welche Aktienfonds geeignet sind, erfahren Sie bei Ihrer Bank und unabhängigen Beratern.

Betriebliche Altersversorgung

Eine Direktversicherung ist besonders lukrativ. Sie können die vermögenswirksamen Leistungen für Ihre Altersversorgung nutzen und sparen außerdem Steuern und Sozialabgaben. Beispiel: Eine 30-Jährige, die brutto 2500 Euro verdient, zahlt monatlich 40 Euro in eine Direktversicherung ein. Gutgeschrieben werden ihrem Vertrag durch Steuer- und

Sozialabgabenbefreiung aber 85 Euro. Bis zum 67. Lebensjahr erzielt sie damit eine lebenslange Monatsrente von etwa 250 Euro!

Das gibt's vom Staat

Banksparpläne werden nicht gefördert, Direktversicherungen bieten eine unmittelbare Steuerersparnis.

Die Arbeitnehmer-Sparzulage

Es gibt zwei Förderbereiche bei vermögenswirksamen Leistungen, die Sie auch parallel nutzen können. Die Anlage in Aktienfonds wird dabei am höchsten gefördert. Die Arbeitnehmer-Sparzulage erhalten Sie allerdings nur, wenn Sie folgende Einkommensgrenzen nicht überschreiten:

Bei Aktienfonds
Ledige   20 000 Euro pro Jahr
Verheiratete   40 000 Euro pro Jahr

Die Arbeitnehmer-Sparzulage beträgt bei Aktienfonds seit April 2009 20 % auf eine Einzahlung von 400 Euro, also 80 Euro pro Jahr.

Wenn Sie Ihre VL lieber in einen Bausparvertrag einzahlen, gibt es eine Arbeitnehmer-Sparzulage in Höhe von 9 % auf eine jährliche Einzahlung bis zu 470 Euro pro Jahr. Das sind im Jahr 43 Euro.

Die Einkommensgrenzen betragen hier:
Ledige   17 900 Euro
Verheiratete   35 800 Euro

Wenn Sie sowohl in einen Aktienfonds als auch in einen Bausparvertrag einzahlen möchten, können Sie natürlich die vermögenswirksamen Sparbeträge auch aus eigener Tasche aufstocken. Sie müssten dann Ihren Arbeitgeber bitten, den fehlenden Betrag von Ihrem Gehalt in vermögenswirksame Leistungen umzuwandeln und auf die geförderten Sparverträge einzuzahlen. Die staatlichen Zulagen erhalten Sie natürlich auch, wenn Ihr Arbeitgeber gar nichts bezahlt und Sie alle Sparbeträge aus eigener Tasche aufbringen.

Wohnungsbauprämie

Eine weitere Möglichkeit, staatliche Zuschüsse zu erhalten, bietet das Sparen nach dem Wohnungsbauprämiengesetz.

Hier gelten folgende Einkommensgrenzen:
Ledige   25 600 Euro pro Jahr
Verheiratete   51 200 Euro pro Jahr

Wenn Sie pro Jahr 512 Euro (Ehepaare das Doppelte) in einen Bausparvertrag einzahlen, gibt es vom Staat die Wohnungsbauprämie in Höhe von 8,8 % der jährlichen Einzahlungen – höchstens aber 45,06 Euro (Ehepaare 90,11 Euro).
Die Wohnungsbauprämie bekommen Sie allerdings nur, wenn Sie das Bausparguthaben wohnwirtschaftlich verwenden. Das heißt, es kann für die Instandsetzung und Modernisierung einer vorhandenen Wohnung eingesetzt werden. Damit sind Einbauten gemeint, die fest mit dem Gebäude verbunden sind, wie zum Beispiel Wandschränke, WC oder Waschbecken. Ebenso können Sie Parkett, Fliesen oder Teppich verlegen lassen, vorausgesetzt, der Bodenbelag wird fest mit dem Untergrund verbunden.

Die Arbeitnehmersparzulage beantragen Sie jedes Jahr mit der Lohnsteuererklärung bei Ihrem Finanzamt. Hierfür erhalten Sie von der Fondsgesellschaft eine entsprechende Bescheinigung, die Sie der jährlichen Steuererklärung beifügen müssen.

Die Wohnungsbauprämie beantragen Sie über Ihre Bausparkasse. Für beide Sparformen gilt: Die Zulagen zahlt das Finanzamt erst am Ende der siebenjährigen Sperrfrist in den Sparvertrag ein. Danach können Sie über die angesparte Summe frei verfügen.

Riester-Rente

154 Euro Grundzulage gibt es und 185 Euro jährliche Zulage für jedes Kind, das vor 2008 geboren wurde. Für Kinder, die ab 2008 geboren wurden, erhalten Sie sogar 300 Euro. Und Berufsanfängern, die noch nicht 25 Jahre alt sind, schenkt der Staat einmalig einen Betrag von 200 Euro.

Bis zu 2100 Euro können jährlich von der Steuer abgesetzt werden.

Rürup-Rente

Staatliche Zulagen gibt es hier nicht, dafür aber die höchste steuerliche Förderung. Maximal dürfen Sie als Alleinstehende 20 000 Euro pro Jahr einzahlen. 78 % davon können Sie 2014 steuerlich geltend machen. Dieser Prozentsatz erhöht sich jährlich um 2 %, bis schließlich 100 % der Beiträge im Jahr 2025 steuerlich abgesetzt werden können.

UNSERE MEINUNG

Nutzen Sie Zahlungen des Arbeitgebers bei vermögenswirksamen Leistungen. Und nutzen Sie die staatliche Sparförderung. Noch nie gab es so viele Möglichkeiten, Geld vom Staat zu erhalten. Wenn Sie dies möchten und wenn es finanziell möglich ist, können Sie in mehrere geförderte Sparvarianten parallel investieren und so das Angebot des Staates optimal nutzen.

Und das gibt's gratis dazu:
Mit Zinseszins und Zeit zum Vermögen

Sie wissen es, sieben Weltwunder gibt es offiziell. Als achtes Weltwunder wird der Zinseszins bezeichnet wegen seiner phänomenalen, unglaublichen Wirkung.

Im Grund ist es ganz einfach:
Angenommen, Sie haben 10 000 Euro angelegt und erhalten jährlich 4 % Zinsen, dann sind das 400 Euro. Wenn Sie diese 400 Euro nicht entnehmen, sondern wieder dem angelegten Betrag zuschlagen, werden ein Jahr später nicht mehr 10 000 Euro verzinst, sondern 10 400 Euro. Der Zins beträgt dann nicht mehr 400 Euro, sondern 416 Euro. Und so geht es weiter, Jahr für Jahr. Während Ihre Einzahlung gleich bleibt, werden die Zinsen mitverzinst und summieren sich wie beim Schneeballeffekt zu einem hohen Wertzuwachs.

Und warum ist die Zeit wichtig?
Weil sich in den ersten Jahren der Zinseszins nur langsam entwickelt. Je länger Sie Ihr Geld angelegt lassen, desto mehr kommt er in Fahrt. Der Zinseszinseffekt entfaltet seine unglaubliche Wirkung durch den Faktor Zeit.
Schauen Sie sich einmal an, wie angelegte Zinsen und die Zeit für Sie arbeiten. Ihr Geld wächst, ohne dass Sie etwas dafür tun müssen.

Zinseszinseffekt mit 150 Euro monatlich

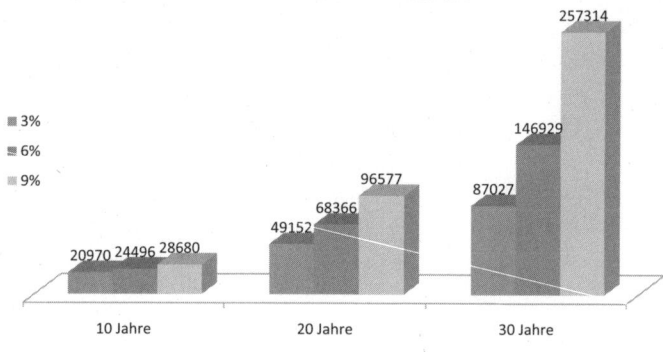

Quelle: Eigene Darstellung

Der Zinseszinseffekt ist für die langfristige Altersvorsorge-planung von besonderer Bedeutung. Er wirkt bei Fondsspar-plänen genauso wie bei Rentenversicherungen, aber eben nur über lange Zeiträume. Deshalb ist es ja so wichtig, dass schon junge Leute mit dem Sparen anfangen, und sei es auch mit kleinen Beträgen. Denn sie haben ja 40 Jahre und mehr Zeit, Vermögen zu bilden.

Je später der Einstieg erfolgt, desto mehr Geld müssen Sie aufbringen, um Ihr Ziel zu erreichen, denn es steht ja weniger Zeit zur Verfügung.

KAPITEL 7

Steuern – ein leidiges Thema

Im finsteren Mittelalter verlangten die Feudalherren von ihren Bauern alljährlich den Zehnt, also den zehnten Teil ihrer Ernte und ihres Viehs, als Steuern und zwangen sie zusätzlich noch zu Hand- und Spanndiensten, das heißt zu unentgeltlicher Arbeit.

Das Ende der Feudalherrschaft befreite uns zwar von der Pflicht, Hand- und Spanndienste für den Landesherrn zu leisten, aber nicht davon, Steuern zu zahlen. Die Steuern stiegen sogar gewaltig an, denn heute führen wir nicht mehr nur einen »Zehnt« unseres Einkommens ab. Der Rechtsnachfolger der Feudalherren, der Staat, behält je nach Einkommen einen »Fünft, Viert, Dritt« oder einen noch höheren Anteil für seine Zwecke ein.

Die neuesten und weitreichendsten Maßnahmen des Staates sind die Abgeltungssteuer und die nachgelagerte Besteuerung.

Die »nachgelagerte Besteuerung«

Fördern und fordern ist, einfach gesagt, das Prinzip des Alterseinkünftegesetzes, das am 1. Januar 2005 in Kraft trat und das den Übergang von der vorgelagerten zur nachgelagerten Besteuerung brachte.

Gefördert werden betriebliche Altersversorgung, Riester-Rente und Rürup-Rente. Auf die Beiträge gibt es erhebliche Steuererleichterungen und Zulagen (bei der Riester-Rente). Im Gegenzug müssen die lebenslangen Renten aus diesen Vorsorgemodellen als sonstige Einkünfte versteuert werden.

Der Vorteil der nachgelagerten Besteuerung ist, dass die Steuervergünstigungen in die aktive Berufszeit fallen, wo ja in der Regel auch höhere Steuern zu zahlen sind. Die zu versteuernden Renten fallen naturgemäß in einen Lebensabschnitt, in dem Einkommen und damit auch der Steuersatz meist niedriger sind als in der aktiven Zeit, sodass die Steuerabzüge geringer ausfallen.

Abgeltungssteuer

Seit 1. Januar 2009 gibt es die Abgeltungssteuer. Das heißt, Zinsen, Dividenden und Kursgewinne werden nun einheitlich besteuert, und zwar werden jeweils 25 % vom Ertrag an das Finanzamt abgeführt, unabhängig davon, wie hoch der persönliche Steuersatz tatsächlich ist. Mit dem Steuerabzug, der von der Bank vorgenommen wird, ist die Steuer abgegolten, daher der Name.
Wer weniger als 25 % Steuern zahlt, beispielsweise Geringverdiener und Rentner, kann die zu viel bezahlte Steuer auf Antrag vom Finanzamt zurückfordern.

Grundsätzlich sind alle laufenden Kapitalerträge wie Zinsen, Dividenden und Kursgewinne steuerpflichtig. Der Steuer-Pauschbetrag beträgt 801 Euro (1602 für Verheiratete). Das heißt, so viel dürfen Sie jährlich an Erträgen haben, ohne Steuern dafür zahlen zu müssen.

Ausnahmen

Kapital-Lebensversicherungen

Wer mindestens zwölf Jahre im Besitz eines Versicherungsvertrages und bei Auszahlung mindestens 60 Jahre alt ist, muss die während der Laufzeit erzielten Gewinne nur zur Hälfte mit dem persönlichen Steuersatz versteuern.

Bei Verträgen, die vor dem 1. Januar 2005 abgeschlossen wurden, ist die Kapitalauszahlung steuerfrei, wenn die Versicherung zwölf Jahre gelaufen ist und regelmäßig Beiträge entrichtet wurden.

Rentenversicherungen

Hier haben Sie die Möglichkeit, zwischen einer Kapitalauszahlung oder einer lebenslangen Rente zu wählen. Bei Kapitalauszahlung gilt das Gleiche wie unter »Kapital-Lebensversicherung«.

Wählen Sie statt der Kapitalauszahlung die lebenslange Rente, so ist diese steuerbegünstigt. Sie wird nur mit dem sogenannten Ertragsanteil besteuert. Dieser richtet sich nach dem Lebensalter zu Rentenbeginn. Erhalten Sie Ihre private Rente erstmals im 65. Lebensjahr, beträgt der Ertragsanteil nur 18 %. Das heißt, nur 18 % der Rente müssen versteuert werden. Das bedeutet, dass die anderen 82 % der Privatrente steuerfrei bleiben.

ERTRAGSANTEIL

die Höhe des Ertragsanteils beträgt:

mit 60 Jahren	22 %	mit 66 Jahren	18 %
mit 61 Jahren	22 %	mit 67 Jahren	17 %
mit 62 Jahren	21 %	mit 68 Jahren	16 %
mit 63 Jahren	20 %	mit 69 Jahren	15 %
mit 64 Jahren	19 %	mit 70 Jahren	15 %
mit 65 Jahren	18 %		

Immobilien

Für die Mieteinnahmen aus vermieteten Immobilien gilt nach wie vor der persönliche Steuersatz, also nicht die Abgeltungssteuer.

Der Gewinn aus dem Verkauf einer Immobilie ist dann steuerfrei, wenn die Immobilie zehn Jahre in Ihrem Besitz war.

UNSERE MEINUNG

Die steuerlichen Spielräume wurden in den letzten Jahren stark eingeschränkt. Dennoch gibt es im Einzelfall Gestaltungsmöglichkeiten.

Sehr gute Möglichkeiten bieten z. B. die Riester-Rente und vor allem die Rürup-Rente. Deshalb sollten sich Besserverdiener mit diesen Möglichkeiten auseinandersetzen.

Wer mehr Steuern sparen möchte und gut verdient, sollte sich den Kauf einer Immobilie überlegen.

KAPITEL 8

So wird aus Ihrem Geld Vermögen

Die Mischung macht's!

Frau G., Ende 50, hat zwölf geschlossene Beteiligungen, sonst nichts! Die hat ihr ein Finanzberater nach und nach vermittelt. Bei zehn der zwölf Beteiligungen handelt es sich um unrentable Hotels oder um Kliniken, die größtenteils leer stehen. Frau G. wird die versprochenen Ausschüttungen nicht erhalten, und sie wird vermutlich auch ihr Geld nicht wiedersehen. Gelockt haben sie die damaligen hohen steuerlichen Abschreibungsmöglichkeiten.

Ganz so schlimm ist es bei Frau Z. nicht. Aber auch sie hat ihr gesamtes Geld – 220 000 Euro – in einen einzigen Aktienfonds investiert. Gegen den ist im Prinzip nichts einzuwenden, aber nur *ein* Aktienfonds sollte niemals die einzige Geldanlage sein.

Wir kennen Anlegerinnen, die alles, was sie besitzen, in fünf Lebensversicherungen untergebracht haben. Oder Leute – das andere Extrem –, bei denen viel Geld jahrelang auf Festgeldkonten herumdümpelt.

Sie alle haben einen wichtigen Grundsatz bei der Geldanlage nicht berücksichtigt oder kannten ihn gar nicht, den der Streuung.

Mit Streuung ist nicht ein Sammelsurium verschiedener Geldanlagen gemeint, das Ihre Anlagen unübersichtlich macht, sondern die gut überlegte Anlage mit System. Mischung oder Streuung bedeutet, verschiedene Geldanlagen zu kombinieren, die unterschiedliche Ziele verfolgen, unterschiedliche Risiken aufweisen, deren Erträge sich möglichst unabhängig voneinander entwickeln. Entscheidend für die Mischung sind Ihre Risikobereitschaft und Ihr Anlagehorizont.

Gerade die aktuelle Krise hat gezeigt, dass diejenigen mit geringem Verlust oder sogar mit kleinem Gewinn durch die Krise gekommen sind, die breit gestreut in unterschiedliche Anlagen investiert haben.

Ein neuer Aspekt:
Vor einigen Jahren noch wäre kaum jemand auf die Idee gekommen, Geldanlagen auch unter dem Aspekt der Sicherheit auszusuchen, also verschiedene Geldanlagen zu wählen, die unterschiedlich abgesichert sind. Die jüngste, heftige Krise hat uns drastisch gezeigt, wie notwendig dies geworden ist.

Behalten Sie bitte die Nerven

Den Spruch kennen viele, aber sie handeln nicht unbedingt danach. Wir können ihn nicht oft genug sagen und schreiben: Panik ist und bleibt ein sehr schlechter Ratgeber.

In jeder Krise beobachten wir dasselbe: Vereinbart wird im Beratungsgespräch bei Fonds mit Aktien, die für die Altersvorsorge gedacht sind, ein langer Anlagezeitraum, zum Beispiel 15 oder 20 Jahre.

Nach zwei Jahren gibt es eine Krise, denn, wie Sie gelesen haben, hat es Krisen immer gegeben, und es wird sie auch weiterhin geben.

Frau N. gerät in Panik, ihr Depot ist plötzlich ein Drittel weniger wert. Sie löst alles auf. Obwohl ihre Anlagen erstklassig sind, genau zu ihrer Zielsetzung passen und sie darüber aufgeklärt wurde, dass solche Zeiten mit großer Wahrscheinlichkeit auf dem Weg zum Ruhestand eintreten können.

Aber es geht noch weiter:
Frau N. legt erst einmal das Geld auf ein Tagesgeldkonto. Die Krise dauert an. Die Medien bringen die schauerlichsten Schlagzeilen: Der globale Zusammenbruch droht, die Welt steht am Abgrund, es wird wie 1929 usw.
Die Panik bei Frau N. nimmt dramatisch zu, deshalb kauft sie Gold. Der Goldpreis befindet sich aber, weil ja viele so reagieren, auf einem Höchststand.

Das Ergebnis:
Frau N. hat also ihre guten Fonds auf dem Tiefstand verkauft und damit einen Verlust realisiert, der vorher nur auf dem Papier stand. Und bei Gold ist sie auf einem sehr hohen Stand eingestiegen.
Der Verlust von 30 %, den Frau N. mit ihren ursprünglichen Anlagen erlitten hat, lässt sich durch den Goldkauf nicht wettmachen. Denn Gold bringt ja bekanntlich keinen laufenden Ertrag. Der Goldpreis müsste weiter sehr stark steigen, damit Frau N. überhaupt einen Gewinn erzielt, denn die Gebühren beim Goldkauf sind hoch, und die müsste sie ja erst einmal erwirtschaften. Daran denkt Frau N. aber nicht, sie ist einfach nur in Panik und sieht Inflation, Währungsreform, Zusammenbruch auf sich zukommen.
Nach einem Jahr flacht die Krise ab, der Abgrund hat sich als Talsenke erwiesen. Die Aktienkurse steigen wieder, die Menschen werden wieder optimistischer, der Goldpreis fällt.
Frau N. hat also mit ihrer panikgesteuerten und damit unüberlegten Verhaltensweise Teile ihres Geldes vernichtet.

Das gibt es auch: ein positives Beispiel

Frau G. dagegen behielt die Nerven. Sie schaute zwar öfter als vor der Krise ins Internet auf ihr Fondsdepot, zuckte auch zusammen, als im Herbst 2008 die Kurse in den Keller rauschten. Aber wenn sie nervös wurde, rief sie uns an und holte sich Rat. Geändert hat sie an ihren Anlagen nichts und freut sich heute über das Ergebnis: Ihr Depot, bestehend aus mehreren unterschiedlichen Fonds, weist trotz der Krise schon wieder einen Gewinn von 6 % auf und ist weiter auf dem Weg nach oben.

Fazit:

Wenn Ihre Geldanlagen zu Ihrem Anlageziel passen, wenn sie solide und von namhaften Anbietern sind und die Art der Anlage langfristig gute Aussichten bietet, dann gibt es keinen Grund, sich vorzeitig, auch nicht in einer Krise, von ihnen zu trennen.

Hin und her macht Taschen leer

Werden Sie sich über Ihr Anlageziel und den dazu passenden Weg klar und verfolgen Sie diesen Weg konsequent. Überprüfen Sie Ihre Ziele und Ihren Weg immer dann, wenn sich Ihre Lebensumstände grundlegend ändern. Aber jagen Sie nicht irgendwelchen Trends hinterher, und wechseln Sie nicht ständig von einer Anlage zur nächsten. Das kostet alles nur Ihr Geld, denn dabei werden jedes Mal Gebühren fällig.

Häufiges Hin und Her ist im Übrigen auch sehr beliebt bei Banken. Gerade in umsatzschwachen Zeiten werden die Bankmitarbeiter massiv dazu angehalten, die Depots der Kunden oft umzuschichten, um mehr Umsatz zu erreichen, denn dabei fallen ja immer wieder Gebühren an.

Seien Sie also wachsam und bleiben Sie hart, wenn Ihr Bankberater wieder einmal zur Umschichtung rät.

No risk, no fun

Wenn aus Geld Vermögen werden soll, wenn Sie also eine lange Anlagezeit vor sich haben, sollten Sie ein kalkulierbares Risiko eingehen. Nur dann erzielen Sie höhere Gewinne.

Sie haben ja im Kapitel »Was Sie wissen sollten« gelesen, was Risiko tatsächlich bedeutet. Denn einen Totalverlust erleiden Sie in der Regel nur, wenn Sie einem Betrüger auf den Leim gegangen sind oder auf hoch spekulative Anlagen gesetzt haben.

Auf Nummer sicher müssen Sie dann gehen, wenn Ihnen nicht mehr viel Zeit bis zum Ruhestand bleibt oder wenn Sie sich schon darin befinden. Und natürlich auch dann, wenn Sie Ihr Geld nur für ein paar Jahre anlegen möchten.

Market-Timing – oder die Illusion vom richtigen Zeitpunkt

»Soll ich jetzt schon einsteigen? Oder lieber noch abwarten, bis die Kurse günstiger sind?«, fragen viele, die in Aktien oder Aktienfonds investieren möchten. Der Experte für Börsenpsychologie, Martin Weber von der Uni Mannheim, hält solche Überlegungen für falsch: »Den besten Zeitpunkt, also bei Tiefständen kaufen und zu Höchstkursen verkaufen, erwischt niemand.« Deshalb sei es egal, wann man einsteige. Er hält es für »Blödsinn«, seine Rendite durch Timing verbessern zu wollen, weil auch die besten Experten die Zukunft nicht vorhersagen können. Dies gilt naturgemäß für langfristig orientierte Anlegerinnen.

Institutionelle Anleger wie Fondsmanager oder die Vermögensverwaltungen großer Versicherungsgesellschaften haben da schon mehr Chancen. Denn sie verfügen über deutlich mehr und auch bessere Informationen, deshalb ist es für sie eher wahrscheinlich, günstige Ein- und Ausstiegszeitpunkte zu finden.

Gutes Timing heißt, antizyklisch zu investieren, zum Beispiel einzusteigen, wenn sich die Aktienkurse auf dem Tiefpunkt befinden. Leider trauen sich das nur wenige. Erfahrungsgemäß steigen Normalanleger erst ein, wenn die Entwicklung beinahe ihren Höhepunkt erreicht hat. Das jedenfalls haben Börsenpsychologen festgestellt und auch, dass Kleinanleger häufig zu gefühlsorientiert handeln.

Wer sein Geld langfristig, also für die Altersvorsorge, anlegt, sollte ohnehin nicht ständig ein- und aussteigen, weder aus Angst noch in Euphorie. Es lohnt sich nicht, wie eine Untersuchung von Fidelity, der größten Investmentgesellschaft der Welt, von 1971 bis 2000, also knapp 30 Jahre, zeigt. Fidelity errechnete die Renditen, wenn jedes Jahr zum gleichen Zeitpunkt Investitionen getätigt wurden. Sie erfanden drei Anlegertypen, den »Pechvogel«, der immer zum höchsten Kurs kauft, den »Magier«, der das Glück hat, jeweils zum niedrigsten Kurs einzusteigen, und den »Gelassenen«, der zu einem willkürlich gewählten Datum, in diesem Fall der 1. Januar, anlegt.

DAS VERBLÜFFENDE ERGEBNIS:

Markt	Höchststand	1. Januar	Tiefstand
Großbritannien	15,2 %	16,5 %	17,2 %
USA	13,9 %	14,6 %	14,9 %
Deutschland	11,9 %	12,6 %	12,8 %
Frankreich	15,7 %	16,7 %	17,3 %
Hongkong	16,6 %	18,7 %	19,4 %

Sie sehen, dass sich die Renditen zwar unterscheiden, aber nicht so gravierend wie gedacht.

Wer immer zum Höchststand, also dem ungünstigsten Zeitpunkt eingestiegen ist, hatte letztendlich 2 % weniger Rendite als derjenige, der zum Tiefstand, also zum günstigsten Kurs eingestiegen ist!

Natürlich handelt es sich hier nur um ein theoretisches Beispiel, denn immer zum Höchststand oder zum Tiefstand einzusteigen, und zwar über 30 Jahre hinweg, dürfte niemandem gelingen.

HALTEN SIE DURCH!

Darüber hinaus hat die Fidelity-Untersuchung ergeben, dass die stärksten Kursanstiege an den Börsen oft unmittelbar nach dramatischen Abstürzen zu beobachten sind, also genau dann, wenn viele Anleger gerade aus dem Markt ausgestiegen sind. So werden die besten Gewinnchancen vertan. Wer, so hat Fidelity festgestellt, in 13 Jahren die besten 40 Börsentage verpasst hat, muss auf viel Rendite verzichten:

Wer voll investiert war, konnte in diesen 13 Jahren in Deutschland eine Rendite von 10,3 % erzielen. Wer die 40 besten Tage verpasst hatte, nur 1,6 %!

Natürlich können Sie spektakuläre Gewinne erzielen, wenn Sie den besten Kauf- und Verkaufszeitpunkt treffen. Dies ist allerdings eher wichtig für Anlegerinnen, die spekulieren, also häufig kaufen und verkaufen. Aber um die geht es in diesem Buch nicht. Außerdem gelingt das selbst Experten nicht immer.

UNSERE MEINUNG

Langfristig planenden Anlegerinnen raten wir: Versuchen Sie erst gar nicht, den besten Zeitpunkt für den Einstieg zu finden. Viel wichtiger ist es, das Geld möglichst breit zu streuen und damit Chancen zu erhöhen und Risiken zu minimieren. Und den Faktor Zeit einzukalkulieren, der über lange Zeiträume wichtiger ist als der Zeitpunkt.

Altmodisch, aber wichtig: Geduld und Disziplin

Disziplin ist heutzutage eher ein Fremdwort, wenn nicht gar verpönt. Es klingt einfach zu altmodisch. Und Geduld ist für viele auch nicht gerade eine erstrebenswerte Eigenschaft.
Aber: Beim Sparen fürs Alter sind beide Tugenden äußerst hilfreich. Erst diese beiden Faktoren machen aus Ihnen eine erfolgreiche Investorin.

Leider erleben wir immer wieder: Da werden Sparpläne für die Altersvorsorge eingerichtet, durchaus mit dem festen Vorsatz, den Sparplan auch durchzuhalten. Aber dann kommt's wie bei Esther W. Nach zwölf Monatsraten hat sie das Reisen entdeckt und löst den Sparplan wieder auf, weil sie das Geld dafür braucht.
Oder eine größere Anschaffung steht an, das tolle Sofa ist reduziert (aber eigentlich immer noch viel zu teuer), den schicken Mantel gibt's um die Hälfte usw.
Und dafür werden dann Fondssparpläne aufgelöst und Rentenversicherungen gekündigt!

Es gibt viele Analysen über das Verhalten privater Anleger, und immer, wenn es um langfristiges Sparen geht, steht fest: Es fehlt meist nicht am Willen, etwas fürs Alter zu tun, sondern es mangelt oft an der Disziplin, die Sparverträge über Jahrzehnte durchzuhalten.

Es geht einfach nicht, dass für kurzfristige Konsumwünsche langfristige Sparziele aufgegeben werden!
Wenn Sie außer Ihrer Altersvorsorge kein Geld für eine Anschaffung haben, ja dann können Sie sich das Sofa oder die Reise halt jetzt nicht leisten. So sehen wir das. Und so einfach ist das!

Oder Sie gehen einen anderen Weg und sagen sich, wenn ich mir außer der Reihe etwas leisten will und das Geld nicht habe, muss ich es mir zusätzlich verdienen.
Durch einen Aushilfsjob am Wochenende beispielsweise. Bis zu 450 Euro kann jede und jeder steuerfrei dazuverdienen.
Das sind 5400 Euro im Jahr! Davon lassen sich dann schon Sofa, Mantel oder Reise finanzieren.

Unpopuläre Ratschläge sind das, ja gewiss. Sie führen aber zum Erfolg, das wissen wir.
Alles andere hilft Ihnen nicht weiter.

KAPITEL 9

Bleiben Sie realistisch

1 + 1 gibt leider nur 2 – oder der »gefühlte« Reichtum

Jana G. ist 45 und hat geerbt: 150 000 Euro – für die Kunst-erzieherin unvorstellbar viel Geld. Nach ihren Wünschen ge-fragt, sagt sie, dass sie auf keinen Fall bis 65 arbeiten möchte. Am liebsten würde sie schon mit 55 aufhören.

Da Frau G. nicht besonders viel verdient, aber eine hohe Miete zahlt, hätte sie gern ab sofort Auszahlungen aus ihrer Erbschaft. Das heißt: Frau G. möchte ab sofort die Erträge aus dem Geld nicht wieder anlegen, sondern verbrauchen. Das bedeu-tet aber, dass sich das Kapital nicht vermehren wird. 150 000 Euro bleiben 150 000 Euro. Die sind aber in zehn Jahren, wenn Frau G. 55 ist, durch die schleichende Geldentwertung nur noch 123 052 Euro wert.

Von 55 ab soll das Geld den gesamten Lebensunterhalt finan-zieren. Ab 67 dann, wenn die Rente, die ebenfalls nicht reicht, fließt, muss noch zugeschossen werden.

Hier vermischt sich deutlich der »gefühlte« Reichtum mit der tatsächlichen finanziellen Lage. Natürlich sind 150 000 Euro viel Geld. Um aber zehn Jahre lang einen Zuschuss zum Le-bensunterhalt zu bringen, ab 55 dann weitere zehn Jahre den gesamten Lebensunterhalt zu finanzieren und ab 67 – lebens-lang – wiederum die Rente aufzustocken, ist es viel zu wenig.

Wunsch und Wirklichkeit

Viele Frauen möchten früher in Rente gehen – früher als Männer und früher, als es das gesetzliche Rentenalter vorsieht. Wir warnen davor, den Traum vom frühen Ruhestand zu verwirklichen, ohne die Situation genau zu prüfen.

Frauen erhalten in der Regel sowieso weniger Rente als Männer, weil sie weniger verdienen, weniger in die Rentenkasse einzahlen und vor allem oft viel weniger Jahre rentenversicherungspflichtig arbeiten.

Wichtig zu wissen:

Erst wenn man 45 Jahre lang Pflichtbeiträge in die Rentenkasse eingezahlt hat, kann man weiterhin mit 65 in Rente gehen. Abschläge fallen hierbei nicht an.

Für die Jahrgänge ab 1952 gilt: Nur wenn man mindestens 35 Jahre lang eingezahlt hat, ist es überhaupt möglich, vorzeitig und mit Abschlägen in die Altersrente zu gehen.

Der Rentenabschlag beträgt 0,30 % pro Monat. Will also jemand statt mit 67 schon mit 63 in Rente gehen, sind das für diese vier Jahre 14,4 %. Und das wird häufig übersehen: Basis für den Abschlag ist nicht die Rente, die ab 67 gezahlt werden würde, sondern die, beispielsweise, bis 63 erreichte Rente. Der Abschlag gilt lebenslang!

Beratung gibt es bei der Deutschen Rentenversicherung (Adressen unter www.deutsche-Rentenversicherung.de) oder bei unabhängigen geprüften Rentenberatern (www.rentenberater.de).

KAPITEL 10

Ihr Altersvorsorge-Konzept

Mit 25 schon an die Rente denken?

Ja, natürlich. Günstiger wird's nie mehr!

»Ja, Sie haben gut reden«, hören wir immer wieder, wenn wir schreiben, dass gerade junge Leute möglichst früh mit dem längerfristigen Sparen beginnen sollten. »Die jungen Leute haben doch überhaupt kein Geld.« Nun sind wir natürlich nicht weltfremd und wissen, dass es in jungen Jahren noch keine üppigen Löhne und Gehälter gibt und dass es Spaß macht, sich etwas zu gönnen. Wir meinen, es geht hier eher um die Prioritäten, die jemand setzt. Denn es gibt durchaus eine ganze Reihe junger Leute, die schon während Ausbildung oder Studium regelmäßig mit kleinen Beträgen sparen. Seltsam, aber wahr: Das sind meist junge Männer, nicht junge Frauen.

Auf der Suche nach einer Frau, die schon mit Anfang zwanzig einen Sparvertrag gemacht hat, fanden wir unter Tausenden von Kundinnen und Kunden eine einzige Frau, aber eine Menge junger Männer! Sollte da in den Köpfen noch immer das alte Rollendenken nisten, wonach Mann vorsorgt und Frau versorgt werden will?

Schauen Sie also einmal, welche Ausgaben Sie reduzieren könnten, ohne dass Ihre Lebensfreude darunter leidet.

Absicherung

Haftpflichtversichert sind junge Leute über die Eltern, solange sie in der ersten Ausbildung sind.

Sehr wichtig ist eine Berufsunfähigkeitsversicherung.

Sie sollte so früh wie möglich abgeschlossen werden, weil ja in jungen Jahren meist keine Vorerkrankungen bestehen und die Beiträge noch günstiger sind.

Es gibt BU-Policen speziell für junge Leute, sogenannte Start-Policen, über die eine BU-Rente von monatlich 1000 Euro schon mit einem Monatsbeitrag von 20 Euro (für 18-Jährige) abgesichert werden kann.

Vermögensbildung

Überlisten Sie sich mit einem regelmäßigen Sparplan. Nutzen Sie die staatliche Sparförderung über vermögenswirksame Leistungen mit Aktienfonds oder Bausparverträge mit Wohnungsbauprämie oder – langfristig – mit der Riester-Rente, wenn Sie in einem Arbeitsverhältnis stehen. Eins ist nämlich sicher: Kleinvieh kann ganz schön viel Mist machen, ganz besonders, wenn es staatliche Zulagen gibt.

Susanne K. zum Beispiel verzichtet einmal täglich auf ihren »Coffee to go« zu 3 Euro und investiert dieses Geld in einen Aktienfonds, der im langjährigen Durchschnitt 8 % Rendite bringt. In 30 Jahren kann sie es damit auf ca. 127 647 Euro bringen. Und wenn sie dann noch die Sparrate jährlich um 2 % erhöht (wegen der Geldentwertung), sitzt sie in 30 Jahren auf einem dicken Polster von ca. 154 959 Euro! Hätten Sie das gedacht?

Was Anlegerinnen in jungen Jahren beim Sparen versäumen, können sie später nur schwer wieder aufholen. Das liegt am Zinseszinseffekt, der meist unterschätzt wird. Fangen Sie also so früh wie möglich mit dem Sparen an, auch wenn es nur 50 Euro im Monat sind. Die Absicherung Ihrer Arbeitskraft für den Fall der Berufsunfähigkeit ist unverzichtbar.

Alleinerziehend und wenig Geld

Auch 2014 hat sich noch nicht viel geändert: Einen qualifizierten Ganztagsjob mit entsprechendem Gehalt und Kind – das lässt sich immer noch selten unter einen Hut bringen. Keine Regierung, egal welcher Couleur, hat es bisher geschafft, ausreichende Betreuungsmöglichkeiten und Ganztagsschulen für Kinder zu schaffen und es damit Frauen leichter zu machen, auch mit Kind ihren Beruf ganztags auszuüben.

Bei Alleinerziehenden ist demnach oft die finanzielle Lage ziemlich angespannt. Deshalb ist hier vorausschauendes Planen besonders wichtig.

Anja D. (35) ist alleinerziehende Mutter einer zweijährigen Tochter. Einen Ganztagskindergarten gibt es für sie nicht. Deshalb kann Anja D. nur Teilzeit arbeiten. Sie muss also rechnen.

Absicherung

Gerade wenn Geld knapp ist, müssen die wichtigsten Versicherungen sein. Ein Schaden, den Anja oder ihr Kind anderen zufügt, oder ein Schaden, der sie selbst trifft, beispielsweise durch lange, schwere Krankheit oder Unfall, kann den finanziellen Ruin bedeuten.

Ihr Altersvorsorge-Konzept   **183**

Eine Haftpflichtversicherung hat Anja D. schon. Bei einer Berufsunfähigkeitsversicherung wählt sie erst einmal eine BU-Rente von 700 Euro monatlich, mehr kann sie sich derzeit nicht leisten. Wichtig ist ein Vertrag mit Nachversicherungs-garantie, das bedeutet, dass Anja D. die jetzige BU-Rente er-höhen kann, ohne dass eine erneute Gesundheitsprüfung fäl-lig wird, wenn sie statt Teilzeit wieder Vollzeit arbeiten kann und damit wesentlich mehr verdient.

Auch ein flexibles Polster braucht sie, damit eine kaputte Waschmaschine oder eine größere Reparatur am Auto nicht über einen teuren Dispokredit finanziert werden muss.

Vermögensbildung

Wer rechnen muss, sollte für die Vermögensbildung die staat-liche Sparförderung und/oder Leistungen des Arbeitgebers nutzen. Der Sparvertrag läuft sieben Jahre, sechs Jahre muss man aber nur einzahlen, ein Jahr ruht der Vertrag.

Anja D.s Arbeitgeber zahlt 40 Euro monatlich als vermögens-wirksame Leistung. Da sie unter der Einkommensgrenze von 20 000 Euro pro Jahr verdient, erhält sie die Arbeitnehmer-Sparzulage, das sind 20 % auf eine Einzahlung von 400 Euro im Jahr, also geschenkte 80 Euro!

Voraussetzung für die Arbeitnehmer-Sparzulage ist, dass die ver-mögenswirksamen Leistungen in einen Aktienfonds fließen. Nach sieben Jahren hat sie, eine Durchschnittsrendite von 6 % vorausgesetzt, eine Summe von ca. 4700 Euro erreicht. Stehen die Aktienkurse zum Ende des Sparvertrags gerade schlecht, kann sie ihn ohne Weiteres verlängern.

Darüber hinaus hat Anja D. eine Riester-Rente abgeschlos-sen. Sie zahlt 4 % ihres Bruttogehalts dort ein und bekommt für sich und ihre Tochter die staatlichen Zulagen.

Wenn Anja D. im Lauf der Jahre mehr arbeiten kann und damit mehr verdient, sollte sie den Beitrag erhöhen und damit mehr Rente ansparen.

Wir finden, Anja D. hat in ihrer schwierigen Situation das Optimale getan. Da sie noch 32 Jahre Zeit hat bis zum Ruhestand, kann sie, wenn sich ihre finanzielle Lage bessert, ihre Altersversorgung um weitere Bausteine erweitern.

Wir meinen: *Schöne Aussichten* für Anja D.

Ein Mann ist keine Altersversorgung

Frauen in Partnerschaften – ein heißes Thema.

Dieses Kapitel wird lang, das sagen wir Ihnen gleich, denn hier lauern einige Fallen, die leicht verdrängt werden, mit fatalen Folgen. An drei lebensnahen Beispielen zeigen wir Ihnen, worum es dabei geht.

Beispiel 1:

Babypause – an die Folgen denken!

Dagmar P., 36, hat eine solide Ausbildung, aber wegen der drei Kinder bisher kaum gearbeitet.

In nächster Zeit will sich Dagmar P. nun eine Teilzeitbeschäftigung suchen. Und sie möchte unbedingt etwas für ihre Altersversorgung tun. Ihr Mann verdient sehr gut, er unterstützt ihr Vorhaben. 200 Euro, meint sie, könnte sie monatlich für ihre Altersversorgung ausgeben. Das finde ich (Helma Sick) nicht nur gut, sondern auch dringend nötig, und sage ihr das auch.

Aber noch während unseres Gesprächs verlässt sie der Mut sehr schnell. Vielleicht würden ja auch 100 Euro reichen? Oder

150 Euro? »Und ist es auch sicher«, fragt sie mich dann, »dass ich den Sparplan jederzeit wieder stilllegen oder aussetzen kann, wenn's nicht mehr geht?«

Am Geld liegt die Verzagtheit nicht, Werner P. verdient ja gut. Und über ihre eigene wirtschaftliche Situation hat Dagmar P. bisher nicht weiter nachgedacht. Da befindet sie sich in allerbester Gesellschaft, können wir nur sagen, denn das tun die meisten Frauen in dieser Situation nicht. Und das ist unabhängig von Ausbildung und Herkunft: Die junge Akademikerin verhält sich so wie die Sekretärin oder die Hotelfachfrau, die Friseurin macht die gleichen Fehler wie die Ingenieurin oder die Arzthelferin, wenn es um Kinder und beruflichen Ausstieg geht. Denn keine überlegt, welche langfristigen Folgen ihr Handeln hat, und keine vergleicht, wie es beim Partner aussieht – in unserem Beispiel bei Werner P.: Er hat Frau und Kinder, dazu einen guten Job, also ein geregeltes Einkommen. Er zahlt in die gesetzliche Rentenversicherung ein, hat eine Betriebsrente und außerdem Firmenaktien. Natürlich hat er eine Lebensversicherung, als Direktversicherung, und einen Riester-Vertrag abgeschlossen.

Die Jahre aufholen – aber wie?
Und umgekehrt? Dagmar P. hat ihren Mann, ihre Kinder und einen Riester-Vertrag, der aber ausschließlich über die Zulagen läuft. Das heißt, sie zahlt dort keine Beiträge ein, erhält aber für sich und ihre drei Kinder die staatlichen Zulagen. Das ist besser als nichts, aber mehr als 100 Euro Rente im Monat ab 67 dürften damit nicht zu erzielen sein. Die zehn Jahre, die Dagmar P. aus dem Beruf ausgestiegen ist, kann sie rentenmäßig nicht mehr aufholen, schon gar nicht mit einer Teilzeitarbeit. Also muss sie privat vorsorgen, wenn sie nicht – wie so viele Frauen – nur mit einer mickrigen Rente dastehen und von ihrem Mann abhängig sein will. Und zwar muss sie

sofort damit anfangen und nicht mit dem kleinstmöglichen, sondern mit dem größtmöglichen Betrag!

Damit das Ganze auf festen Beinen steht, könnte sich Dagmar P. mit ihrem Mann zusammen ausrechnen lassen, welche Ansprüche er durch die ununterbrochene Berufstätigkeit und die Absicherungen erworben hat. Dann müsste sie schauen, ob und wie sie mit Teilzeitjob und privater Vorsorge auf eine ähnliche Rente kommt.

Um es noch einmal in aller Deutlichkeit zu sagen: Frauen steigen aus dem Berufsleben ohne jede Absicherung aus, bleiben wegen der Kinder zu Hause, arbeiten dann jahrelang geringfügig beschäftigt oder in Teilzeit. Einen qualifizierten Job oder gar einen beruflichen Aufstieg gibt es damit nicht – und eine ordentliche Rente auch nicht.

Frauen sind anders, Männer auch!
Unserer Erfahrung nach gäbe es so ein Gespräch mit einem Mann gar nicht: Nur wenige Männer würden derart existenzbedrohende Risiken freiwillig eingehen.

Was uns beschäftigt:
Woher kommt diese Verzagtheit, diese Kleinmütigkeit, diese Bescheidenheit? Warum glauben Frauen, für sich nichts fordern zu dürfen? Warum ist für viele Frauen wirtschaftliche Eigenständigkeit nicht erstrebenswert? Sind es alte Rollenbilder, die noch in den Köpfen stecken, nach denen Frauen ohnehin nur ein »Zubrot« verdienen? Egal, woher es kommt und warum: Das muss sich ändern! Und zwar schnell. Jede Frau muss die Möglichkeit haben, auch im Alter finanziell auf eigenen Füßen stehen zu können – nicht nur, falls die Ehe scheitert.

Da hilft nur eins: sich dem Problem stellen und dann handeln. Sie wissen doch: »Bescheidenheit ist eine Zier, doch weiter kommt man ohne ihr.«

Beispiel 2:

Ich bin über meinen Mann versorgt

Petra S., 48, verheiratet: »Immer wieder sagen Sie, wie wichtig die eigene Altersvorsorge für Frauen ist, da sie sich ja nicht auf eine Versorgung durch den Ehemann bis zum Lebensende verlassen können. Dass die eigene Vorsorge nicht schadet, daran zweifle ich nicht, aber ich verstehe nicht, warum immer aufgerechnet wird, wie viele Ansprüche der Mann erwirbt (Vollzeit) im Gegensatz zur Frau (Kinderpause, Teilzeit): Bei einer Scheidung werden doch im Versorgungsausgleich die Ansprüche geteilt, es ist also doch egal, wer sie erworben hat. Oder verstehe ich hier was falsch? Und im Todesfall gibt es doch auch eine Witwenrente ...«

Wir haben Ihnen hier noch einmal alle Fakten zusammengestellt, denn noch immer glauben sich viele Frauen über eine »abgeleitete Sicherung« – der Mann ist versichert, die Frau profitiert mit – versorgt. Aber leider greift diese Sichtweise zu kurz.

Im Fall einer Scheidung: Versorgungsausgleich für die Rentenansprüche, insbesondere die gesetzliche Rente
Wie viel Rente eine Ehefrau über den Versorgungsausgleich bei einer Scheidung erhält, hängt von der Dauer der Ehe und der Rente des Ehemannes ab. Denn geteilt wird bei einer Scheidung nur das, was während der Ehezeit »zugewachsen« ist. Wenn also beispielsweise ein Mann vor der Ehe schon einen Rentenanspruch von 1000 Euro erworben hat und während der Ehe weitere 1000 Euro dazu erwirbt, dann werden nur die letzten 1000 Euro geteilt, die Ehefrau bekäme also später nur 500 Euro monatlich, wenn sie keine eigenen Rentenansprüche aufgebaut hat.

Private Rentenversicherungen werden seit dem 1. September 2009 real geteilt, das heißt, die Frau bekommt eine eigene, aus dem Deckungskapital errechnete Versicherung.

Warum wir immer auf eine eigene Absicherung von (Ehe-) Frauen drängen: Der Mann zahlt auch nach der Scheidung weiter kräftig in die gesetzliche Rente ein und hat damit die Möglichkeit, seine eigenen Ansprüche deutlich zu erhöhen. Eine Frau aber, die längere Zeit nicht beruflich tätig war, wird die Möglichkeit, noch ordentlich Rentenansprüche zu erwerben, aller Erfahrung nach kaum haben. Denn bei der Höhe der Rente zählen nicht nur das Einkommen, sondern insbesondere die Jahre, die man eingezahlt hat.

Im Fall einer Scheidung: Zugewinnausgleich für die private Vorsorge
Hat der Ehemann bei Eheschließung eigenes Vermögen oder erbt er während der Ehe, so gehört ihm das weiterhin allein (umgekehrt der Ehefrau natürlich auch). In den Zugewinn fällt ausschließlich das, was dem Vermögen während der Ehezeit »zugewachsen« ist. Das gilt auch für Lebensversicherungsverträge zur Altersvorsorge auf Kapitalbasis.
Besitzt der Ehemann einen oder mehrere solcher Verträge, dann wird bei der Scheidung im Zugewinnausgleich oft nur der niedrige Rückkaufswert zugrunde gelegt. Die Ehefrau erhält also nur die Hälfte des Betrags, um den der Rückkaufswert in der Ehe gestiegen ist, während der Ehemann die Lebensversicherung behält, nach der Scheidung weiter einzahlt und damit bis zum Ruhestand auf eine stattliche Summe kommen kann.
Private Rentenversicherungen werden nicht im Zugewinnausgleich, sondern im Versorgungsausgleich ausgeglichen.

Wenn der Ehemann stirbt: Witwenrente
Die sogenannte große Witwenrente (60 % der Rente des Ehemannes) gibt es nur, wenn die Ehe vor dem 1. Januar 2002

geschlossen wurde und mindestens einer der Partner über 45 Jahre alt ist. Wenn die Ehe erst nach dem 31. Dezember 2001 geschlossen wurde, erhält die Frau allenfalls 55 % der Rente des Mannes. Die kleine Witwenrente wird nur noch zwei Jahre gezahlt.

Und bedenken Sie bitte: War der verstorbene Ehemann bereits einmal geschieden, hat er einen Teil seiner Rente schon an die erste Frau abgeben müssen, und die Witwenrente ist dann entsprechend geringer. Auf die Witwenrente sollte sich ohnehin niemand mehr verlassen. Sie wird angesichts leerer Rentenkassen und hoher Arbeitslosigkeit immer weiter eingeschränkt.

UNSERE MEINUNG

Frauen kommen nicht umhin, sich klarzumachen: Der Mann als Altersversorgung hat ausgedient. Jede zweite Ehe wird mittlerweile geschieden. Die Rente über den Versorgungsausgleich ist nur allzu häufig »zum Leben zu wenig und zum Sterben zu viel«. Das ist besonders dann der Fall, wenn der Ehemann schon einmal verheiratet war. Es ist also sehr wichtig, dass Frauen über eigene Berufstätigkeit eigene Rentenansprüche erwerben und/oder eine zusätzliche private Altersversorgung abschließen.

Und es steht doch auch nichts dagegen, dass jeder Ehepartner seine eigene Altersversorgung hat: Denn bleiben die beiden zusammen, können sie gemeinsam das Geld verbrauchen. Geht die Ehe schief, kann man sich mit Würde und ohne kleinliches Gezänk verabschieden.

Beispiel 3:

Ohne Trauschein ist das Risiko noch größer

Jennifer D., 38, hat eine fünfjährige Tochter und ist nicht verheiratet. Sie sagt mir (Renate Fritz) Folgendes:

»Ich lebe mit meinem Partner seit zehn Jahren zusammen. Wir haben eine gemeinsame fünfjährige Tochter. Mein Freund hat ein sehr hohes Einkommen. Ich verdiente deutlich weniger, deshalb habe ich den Job aufgegeben und erziehe nun unser Kind. Mein Freund hat schon eine Ehe hinter sich und will nicht noch einmal heiraten. Nun mache ich mir aber Gedanken: Welche Absicherung habe ich denn, wenn unsere Beziehung auseinandergehen sollte? Ich habe nichts – keine Geldanlagen oder Versicherungen, kaum gesetzliche Rente.«

Ja, und wenn Jennifer D. jetzt nicht handelt, dann bleibt das auch so! Es ist leider immer wieder das Gleiche: Männer möchten, aus welchen Gründen auch immer, nicht heiraten. Und Frauen geben ihren Beruf auf und ziehen sich jahrelang auf die Familie zurück. Ohne jede Absicherung für den Fall der Fälle, den *worst case*. Sie zahlen nicht in die gesetzliche Rentenversicherung ein, haben kein eigenes Geld, können kein Vermögen aufbauen. Bei Jennifer D. kommt noch hinzu, dass sie durch die nichteheliche Partnerschaft auch kaum Ansprüche hat. Im Grundgesetz genießen Ehe und Familie besonderen Schutz, deshalb sind bei Verheirateten im Fall der Scheidung oder des Ablebens des Partners die wichtigsten Dinge gesetzlich geregelt, zum Beispiel Zugewinnausgleich, Versorgungsausgleich, Unterhalt oder Erbrechte.

Wenn ihr Partner partout nicht heiraten will, sollte Jennifer D. diese Dinge unbedingt vertraglich mit ihm regeln. Also, wie ihre Situation aussieht, wenn er vor ihr stirbt, wie sie dasteht, wenn die Beziehung auseinandergeht, usw.

Ich schlage vor, dass Jennifer D. ihren Partner bittet, ihr seine Vorstellungen zu dieser vertraglichen Regelung schriftlich zu geben. Diese sollte sie dann mit einer Fachanwältin für Familienrecht oder einer Notarin besprechen, um auch wirklich über die Konsequenzen informiert zu sein.

Was hat das neue Unterhaltsrecht/ Familienrecht gebracht?

Interview von Helma Sick mit Roswitha Wolff, Fachanwältin für Familienrecht

Helma Sick: Hat die Ehe als Versorgungsinstitution für Frauen durch die Reform des Unterhaltsrechts endgültig ausgedient?
Roswitha Wolff: Auch vor dem 1. Januar 2008 konnte sich eine Frau nicht darauf verlassen, durch eine Ehe lebenslang versorgt zu sein; sie konnte sich nur eher dieser Illusion hingeben.

H. S.: Was hat sich denn seit dem 1. Januar 2008 geändert?
R. W.: Es ist das erklärte Ziel der Reform, nach einer Scheidung lebenslange Unterhaltszahlungen zu verhindern, auch aus bevölkerungspolitischen Gründen. Die Gründung neuer Familien mit Kindern nach einer Scheidung soll dadurch erleichtert werden, dass die geschiedene Ehefrau keinen oder nur zeitlich befristeten Unterhalt bekommt und dass sie bei knappen Mitteln nicht mehr gegenüber der neuen Ehefrau den Vorrang hat.

H. S.: Wie wird das Geld verteilt, wenn der geschiedene Ehemann nicht genug verdient, um für minderjährige Kinder aus der geschiedenen und der neuen Ehe und für die geschiedene und die neue Ehefrau Unterhalt zu zahlen?
R. W.: Zunächst einmal muss er Unterhalt für die minderjährigen Kinder zahlen und für die volljährigen Kinder, die sich noch in der Schulausbildung befinden. Es spielt keine Rolle mehr, ob es sich um nichteheliche Kinder, solche aus der geschiedenen oder solche aus der neuen Ehe handelt. Wenn ihm dann von seinem Einkommen noch mehr als 1000 Euro übrig bleiben, bekommt zunächst einmal die Frau Geld, die wegen der Betreuung eines gemeinsamen Kindes einen Unterhaltsanspruch hat.

H. S.: Ist das der sogenannte Betreuungsunterhalt, den eine Mutter nur dann bekommt, wenn das Kind unter drei Jahren ist?
R. W.: Ganz so strikt ist es nicht, denn im Gesetz heißt es, dass wegen der Betreuung eines gemeinsamen Kindes mindestens drei Jahre nach der Geburt Unterhalt verlangt werden können.

H. S.: Bedeutet das, dass eine Frau danach keinen Unterhalt mehr bekommt?
R. W.: Nein, nicht unbedingt, aber der Gesetzgeber geht davon aus, dass Kinder ab drei Jahren in den Kindergarten gehen können (und müssen), sodass die Mutter zumindest Teilzeit arbeiten kann.
Damit sind die Zeiten, in denen eine Mutter bis zum 8. Lebensjahr des Kindes überhaupt nicht erwerbstätig sein musste, danach schrittweise immer mehr und erst, wenn das Kind 15 war, ganztags, endgültig vorbei.

H. S.: Wie sieht es aus, wenn mehrere Mütter Anspruch auf Betreuungsunterhalt haben?
R. W.: Nehmen wir an, die geschiedene Ehefrau betreut ein fünfjähriges Kind und der Mann wird Vater eines neuen Kindes, dann geht die geschiedene Ehefrau leer aus, wenn nicht genug Einkommen zur Verfügung steht. Das fünfjährige Kind muss in den Kindergarten gehen und wenn es in die Schule kommt, in den Hort.

H. S.: Und wenn es keinen Kindergartenplatz gibt?
R. W.: Dann wird das, was der Mann zahlen kann, zwischen beiden Müttern aufgeteilt; aber die Mutter des Kindergartenkindes oder Schulkindes muss sich sehr intensiv um eine Betreuungsmöglichkeit bemühen.

H. S.: Was ist mit den älteren geschiedenen Frauen, deren Kinder älter oder vielleicht schon erwachsen sind, die aber während der

Ehe nicht erwerbstätig waren und nach der Scheidung keine Chancen mehr auf dem Arbeitsmarkt haben? Gehen die leer aus, wenn der Ehemann mit einer neuen Frau Kinder hat?

R. W.: Bei sehr langen Ehen, in denen die Frau (nicht nur, aber insbesondere wegen der Betreuung der Kinder) auf eine eigene Erwerbstätigkeit verzichtet hat, ist sie der neuen Ehefrau gleichgestellt. Ihr Unterhalt wird aber wesentlich geringer, denn erst einmal muss der Mann den Unterhalt für möglicherweise mehrere Kinder zahlen, und das, was ihm dann noch über dem Selbstbehalt von 1000 Euro bleibt, muss sich die geschiedene Ehefrau mit der Mutter der neuen Kinder teilen.

H. S.: Wenn ein Mann aber sehr gut verdient, z. B. 6000 Euro netto, und wenn er nach der Scheidung keine neuen Kinder in die Welt setzt, müsste doch der Unterhalt der geschiedenen Ehefrau dauerhaft gesichert sein?

R. W.: Nein, auch dann nicht immer!

Die Unterhaltszahlungen können auch dann zeitlich befristet werden, wenn lange oder gar lebenslange Unterhaltszahlungen dem geschiedenen Ehemann nicht zumutbar sind. Außerdem kann der Unterhaltsbetrag herabgesetzt werden, weil es keine Lebensstandardgarantie mehr gibt. Im Einzelfall kommt es darauf an, ob, in welchem Ausmaß und wie lange die geschiedene Ehefrau Nachteile aus der Ehe und aus dem Verzicht auf eigene Erwerbstätigkeit in der Ehe hat.

H. S.: Was raten Sie einer jungen Frau, die heiraten will, einen qualifizierten Beruf hat und Kinder haben möchte?

R. W.: Wenn mich jemand fragen würde, was in dieser Situation leider nicht oft vorkommt, würde ich empfehlen:

1. Den Beruf nicht aufzugeben, stattdessen den Ehemann in die Versorgung der Kinder einzubinden.
2. Das Elterngeld für beide Eltern in Anspruch zu nehmen.

3. Betreuungsmöglichkeiten durch Krippen, Tagesmütter etc. zu nutzen.
4. Mit dem Arbeitgeber individuelle Arbeitszeiten zu vereinbaren.
5. Die Berufstätigkeit so kurz wie möglich zu unterbrechen und nicht aufzugeben.

H. S.: Und wenn sich die Frau dennoch nicht davon abhalten lassen will, ihre Berufstätigkeit aufzugeben?
R. W.: Dann sollte sie sich in einem Ehevertrag für den Fall der Scheidung gegen alle ehebedingten Nachteile absichern, z. B. durch eine eigene private Altersversorgung und durch den Ausschluss aller für sie möglicherweise nachteiligen gesetzlichen Regelungen. Letzteres ist allerdings nur in Grenzen und nicht zum Nachteil künftiger Kinder und neuer Frauen des Ehemannes möglich.

H. S.: Haben denn wenigstens die gesetzlichen Änderungen zum Zugewinnausgleich und Versorgungsausgleich ab dem 1. September 2009 Vorteile für Frauen gebracht?
R. W.: Ja! Beim Zugewinnausgleich wurden die Rechte auf Auskunft und Vorlage von Belegen erweitert; dadurch sollen die Möglichkeiten der Manipulation des Vermögens eingeschränkt werden. Da es meistens die Männer sind, die einen Zugewinn oder einen höheren Zugewinn erzielt haben, führt das zu einer Stärkung der Rechte der Frauen, die ihren Anspruch auf Zugewinnausgleich durchsetzen müssen.

Auch beim Versorgungsausgleich ist es in der Regel so, dass die Männer in der Ehe höhere Renten erworben haben, sodass die Frauen einen Anspruch auf Ausgleich haben. Sie profitieren deshalb überwiegend von den gesetzlichen Änderungen. Diese sehen unter anderem vor, dass auch Ansprüche auf Betriebsrenten oder private Renten bereits bei der Ehescheidung geteilt werden, sodass die geschiedene Ehefrau bereits mit der Scheidung ein eigenes Rentenkonto bei der Betriebsrente oder der privaten Rentenversicherung erwirbt und bis zum Rentenalter automatisch an allen Steigerungen teilnimmt, die diese Renten erfahren.

Aber es bleibt natürlich dabei, dass bei der Scheidung nur das geteilt werden kann, was in der Ehe an Altersversorgung erworben wurde; die Frau kann maximal die Hälfte der gemeinsamen ehelichen Rentenansprüche bekommen.

Ich bin Single

Sibylle F. ist 42, PR-Fachfrau und verdient gut, ca. 4000 Euro brutto im Monat. Sie hat ein gutes Verhältnis zu Geld und spart, seit ihre Ausbildung beendet ist. Sie hat über ihren Arbeitgeber eine Direktversicherung abgeschlossen, zahlt in eine Riester-Rente ein, und weiteres gespartes oder von den Eltern geschenktes Geld ist in verschiedenen Fonds untergebracht.

Absicherung

Eine Berufsunfähigkeitsversicherung hat Sibylle F. Da sie aber seit dem Abschluss dieser Versicherung deutlich mehr verdient, sollte sie die BU erhöhen. Ihr Vertrag enthält eine Nachversicherungsgarantie, deshalb kann sie die BU, z. B. nach einem Gehaltssprung, ohne Gesundheitsprüfung erhöhen. Das ist gut so, denn Sibylle F. hat mittlerweile einige gesundheitliche Einschränkungen, die einen Neuabschluss nur unter Schwierigkeiten möglich gemacht hätten.

Der Abschluss einer Pflegezusatzversicherung steht an. Sie sollte nicht allzu lange damit warten, weil auch der Abschluss dieser Risikoversicherung mit zunehmendem Alter teurer wird.

Vermögensbildung

Ein großer Teil der Altersversorgung dürfte mit Direktversicherung, Riester-Rente und Fonds schon geregelt sein. Mit dem nächsten Baustein erfüllt sie sich einen großen Wunsch: Sibylle F. will eine Eigentumswohnung kaufen, in die sie selbst einziehen möchte. Gebraucht soll sie sein, in guter Lage, das Haus saniert und wärmegedämmt. Luxus will sie nicht und kann sie sich auch nicht leisten.
Eine Zwei-Zimmer-Wohnung, die ihren Vorstellungen entspricht, kostet 180 000 Euro. 30 000 Euro hat sie gespart, 20 000 Euro schenken ihr die Eltern (Eltern lieben es, wenn ihre Kinder eine Immobilie kaufen!). Die Rechnung für Sibylle F. sieht so aus:

Kaufpreis	180 000 €
Nebenkosten	
(Notar, Grunderwerbssteuer, Makler)	19 800 €
Gesamtkosten	199 800 €
./. Eigenkapital	50 000 €
aufzunehmendes Darlehen	149 800 €
	= ca. 150 000 €

SIBYLLE F. HAT ZWEI MÖGLICHKEITEN:

Variante 1
Die Zinsen betragen 3,33 % nominal bei 14 Jahren Festschreibung. Getilgt wird mit 2 %. Damit kommt sie auf eine Monatsbelastung von circa 666,25 Euro zuzüglich Nebenkosten.
Im Darlehensvertrag hat Sibylle F. ein Sondertilgungsrecht vereinbart, das heißt, sie kann jedes Jahr, wenn sie das will und schafft, 7500 Euro zurückzahlen. Sie wäre dann nach 13 Jahren schuldenfrei.

Variante 2

Vereinbart sie keine Sondertilgung, hat sie einen Zinssatz von 4,23 % bei einer Zinsfestschreibung von 25 Jahren. Mit den 2 %, die sie jährlich tilgt, beträgt die monatliche Rate 778,75 Euro. Die Restschuld nach 25 Jahren liegt bei nur noch ca. 17 000 Euro und ist nach knapp 27 Jahren zurückgezahlt, also zum Rentenbeginn.

Auf eigene Rechnung: Selbstständige und Freiberuflerinnen

Knapp über eine Million, also rund 28 % aller Selbstständigen, sind Frauen. Das heißt, eine Million Unternehmen in Deutschland sind in weiblicher Hand. Die Tendenz ist steigend. Kein Wunder, denn für viele Frauen ist die Selbstständigkeit eine ideale Möglichkeit, Beruf und Kind unter einen Hut zu bringen. Und für viele Frauen ist die Selbstständigkeit ein Ausweg aus der Arbeitslosigkeit.

Damit wird vieles anders. Für Angestellte führt ja der Arbeitgeber nicht nur die Beiträge zur gesetzlichen Renten- und Krankenversicherung ab, sondern er zahlt auch 50 % der Beiträge. Angestellte haben Anspruch auf Lohnfortzahlung im Krankheitsfall und auf Arbeitslosengeld.

Das alles ändert sich nun. Selbstständigkeit bedeutet also den Ausstieg aus dem sozialen Netz.

Soll ich freiwillig weiter in die gesetzliche Rentenversicherung einzahlen?

Das fragen viele, die sich selbstständig machen. Im Allgemeinen lohnt sich das aber nur, wenn damit Ansprüche auf eine Rente wegen Erwerbsminderung aufrechterhalten werden können. Dies ist nur dann der Fall, wenn bereits vor dem 1. Januar 1984 mindestens 60 Monate Beiträge zur gesetzlichen

Rentenversicherung entrichtet wurden und wenn die Zeit nach dem 1. Januar 1984 lückenlos mit rentenrechtlich relevanten Zeiten belegt ist.
Wenn Sie unsicher sind, ob sich das für Sie lohnt, fragen Sie am besten bei der Deutschen Rentenversicherung nach.

Kann man selbstständig/freiberuflich tätig sein und trotzdem gesetzlich pflichtversichert?
Bestimmte Berufsgruppen unterliegen auch in der Selbstständigkeit der Versicherungspflicht in der gesetzlichen Rentenversicherung. Hierzu gehören unter anderem selbstständige Lehrerinnen und Erzieherinnen, freiberufliche Hebammen oder Selbstständige mit nur einem Auftraggeber, selbstständige Pflegepersonen, Physiotherapeutinnen, Ergotherapeutinnen, aber nur dann, wenn sie keine versicherungspflichtigen Arbeitnehmer oder Auszubildende beschäftigen. Genaueres erfahren Sie bei der Deutschen Rentenversicherung.

Gibt es eigene Versorgungswerke für Freiberuflerinnen/Freiberufler?
Einige Berufsgruppen, wie zum Beispiel Anwälte, Architekten, Ärzte, Apotheker, Psychotherapeuten haben eigene berufsständische Versorgungswerke, in denen sie pflichtversichert sind. Sie müssen einen einkommensabhängigen Beitrag entrichten. Sie können aber auch mehr als den Pflichtbeitrag einzahlen, um die spätere Rente zu erhöhen. An den Beitrag gekoppelt ist eine Absicherung bei Berufsunfähigkeit.
Alle anderen Selbstständigen und Freiberuflerinnen müssen bei Absicherung der Arbeitskraft und Altersvorsorge selbst tätig werden.

Die private Altersvorsorge ist für Selbstständige und Freiberuflerinnen besonders wichtig, weil sie nicht, wie alle Angestellten, zwangsweise in die gesetzliche Rentenversicherung einzahlen. Es gibt für sie auch keine betriebliche Altersversorgung und keine Riester-Rente.

Beispiel 1:

Hanna S., 40, verheiratet, zwei Kinder

Sie hat sich als Buchhalterin selbstständig gemacht. Ihre Aufträge kommen von kleinen Betrieben, denen sie die Buchführung abnimmt. Hanna S. kann von zu Hause aus arbeiten, das spart Kosten und ermöglicht ihr, die Arbeitszeit frei einzuteilen. Ihr Mann ist beruflich viel unterwegs, sodass sie die Kinderbetreuung mehr oder minder alleine übernimmt.

Absicherung

Die wichtigste Risikoabsicherung ist die Berufsunfähigkeitsversicherung, mit der sie ihr Einkommen und ihre Arbeitskraft absichert, für den Fall, dass sie durch schwere Krankheit oder einen Unfall längere Zeit oder dauerhaft nicht mehr arbeiten kann.

Hanna S. ist gesund, die Aufnahme kein Problem.

Für eine BU-Rente von 1200 Euro zahlt sie monatlich 95 Euro.

Unbedingt braucht Hanna S. ein Tagesgeldkonto, auf dem sie Geld für notwendige Anschaffungen und für Steuerzahlungen zurücklegt. Sie sollte mit der Steuerberaterin sprechen, wie hoch die Rücklagen für Steuerzahlungen sein müssen, damit es keine unliebsamen Überraschungen gibt.

Vermögensbildung

In 13 Angestelltenjahren hat Hanna S. eine gesetzliche Rente von etwa 500 Euro erworben. Das reicht natürlich hinten und vorne nicht. Sobald es finanziell möglich ist, muss sie deshalb mit der Altersvorsorge beginnen.

Wenn das Geld noch knapp ist, sind Fondssparpläne ideal. Schon ab 50 Euro im Monat sind Einzahlungen möglich. Fondssparpläne sind flexibel, das heißt, Hanna S. kann ihre Einzahlungen jederzeit erhöhen, aussetzen oder auch zusätzliche einmalige Einzahlungen leisten.

Steigen die Einnahmen, sollte Hanna S. in die Rürup-Rente investieren. Diese ist besonders für Selbstständige und Freiberufler interessant. Die Rürup-Rente bietet eine hohe Steuerersparnis: Bis zu 20 000 Euro könnte sie jährlich einzahlen, natürlich auch wesentlich weniger. 78 % der jährlichen Einzahlung können 2014 steuerlich geltend gemacht werden. Der absetzbare Betrag steigt jährlich um 2 % an, bis 100 % Absetzbarkeit im Jahr 2040 erreicht sind.

Ist die finanzielle Situation nicht so rosig, ist die Rürup-Rente ebenfalls eine Überlegung wert. Denn das Kapital, das in eine Rürup-Rente eingezahlt wird, bleibt bei einer eventuellen Insolvenz unangetastet. Es fällt nicht in die Insolvenzmasse.

Flexibel ist die Rürup-Rente in bestimmten Grenzen auch. Hanna S. kann etwa einen monatlichen Beitrag wählen, der für sie aller Voraussicht nach immer zahlbar ist. Hat sie dann in einem Jahr gut verdient, kann sie durch eine Zuzahlung den Beitrag und damit die spätere Rente erhöhen.

Die Nachteile der Rürup-Rente (nicht vererbbar, nicht als Kapital auszahlbar, nicht beleihbar, spätere Rente wird besteuert) nimmt Hanna S. in Kauf. Wäre sie angestellt, könnte sie sich ja die gesetzliche Rente auch nicht auszahlen lassen.

Ihr geht es vorrangig um die eigene Absicherung und – da ihr Geschäft aussichtsreich ist – um eine mögliche Steuerersparnis.

Neben Fondssparplan und Rürup-Rente ist natürlich immer eine klassische private Rentenversicherung interessant. Hier können die Beiträge nicht steuerlich abgesetzt werden. Dafür wird aber auch die spätere Rente nur geringfügig besteuert. Und am Ende der Laufzeit könnte Hanna S. auch die Kapitalauszahlung wählen. Vererbbar ist die private Rentenversicherung natürlich auch.

Beispiel 2:

Claudia B., 36, Grafik-Designerin, ein einjähriges Kind

Bei ihr sieht es etwas anders aus.

Sie hat Grafikdesign studiert und kann als Selbstständige einen Antrag auf Pflichtversicherung bei der Künstlersozialkasse stellen. Das ist die Sozialversicherung für Künstler und Publizisten. Sie umfasst gesetzliche Rentenversicherung, Krankenversicherung und Pflegeversicherung. Der Vorteil: Ähnlich wie Festangestellte muss sie nur für die Hälfte ihrer Beiträge selbst aufkommen. Bei Festangestellten zahlt die andere Hälfte der Arbeitgeber. Bei Künstlern wird sie durch einen Zuschuss des Bundes getragen und durch eine Abgabe der Unternehmen, die Leistungen und Werke von Künstlern und Publizisten in Anspruch nehmen.

Absicherung

Hier gilt das Gleiche wie für alle Selbstständigen. Eine Absicherung der Arbeitskraft ist unverzichtbar. Menschen mit künstlerischen oder verwandten Berufen wird allerdings oft der Zugang zu einer Berufsunfähigkeitsversicherung verwehrt. Der Grund: Eine geringe körperliche Beeinträchtigung oder der Verlust der Kreativität kann schon zu einer Berufsunfähigkeit führen.

Es gibt aber eine Alternative: Die Grundfähigkeitsversicherung, die im Kapitel »Diese Versicherungen müssen Sie unbedingt haben!« genauer beschrieben ist. Diese Versicherung zahlt beim Verlust bestimmter Fähigkeiten wie Sehen, Hören,

Sprechen, Gehen, Stehen, Autofahren usw. eine monatliche Rente. Der aktuell ausgeübte Beruf spielt für die Aufnahme keine Rolle.

Ein Vorteil der Grundfähigkeitsversicherung ist, dass sie auch dann zahlt, wenn der Beruf noch ausgeübt werden kann.

Für eine monatliche Grundfähigkeitsrente von 1200 Euro zahlt Claudia B. monatlich einen Beitrag von 55 Euro.

Vermögensbildung

Da Claudia B. über die Künstlersozialkasse in die gesetzliche Rente einzahlt, kann sie einen Riester-Vertrag abschließen. Das sollte sie unbedingt tun, denn staatliche Zulage und Steuerersparnis machen die Verträge attraktiv. Für sich selbst bekommt sie die Zulage von 154 Euro und für ihr 2013 geborenes Kind sogar 300 Euro. Ein lukrativer Sparvertrag.

Darüber hinaus sind die gleichen Geldanlagen interessant, die für alle Selbstständigen infrage kommen: Fondssparpläne, private Rentenversicherung, Rürup-Rente.

Interessant:

Frauen holen auf! Fast genauso viele selbstständige Frauen wie Männer kümmern sich mittlerweile um ihre Altersversorgung. Allerdings investieren Männer mit monatlich ca. 600 Euro fast doppelt so viel wie Frauen (ca. 310 Euro).

Nicht überraschend ist die Verteilung der Prioritäten: Für Frauen ist Sicherheit der wichtigste Aspekt, für Männer Rendite!

Ist mit 50 schon alles zu spät?

Besser spät als nie, können wir da nur sagen!

Sonja D., 52, hat nach langer Familienzeit und Scheidung beruflich wieder Fuß gefasst. Die verlorene Zeit wird sie allerdings rentenmäßig nicht mehr ganz aufholen können. Für sie ist deshalb ein Altersvorsorgecheck ganz besonders wichtig. Er zeigt ihr, wie groß die Lücke ist und wie sie diese noch schließen kann. Die zu erwartende gesetzliche Rente wird auf jeden Fall deutlich unter ihrem derzeitigen Nettoeinkommen liegen.

Die vorhandenen Mittel:
Ihre gesetzliche Rente beträgt 800 Euro. Aus dem Zugewinnausgleich bei der Scheidung hat sie 50 000 Euro zur Verfügung. Sie selbst kann monatlich 200 Euro sparen.

Sie wissen es bereits: Die Liquiditätsreserve ist in jedem Lebensalter nötig, also auch für Sonja D. Die Berufsunfähigkeitsversicherung hat sie schon lange, sodass sie auch hier abgesichert ist, falls sie wegen schwerer Krankheit oder Unfall nicht mehr arbeiten kann.

Unbedingt abschließen sollte Sonja D. die Riester-Rente. Da ihre beiden Kinder noch im Studium sind, sie also Kindergeld erhält, lohnt sich das für sie. Denn sie bekommt pro Kind im Jahr 185 Euro Riester-Zulage und für sich selbst 154 Euro.

Das Jahreseinkommen von Sonja D. beträgt 35 600 Euro. Für die Riester-Rente zahlt sie demnach monatlich 75 Euro (4 % vom Bruttoeinkommen abzüglich Zulagen).

Die restlichen 125 Euro, die sie monatlich zum Sparen übrig hat, kann sie in eine private Rentenversicherung investieren oder in einen Fondssparplan. Sonja D. ist sicherheitsbewusst und möchte lieber noch einen sicheren Baustein. Deshalb gefällt ihr die Rentenversicherung besser.

Die 50 000 Euro sollte sie auf mehrere erstklassige Fonds aufteilen. Besonders gut geeignet sind für sie gemischte Fonds mit unterschiedlich hohem Aktienanteil von 10 % bis 50 %. Ebenfalls interessant für Sicherheitsbewusste sind offene Immobilienfonds und Rentenfonds.

Ihr Altersvorsorge-Konzept

Mit einer durchschnittlichen Rendite von mindestens 4 % pro Jahr kann sie bis zum Rentenalter aus den 50 000 Euro ca. 90 000 Euro machen.

Und so könnte es für Sonja D. aussehen:

gesetzliche Rente	800 €
Riester-Rente	120 €
private Rentenversicherung	150 €
Renten insgesamt	1070 €
Auszahlplan aus den Fonds	500 € monatlich
	1570 €

Wenn Sonja D. aus den 90 000 Euro monatlich 500 Euro entnimmt und das Geld zu 4 % angelegt ist, reicht das Geld 22 Jahre.

Mit 66 Jahren, da fängt das Leben an ...

Für die Großmutter von Bertolt Brecht, deren letzte Lebensjahre er in seiner Geschichte »Die unwürdige Greisin« beschreibt, fing das Leben nach dem Tod ihres Mannes an. Da war sie 72 Jahre alt.
Ihre Familie erwartete das Übliche, dass also die Großmutter weiter in Bescheidenheit und in Aufopferung für die Familie lebte. Aber nein! Zum Erstaunen, ja zum Entsetzen der Verwandtschaft tat sie Unerhörtes: Sie löste sich aus den kleinbürgerlichen Zwängen ihres Alltags und lebte zum ersten Mal in ihrem Leben nur zu ihrem Vergnügen. Sie trank jeden Tag ein Gläschen Rotwein, ging ab und zu ins Kino, aß zuweilen in einem Gasthaus und fuhr sogar einmal mit einer gemieteten Kutsche zum Pferderennen. Und obendrein suchte sie

noch die Gesellschaft eines Flickschusters, der im Verdacht stand, ein Sozialdemokrat zu sein. Zu damaliger Zeit waren das lauter unerhörte Dinge für eine verwitwete alte Frau.

Und heute?
Lilo S. ist 71 und genießt nach vielen anstrengenden Berufsjahren als Chefsekretärin ihren wohlverdienten Ruhestand.
Nach einem gemütlichen Frühstück macht sich Lilo S. auf den Weg in die Stadt. Die Sonne scheint. Der Bummel durch die schönen Geschäfte macht Spaß. Außerdem braucht sie unbedingt noch ein schickes Outfit für die Schlemmerreise ins Elsass, zu der sie nächste Woche aufbricht.
Sie hat ihren Lebensgefährten mit dieser Reise beim Abendessen im »Rigolettos« überrascht. Wie der sich gefreut hat! Das war toll!
Mittags trifft sie sich mit einer Freundin auf einen Snack und ein Glas Prosecco. Oje, schon beinahe drei Uhr! In einer halben Stunde beginnt ihr regelmäßiger Kosmetiktermin. Jetzt aber los!
Lilo S. geht es einfach gut. Sie hat rechtzeitig vorgesorgt.

Die Lebensumstände und die Ansprüche haben sich seit den Zeiten von Brechts Großmutter grundlegend geändert.
Experten warnen sogar: So manche Hoffnung auf eine Erbschaft dürfte sich als Illusion erweisen. Denn: Die Generation der heute über 60-Jährigen lebe und konsumiere anders als alle Generationen vor ihr.

Die Senioren von heute möchten aus dem letzten Lebensdrittel das Beste machen. Sie genießen die Muße, die Befreiung von Arbeitsstress und familiären Pflichten. Sie sind die Hauptbucher von Kreuzfahrten und Wellness-Urlauben. Sie möchten ins Theater gehen, gute Restaurants aufsuchen und ihre Hobbys pflegen.

Ihr Altersvorsorge-Konzept

Auch wir machen die Erfahrung: Noch vor 20 Jahren wollte beinahe jede Frau, die zu uns zur Beratung kam, ihr Gespartes ihren Kindern vererben. Heute, angesichts niedriger Renten, wollen die meisten Frauen selbst gut leben, die viele freie Zeit genießen. Und dazu braucht es nun mal Geld!

Erntezeit!
Ihre Fonds haben sich gut entwickelt, etwas geerbt haben Sie auch. Wenn Sie eine Kapital-Lebensversicherung haben, ist jetzt die Auszahlung einer größeren Summe fällig, die lukrativ angelegt werden kann. Ist es eine private Rentenversicherung, die jetzt zur Auszahlung kommt, können Sie wählen zwischen einer monatlichen Rente, die steuerlich begünstigt ist und lebenslang gezahlt wird, oder einer einmaligen Kapitalauszahlung. Alles in allem liegen 100 000 Euro auf Ihrem Konto.

Nach unserer langjährigen Beratungserfahrung gibt es in diesem Alter meist zwei Szenarien für die Anlage des Geldes:

Szenario 1: Die Rente reicht

Mit gesetzlicher Rente, Betriebsrente und privaten Geldanlagen können Sie den gewohnten Lebensstandard aufrechterhalten.
Das Kapital, über das Sie nun verfügen, möchten Sie gern so anlegen, dass es Ihnen im hohen Alter und bei eventueller Hilfs- und Pflegebedürftigkeit zur Verfügung steht.
Das Geld soll ohne großes Risiko, aber dennoch lukrativ angelegt werden. Dafür sind Rentenfonds, besonders aber vermögensverwaltende Fonds mit kleinem bis mittlerem Aktienanteil sehr gut geeignet.

Szenario 2: Die Rente reicht nicht

Wenn Ihre Einnahmen im Ruhestand nicht reichen, um Ihren gewohnten Lebensstandard aufrechtzuerhalten, müssen Sie Ihr Geld so anlegen, dass Sie laufende Einnahmen daraus haben. Dafür geeignet sind:

Private Rentenversicherung

Wenn Sie mit 67 beispielsweise 50 000 Euro einzahlen, können Sie ab sofort eine monatliche, lebenslange Rente von 236 Euro erhalten.

Vertrauen ist gut, Kontrolle ist besser.
Mein Mann (65) hat mich immer in dem Glauben gelassen, dass er eine Rentenversicherung für sich und eine für mich abgeschlossen hat, und zwar bereits vor 30 Jahren. Nun hat er auf meine Nachfragen hin eingeräumt, dass beide Versicherungen auf seinen Namen laufen. Ich bin stinksauer! Da ich immer nur halbtags gearbeitet habe, wird meine Rente entsprechend gering ausfallen. Was soll ich denn jetzt tun?

Es gibt unserer Meinung nach nur einen Weg: Sie verlangen von Ihrem Mann, dass er Ihnen für eine der beiden Rentenversicherungen das unwiderrufliche Bezugsrecht im Todes- und Erlebensfall einräumt. Dazu genügt ein Schreiben an die Versicherungsgesellschaft. Dann bekommen Sie das in dieser Versicherung angesparte Geld in jedem Fall. Das Bezugsrecht muss »unwiderruflich« eingeräumt werden, weil es dann nur mit Ihrem Einverständnis geändert werden kann.

Entnahmeplan mit Fonds

Bei vielen Fonds gibt es die Möglichkeit, einen sogenannten Auszahlplan zu vereinbaren. Das heißt, aus dem jeweiligen Fonds lassen Sie sich an jedem 1. oder 15. eines Monats die gewünschte Summe auf Ihr Konto überweisen. Geeignet für solche Auszahlpläne sind Fonds, die nur geringe oder gar keine Schwankungen aufweisen wie z. B. Rentenfonds und Mischfonds mit kleinem Aktienanteil.

Sehr bewährt hat sich ein Modell, mit dem wir seit vielen Jahren erfolgreich arbeiten. Es funktioniert so: Ein Teil des vorhandenen Kapitals wird auf einen risikoarmen Rentenfonds eingezahlt. Aus diesem Fonds lassen Sie sich mithilfe des Auszahlplans jeden Monat die gewünschte Summe überweisen. Das Kapital wird also über einen bestimmten Zeitraum verzehrt.
Das restliche Kapital wird parallel in lukrativere Mischfonds mit etwas höherem Aktienanteil investiert und soll dort »arbeiten« und wieder »wachsen«.

Das hat Vorteile, denn Fonds sind flexibel, das heißt, das Geld, das in Fonds investiert ist, steht jederzeit zur Verfügung, kann also ganz oder teilweise abgerufen werden. Die Summe, die über einen Auszahlplan jeden Monat entnommen wird, kann erhöht oder reduziert oder auch ganz ausgesetzt werden.

Festverzinsliche Wertpapiere

Im gleichnamigen Kapitel finden Sie genauere Beschreibungen der bekanntesten Papiere. Allen gemeinsam ist, dass sie eine feste Laufzeit haben (von zwei bis 30 Jahren) und einen festen Zins zahlen, der über die gesamte Laufzeit gleich bleibt.
Die Zinszahlungen erfolgen in der Regel einmal jährlich.
Zinszahlungen unterliegen der Abgeltungssteuer, wenn Sie den Freibetrag von jährlich 801 Euro schon ausgeschöpft haben.

Verrenten Sie Ihre Immobilie

Sie besitzen eine schuldenfreie Immobilie? Das ist schön für Sie. Sie können also im Ruhestand mietfrei wohnen. Aber eine selbst bewohnte Immobilie ist in dieser Lebensphase nicht für alle eine Freude, besonders wenn größere Reparaturen anstehen und die finanziellen Mittel knapp sind. Und vor allem dann nicht, wenn die Rente nicht reicht und alle Ersparnisse in der Immobilie gebunden sind.

Was tun? Verkaufen Sie doch Ihr Haus gegen eine Leibrente und lebenslanges Wohnrecht! Oder nehmen Sie eine sogenannte Umkehrhypothek auf Ihr Haus auf. In anderen Ländern, z. B. in den USA, Frankreich und Spanien, sind solche Modelle seit Jahrzehnten beliebt. In Deutschland ist das Interesse zwar da, aber wir Deutschen haben eben ein anderes Verhältnis zu Haus und Grund. Da dauert es etwas länger, bis so etwas reift.

Zwei Modelle gibt es:

DIE UMKEHRHYPOTHEK (REVERSE MORTGAGE)

Sie als Haus- oder Wohnungseigentümerin nehmen bei einer Bank oder Versicherung, die dieses Modell anbietet, einen Kredit auf. Den Kredit bekommen Sie entweder als einmalige Summe ausgezahlt oder in Raten, quasi als Rente. Oder in einer Kombination aus beidem. Zins und Tilgung werden gestundet und erst am Ende des Vertragsverhältnisses bezahlt. Das bedeutet: Bei Ihrem Tod geht das Haus an die Bank oder Versicherung, und der Kredit und die aufgelaufenen Zinsen werden damit beglichen.

LEIBRENTE

Hier geht das Eigentum am Haus sofort an die Bank oder einen privaten Käufer über. Sie haben ein lebenslanges Wohnrecht, vertraglich zugesichert, und erhalten, solange Sie leben, eine monatliche Rente.

Die Rente wird berechnet aus dem vereinbarten Preis der Immobilie und der statistischen Lebenserwartung. Das Ganze muss mit einem notariellen Vertrag besiegelt werden. Häufig wird die lebenslange Rente an die Inflationsrate gekoppelt, sodass die Rente auch steigen kann.

Mehrere Banken haben in den vergangenen Jahren versucht, solche Modelle auf den Weg zu bringen. Sie sind alle an mangelndem Interesse gescheitert. Denn die Leibrente beispielsweise ist für beide Seiten nicht einfach: Die Rentnerin gibt ihr Haus aus der Hand, und der Käufer geht das »Risiko« ein, dass die Rentnerin sehr lange lebt.

In den letzten Jahren zeichnet sich aber eine Trendwende ab. Einige öffentlich-rechtliche Förderbanken und private Firmen bringen solche Produkte auf den Markt. Wir sind gespannt!

Sie haben Lust weiterzuarbeiten?
Dann befinden Sie sich in guter Gesellschaft. 11 % der 65- bis 85-Jährigen arbeiten noch regelmäßig, 20 % der 65- bis 69-Jährigen und 10 % der 70- bis 74-Jährigen.

Was sind die Gründe für »Arbeit trotz Rente«? Natürlich wollen viele ihre Rente damit aufstocken, um einen größeren finanziellen Spielraum zu haben. Wer die Regelaltersgrenze von 65 Jahren + x Monaten erreicht hat, darf ja monatlich unbegrenzt dazuverdienen.
Wer eine volle vorzeitige Altersrente vor Erreichen der Regelaltersgrenze oder eine volle Erwerbsminderungsrente bezieht, kann monatlich 450 Euro dazuverdienen.

Wir wissen aber aus unserer langjährigen Beratungstätigkeit, dass nicht nur der Zuverdienst wichtig ist. Eine große Rolle spielen Motive wie das Gefühl, gebraucht zu werden, etwas

Sinnvolles tun zu wollen, Bestätigung und Anerkennung zu bekommen und soziale Kontakte zu haben.

Versicherungscheck

Der Renteneintritt ist eine gute Zeit, um zu prüfen, welche Versicherungen Sie wirklich (noch) brauchen.

Zum Beispiel die *Hausratversicherung:*
Wenn Sie Wertgegenstände vererben oder verkaufen, etwa weil ein Umzug in eine kleinere Wohnung ansteht, sollten Sie das dem Versicherer mitteilen. Er berechnet dann den Beitrag neu. Manche Versicherungsgesellschaften bieten auch Sondertarife für Senioren an.

Sind Sie in einem *Ehrenamt* tätig? Dann sollten Sie prüfen, ob die Organisation, für die Sie tätig sind, Sie auch gegen Schadenersatzansprüche versichert hat.

Wenn Sie häufig verreisen, garantiert eine *Auslandskrankenversicherung* die komplette Übernahme der Krankenkosten im Urlaub und den Rücktransport.

Ältere Menschen sind unfallgefährdet.
Wer also eine *Unfallversicherung* zu guten Konditionen hat, die unbegrenzt läuft, sollte sie behalten.
Wenn Sie noch keine Unfallversicherung haben, sollten Sie eine abschließen.
Für ältere Menschen sehr sinnvoll sind spezielle Senioren-Unfallversicherungen. Ganz besonders, wenn diese allein leben und niemanden in der Nähe haben, der sich um sie kümmert.

Senioren-Unfallversicherungen bieten sogenannte Assistance-Leistungen, also Hilfe- und Pflegeleistungen direkt nach dem

Unfall an. Das heißt, die Versicherungsgesellschaft schaltet Hilfsdienste, sogenannte Assisteure, ein, wie z. B. die Johanniter.

Hilfeleistungen können beispielsweise sein: die tägliche Versorgung mit einem Essen, Einkäufe und andere Erledigungen, Begleitung zum Arzt oder zu Behörden, Reinigung der Wohnung einmal wöchentlich etc.

Und für die *Kfz-Versicherung* gilt: Waren Sie Berufspendler, sollten Sie sich bei Renteneintritt bei Ihrer Versicherung nach einem günstigeren Tarif erkundigen. Viele Versicherungen senken den Beitrag um bis zu 10 %, wenn Sie weniger fahren. Auch wenn nur noch ein Ehepartner mit dem Wagen fährt, sollten Sie das der Versicherung mitteilen. Denn auch das senkt die Kosten.

KAPITEL 11

Vorsorge für schwere Zeiten

Pflege – das unterschätzte Risiko!

Es ist wunderbar, dass wir alle immer älter werden, länger leben und viel freie Zeit im Ruhestand mit Familie, Hobbys etc. verbringen können.

Eine schöne Vorstellung, aber leider nur eine Seite der Medaille. Die andere, die wir nicht so gerne wahrhaben wollen, ist, dass fast jede zweite Person irgendwann pflegebedürftig werden wird.

Nach Angaben des Bundesministeriums für Gesundheit sind in Deutschland derzeit rund 2,5 Millionen Menschen pflegebedürftig, davon doppelt so viele Frauen wie Männer.

Für 2050 rechnet das Ministerium mit etwa fünf Millionen Leistungsempfängern.

800 000 Menschen leben derzeit in Pflegeheimen – Tendenz steigend.

Wann ist ein Mensch pflegebedürftig?

Die Pflegebedürftigkeit eines Menschen wird im Sozialgesetzbuch § 14 SGB XI definiert. Dabei werden vier Pflegestufen unterschieden:

Pflegestufe 0	**Eingeschränkte Alltagskompetenz:** Personen mit eingeschränkter Alltagskompetenz (§ 45a SGB XI). Regelmäßig Hilfe notwendig, jedoch nicht Pflegestufe I.
Pflegestufe I	**Erhebliche Pflegebedürftigkeit:** Einmal täglich Grundpflege, Dauer mind. 45 Minuten, plus weitere Hilfe, z. B. im Haushalt und beim Essen, insges. 90 Minuten pro Tag.
Pflegestufe II	**Schwere Pflegebedürftigkeit:** Dreimal täglich Grundpflege, Dauer mind. 2 Stunden, plus weitere Hilfe, z. B. im Haushalt und beim Essen, insges. 3 Stunden am Tag.
Pflegestufe III	**Schwerste Pflegebedürftigkeit:** Rund um die Uhr Grundpflege, Dauer mind. 4 Stunden, plus Hilfe im Haushalt, beim Essen und Hilfe in der Nacht, insges. 5 Stunden am Tag.

Bei Kassenpatienten attestiert immer der medizinische Dienst der gesetzlichen Krankenversicherung die Pflegebedürftigkeit. Für Privatpatienten ist der Dienstleister Medicproof zuständig. Ein Gutachter besucht die Versicherten in der Regel zu Hause und stellt fest, welche Pflegestufe vorliegt. Leistungen nach dem Pflegeversicherungsgesetz werden erst gewährt, wenn ein entsprechender Antrag beim Versicherungsträger gestellt wurde und die Leistungsvoraussetzungen erfüllt sind.

Was kostet ein Pflegefall im Heim?

Die Kosten bei Pflegebedürftigkeit hängen von der Einstufung in die jeweilige Pflegestufe und vom Pflegestandort ab. Hier die durchschnittlichen Pflegekosten in Deutschland:

	Pflegestufe I	Pflegestufe II	Pflegestufe III
Heimkosten mtl. inkl. Verpflegung	2365,– €	2795,– €	3252,– €
Zuschuss der Pflegekasse	1023,– €	1279,– €	1550,– €
Eigenanteil	**1342,– €**	**1516,– €**	**1702,– €**

Günstiger kann die Pflege durch Angehörige und/oder mithilfe eines ambulanten Pflegedienstes zu Hause sein. Das funktioniert oft nur in Pflegestufe I. Wird eine persönliche Pflegekraft angestellt, kann es sehr schnell auch teurer werden. Reicht die Rente für diese Kosten aus?

Wie viel leistet die Pflegepflichtversicherung?

Die Leistungen der Pflegepflichtversicherung sind gleich hoch, egal ob Sie bei einer gesetzlichen oder privaten Krankenversicherung versichert sind.

	Sachleistung (z. B. für ambul. Sozialdienste)		Geldleistung (Pflegegeld ohne Kostennachweis, z. B. bei Pflege durch Angehörige)		Stationäre Pflege im Heim
	monatl. Leistung ohne Demenz	mit Demenz	monatl. Leistung ohne Demenz	mit Demenz	monatliche Leistung
Pflegest. 0	0,– €	225,– €	0,– €	120,– €	–
Pflegest. I	450,– €	665,– €	235,– €	305,– €	1023,– €
Pflegest. II	1100,– €	1250,– €	440,– €	525,– €	1279,– €
Pflegest. III	1550,– €	1550,– €	700,– €	700,– €	1550,– €
Pflegest. III *Besondere Härtefälle*	1918,– €	1918,– €	–	–	1918,– €

Wer zahlt, wenn das Geld nicht reicht?

Gesetzliche Pflegeversicherung und eigene Einkünfte bzw. eigenes Vermögen reichen in den meisten Fällen nicht aus, um die hohen Kosten für Pflege und stationäre Unterbringung zu decken. Ist ein Elternteil im Pflegeheim, muss der andere Elternteil für die nicht gedeckten Kosten aufkommen. Im Prinzip muss das gesamte Hab und Gut dafür eingesetzt werden, außer einer eisernen Reserve, die bis zu 2600 Euro betragen darf. Besitzen die Eltern eine Immobilie, in der ein Elternteil noch wohnt, muss diese nicht veräußert werden. Anders ist es bei einer vermieteten Immobilie. Diese gehört nicht zum sogenannten Schonvermögen und muss deshalb für die Deckung der Heimkosten eingesetzt werden. Es sei denn, diese vermietete Immobilie ist ihre einzige Altersversorgung.

Reicht das alles nicht, springt zunächst das Sozialamt ein, nimmt aber dann die Kinder in die Pflicht. Diese müssen gegenüber dem Sozialamt ihre Einkommens- und Vermögensverhältnisse offenlegen, auch die der Ehepartner. Das Sozialamt darf sogar bei Banken und beim Arbeitgeber nach Konten und Einnahmen fragen.
Auch Schenkungen der Eltern aus den letzten zehn Jahren können vom Sozialamt zurückgefordert werden.

Wie wird der Elternunterhalt berechnet?

Der Berechnung zugrunde gelegt wird das gesamte Nettoeinkommen der Familie (Gehalt, Einkommen aus selbstständiger Tätigkeit, Kapitalerträge, Mieten etc.). Davon abgezogen werden ein sogenannter Selbstbehalt von derzeit monatlich 1600 Euro für Alleinstehende bzw. 2880 Euro für Verheiratete sowie der Unterhalt für eigene Kinder (die Höhe hängt vom Alter der Kinder und vom Einkommen ab). Von dem nach Abzug des Selbstbehalts verbleibenden Einkommen ist nur die Hälfte für den Elternunterhalt einzusetzen – bei einem Einkommen von 2000 Euro verbleiben dem Unterhaltspflichtigen z. B. 1800 Euro (1600 + 400 : 2). Außerdem werden die Zins- und Tilgungsraten für Kredite angerechnet, wenn diese vor Beginn der Pflegebedürftigkeit der Eltern aufgenommen worden sind.

Und was ist mit meiner Altersvorsorge?

Auch die wird berücksichtigt. Sie dürfen 5 % Ihres Bruttogehalts für die eigene Altersvorsorge zurücklegen, und zwar für jedes Jahr Ihrer Berufstätigkeit. Wenn Sie z. B. im Jahr 35 000 Euro verdienen, sind das 1750 Euro jährlich. Für 30 Berufsjahre ergeben sich beispielsweise 52 500 Euro, die nicht für den Unterhalt der Eltern eingesetzt werden müssen. Selbstständige dürfen sogar 25 % für die Altersvorsorge aufwenden. Wie Sie Ihr Geld für Ihre Altersvorsorge anlegen, ist Ihnen freigestellt.

Darf man sonst noch was behalten?

Zum sogenannten Schonvermögen gehört, wie schon gesagt, eine selbst bewohnte Immobilie, ebenso eine Rücklage für Notfälle von ca. 10 000 Euro. Außerdem persönlicher Hausrat, Familien- und Erbstücke, Musikinstrumente, Bücher etc., Sterbegeldversicherungen und Bestattungsvorsorgeverträge in angemessener Höhe (bis 6000 Euro).

In so einem Fall müssen Sie nicht zahlen:

Meine Mutter ist ein Pflegefall; ihre Rente reicht nicht für die Heimkosten. Nun verlangt das Sozialamt, dass ich für die Kosten aufkomme. Aber meine Mutter hat mich vernachlässigt und misshandelt. Ich bin in einem Heim aufgewachsen, nachdem mich das Jugendamt ihr weggenommen hat. Kontakt zu ihr hatte ich danach nicht mehr. Ich sehe nicht ein, warum ich für diese Frau jetzt zahlen soll!

Das müssen Sie auch nicht. Die Verfehlungen Ihrer Mutter waren so schwerwiegend, dass es Ihnen nicht zugemutet werden kann, jetzt für sie aufzukommen. Wenn Sie dem Sozialamt diesen Sachverhalt mitteilen und auf Verlangen auch durch Unterlagen nachweisen, entfällt Ihre Unterhaltsverpflichtung.

Wichtig:
Sie sollten sich von einer Fachanwältin/einem Fachanwalt für Familienrecht oder Sozialrecht beraten lassen, wenn das Sozialamt auf Sie zukommt und Unterhalt von Ihnen verlangt. Laut Stiftung Warentest sind die Berechnungen der Sozialämter nicht immer richtig.

Ein Fall von höchster Brisanz – Die Ehefrau ohne eigenes Einkommen

In den Medien kommt dieses Problem kaum vor. Dabei ist es von größter Tragweite, wie ein Fall aus unserer Beratungspraxis zeigt:

Maria N., 65, war nur kurz berufstätig. Deshalb bezieht sie nur eine geringe Rente von ca. 150 Euro. Ihr Ehemann ist Anfang 70 und mittlerweile pflegebedürftig in Pflegestufe III. Ein Heimaufenthalt ist nicht mehr zu vermeiden. Der Ehemann hat eine Rente von monatlich 2000 Euro. Diese Rente und die gesetzliche Pflegeversicherung decken gerade so die Kosten eines bescheidenen Pflegeheims.

Aber wovon lebt dann Maria N.?
Das Ehepaar besitzt ein bezahltes Reihenhaus, in dem Maria N. lebt. Mietkosten hat sie also nicht. Das Haus darf sie be-

halten, muss es also nicht veräußern. Kinder, die Maria N. unterstützen könnten, gibt es nicht.

Maria N. ist verzweifelt. Sie wird die staatliche Grundsicherung beantragen müssen, weil sie von ihren 150 Euro Rente nicht leben kann.

Dieser Fall zeigt uns wieder, wie wichtig es ist, dass Frauen nicht ihren Ehemann als Altersvorsorge betrachten, sondern einer bezahlten Arbeit nachgehen und eine eigene Rente aufbauen.
Wenn aber ein solch traditioneller Lebensplan gewünscht ist – also Mann arbeitet, Frau versorgt den Haushalt –, hätte sich das Ehepaar rechtzeitig Gedanken machen und eine private Pflegezusatzversicherung abschließen müssen, von einer eigenen Altersversorgung für die Frau einmal ganz abgesehen. Maria N. hätte dann eine eigene Rente, und die Pflegezusatzversicherung würde neben der gesetzlichen Pflegeversicherung einen Teil der Heimkosten übernehmen.

Die PflegeZUSATZversicherung – ein MUSS

Nichts macht den Deutschen so viel Angst wie die Vorstellung, einmal nicht mehr für sich selbst sorgen zu können und gepflegt werden zu müssen. Aber sie unternehmen nichts dagegen. Stattdessen warten sie offenbar, bis die schlimmsten Befürchtungen Wirklichkeit werden. Nur 2 % der Bevölkerung haben eine private Pflegezusatzversicherung.
Dabei müssen immer mehr Pflegeheimbewohner einen immer höheren Teil der Kosten selbst bezahlen, weil das Geld von der gesetzlichen Pflegeversicherung nicht ausreicht.

Ein Grund ist sicherlich, dass für sehr viele Menschen private Vorsorgemöglichkeiten ein Buch mit sieben Siegeln sind.

Dabei ist es gar nicht so schwer, Bescheid zu wissen, wie Sie gleich sehen werden.

Drei Modelle gibt es bei privaten Pflegezusatzversicherungen, die sich erheblich voneinander unterscheiden.

Pflegekostenversicherung

Sie erstattet Pflegekosten in vereinbarter Höhe. In aller Regel müssen die angefallenen Kosten nachgewiesen werden. Deshalb eignet sich dieser Tarif allenfalls für Menschen, die hauptsächlich professionelle Pflege in Anspruch nehmen wollen. Kosten, die nicht zu klassischen Pflegekosten gehören, werden nicht erstattet. Deshalb ist dieser Tarif relativ unflexibel und wird auch immer seltener angeboten.

Pflegetagegeldversicherung

Bei Pflegebedürftigkeit wird ein vereinbarter Tages- oder Monatssatz (je nach Pflegestufe) bezahlt. Die Höhe der Tagessätze richtet sich nach der Pflegestufe.

Positiv: Man kann über das Geld frei verfügen und muss keine Pflegekosten nachweisen. Deshalb ist diese Art der Versicherung am besten für diejenigen geeignet, die sich im Pflegefall zu Hause, etwa von Freunden oder Angehörigen pflegen lassen wollen.

Achtung: Wer eine solche Versicherung abschließt, sollte in der Lage sein, den monatlichen Beitrag auch langfristig und regelmäßig aufzubringen. Wer in finanzielle Schwierigkeiten gerät und nicht mehr zahlen kann, verliert alles.

Pflegerentenversicherung

Bei Pflegebedürftigkeit erhält die versicherte Person eine garantierte lebenslange monatliche Rente in der vereinbarten Höhe. Diese Rente ist steuerfrei. Das Geld ist frei verfügbar und kann für pflegende Angehörige oder eine Haushaltshilfe oder auch für Heimkosten verwendet werden.
Die Verwendung muss nicht nachgewiesen werden. Die Beitragszahlung kann regelmäßig monatlich oder auch durch einen Einmalbeitrag erfolgen.

Eine Pflegerentenversicherung ist im Vergleich zwar das teuerste, aber auch das flexibelste Modell der privaten Vorsorge. Über das monatlich ausgezahlte Geld kann frei verfügt werden. Darüber hinaus gibt es, je nach Anbieter, weitere Vorteile:
- Die Zahlung kann unterbrochen werden.
- Die Beiträge können bei Arbeitslosigkeit reduziert werden.
- Der Beitrag bleibt während der gesamten Laufzeit stabil und kann nicht erhöht werden.
- Die Versicherten müssen keine Beiträge mehr zahlen, wenn sie pflegebedürftig sind. Bei den meisten Pflegetagegeldpolicen muss man bis zum Lebensende Beiträge zahlen.
- Der Versicherungsschutz kann weltweit gelten.
- Das größte Plus: Bei Demenz gibt es deutlich mehr Geld als in anderen Modellen.

Carola N. fragt:
Ich habe bereits vor Jahren eine private Pflegezusatzversicherung abgeschlossen. Sie ist gar nicht mal so teuer. Geld bekäme ich allerdings erst ab Pflegestufe III. Ist dieser Versicherungsschutz ausreichend?

Wir meinen: Nein. Eine Pflegezusatzversicherung sollte in jedem Fall bereits ab der Pflegestufe I zahlen, besser sogar be-

reits ab der »Pflegestufe 0« (bei erheblich eingeschränkter Alltagskompetenz, zum Beispiel bei Demenz).
Denn die meisten Pflegefälle werden der Pflegestufe I zugerechnet, die wenigsten der Pflegestufe III.

Darauf sollten Sie achten:
Preise und Leistungen der Versicherungen sind sehr unterschiedlich. Außerdem hängen sie vom Alter ab, in dem Sie eine solche Versicherung abschließen. Bei einem Vergleich sollten Sie folgende Fragen stellen:

• Erhält man die volle Zahlung nur bei Pflegestufe III?
• Müssen Beiträge auch im Pflegefall weitergezahlt werden?
• Erfolgt eine gesonderte Prüfung der Pflegebedürftigkeit?
• Welche Leistungen gibt es bei Demenz?
• Grundsätzlich gilt: Je älter Sie bei Vertragsabschluss sind, desto höher sind die Beiträge. Vorerkrankungen können außerdem dazu führen, dass die Versicherungen Risikozuschläge erheben oder die Aufnahme ablehnen.

Und was ist mit dem »Pflege-Bahr«?

Seit 1. Januar 2013 gibt es die »Förder-Pflege«, nach dem damaligen Gesundheitsminister Daniel Bahr auch »Pflege-Bahr« genannt. Der Staat will damit einen Anreiz geben, die Versorgungslücke im Pflegefall zu schließen. Bezuschusst werden nur Pflegetagegeld- und Pflegemonatsgeldversicherungen.

»Pflege-Bahr« wird vom Staat mit 5 Euro monatlich bezuschusst.
Versichern können sich alle ab dem 18. Geburtstag, nach oben gibt es keine Altersgrenze.
Der Eigenbeitrag muss mindestens 120 Euro jährlich, also monatlich 10 Euro betragen.

Bei Pflegestufe III muss die Versicherung mindestens 600 Euro monatlich leisten. Bei Pflegestufe II mindestens 30 %, bei Pflegestufe I mindestens 20 %, bei erheblich eingeschränkter Alltagskompetenz, etwa bei Demenzkranken (Pflegestufe 0), mindestens 10 %.

Es gilt der sogenannte »Kontrahierungszwang«, das heißt, die Versicherung muss unabhängig vom Gesundheitszustand jeden nehmen, der noch nicht pflegebedürftig ist.
Die Versicherungsgesellschaft darf keine Risikozuschläge oder Leistungsausschlüsse verlangen. Anspruch auf Leistungen besteht erst nach einer Wartezeit von fünf Jahren ab Versicherungsbeginn.

Für wen bringt »Pflege-Bahr« Vorteile?

Für Jüngere ist diese staatlich geförderte Zusatzpolice ein guter und *preiswerter Einstieg* für eine Basisabsicherung. Das ist wichtig, weil gerade jüngere Menschen das Thema Pflege gern verdrängen. Es ist einfach noch zu weit weg!
Später kann dann diese Basisabsicherung mit einer privaten Pflegezusatzversicherung kombiniert und ausgebaut werden.

Für Ältere, die bisher keine Pflegezusatzversicherung abschließen konnten, weil sie nicht mehr ganz gesund oder schon zu alt sind, ist diese Zusatzpolice oft die einzige Möglichkeit, für den Fall der Pflege vorzusorgen.

Wichtig zu wissen:
Bei den Leistungen in den Pflegestufen 0, I und II gibt es große Unterschiede zwischen den einzelnen Anbietern. Lassen Sie sich also unbedingt professionell beraten.

»Pflege-Bahr« alleine ist sicher nicht ausreichend und nicht die wirkliche Lösung des Problems. Aber sie ist besser als nichts. Und – sie steht jedem offen!

Vorsorgevollmacht:
Worauf Sie sich verlassen können

Manchmal passiert es ganz plötzlich: Man kommt allein nicht mehr zurecht – mit dem Vermieter, Versicherungen oder Ärzten, auf der Bank. Warum es so wichtig ist, sich rechtzeitig auf eine solche Situation vorzubereiten und was man dabei unbedingt beachten sollte, fragten wir die Journalistin Barbara Voigt.

HELMA SICK: In der Frauenzeitschrift BRIGITTE habe ich mit großem Interesse gelesen, was Sie über Ihre Mutter geschrieben haben. Es ging um die Vorsorgevollmacht, die sie Ihnen und Ihren beiden Geschwistern erteilt hat. Stand es denn so schlimm um sie?
BARBARA VOIGT: Nein, damals noch nicht. Zum Glück. Meine Mutter war immer sehr vorausschauend. Schon mit 65 hatte sie sich prophylaktisch für einen Platz in einer Seniorenresidenz angemeldet. Sie wollte uns auf keinen Fall zur Last fallen, wenn es ihr tatsächlich einmal schlechter gehen sollte. Und sie wollte sich gern selbst umschauen, wo es ihr am besten gefallen würde. Einige Jahre später unterschrieb sie dann beim Notar die General- und Vorsorgevollmacht für ihre Kinder. So konnte sie sichergehen, dass wir es sind, die für sie entscheiden und in ihrem Sinne handeln, wenn sie eines Tages zu gebrechlich oder geistig nicht mehr auf der Höhe sein sollte.
Heute weiß ich, wie recht meine Mutter hatte. Denn als sich zwei Jahre vor ihrem Tod die ersten Anzeichen ihrer Demenz zeigten, wäre es schon zu spät gewesen. Kein Notar hätte ihr da noch die erforderliche Geschäftsfähigkeit bescheinigt.

Wann sollte man also spätestens ein solches Schriftstück aufsetzen?
Die meisten lassen sich ja viel Zeit damit, oft bis zur Rente oder noch darüber hinaus. Was leider viele nicht bedenken:

Auch jungen Menschen kann doch von jetzt auf gleich etwas zustoßen, das sie handlungsunfähig macht – eine lebensbedrohliche Krankheit, ein Unfall am Arbeitsplatz oder im Auto ... Existiert keine Vorsorgevollmacht, setzt das Betreuungsgericht eine gesetzliche Betreuerin oder einen gesetzlichen Betreuer ein, um alle nötigen Angelegenheiten zu regeln.

Wie ich aus meinen Beratungsgesprächen weiß, glauben viele, dass Kinder oder Ehepartner automatisch berechtigt sind, im Notfall für Eltern oder den Partner Entscheidungen zu treffen ...
... und eine Vorsorgevollmacht deshalb überflüssig ist? Ja, das habe ich auch öfter gehört. Aber es stimmt einfach nicht. Einzige Ausnahme: Eltern dürfen für ihre minderjährigen Kinder entscheiden. Sonst ist immer eine Vollmacht nötig. Oder auch zwei separate Vollmachten, wenn sich Ehepaare gegenseitig als Bevollmächtigte einsetzen möchten.

Was genau beinhaltet eine Vorsorgevollmacht?
Präzise Vorschriften gibt es dafür nicht. Das können die Vollmachtgeber völlig frei entscheiden. In der Praxis haben sich jedoch Vollmachten bewährt, die einen möglichst umfassenden Handlungsspielraum garantieren.

Also so eine Art Generalvollmacht?
Im Prinzip ja. Die Generalvollmacht gilt grundsätzlich für die Vertretung in allen Rechtsgeschäften und Vermögensangelegenheiten; die Vorsorgevollmacht sollte dann zum Tragen kommen, wenn jemand nicht mehr selbst entscheiden und entsprechend handeln kann. Deshalb ist es wichtig, bestimmte Fälle nicht von vornherein auszuklammern. Solange Unklarheiten bestehen, was die Vollmacht abdeckt, kann es im Ernstfall zu bedrohlichen Verzögerungen kommen. Denken Sie zum Beispiel nur an eine lebenswichtige Operation, die keinen Aufschub duldet.

In dem Schriftstück, das wir von meiner Mutter bekamen, hieß es deshalb, dass wir für sie »in allen vermögensrechtlichen und persönlichen Angelegenheiten tätig werden« konnten.

Und das bedeutet konkret?
Man kann zum Beispiel Geld vom Konto abheben, einen neuen Pass beantragen, Wertpapiere oder auch ein Grundstück verkaufen und falls nötig, ein Darlehen aufnehmen. Zu den persönlichen Angelegenheiten gehören so wichtige Entscheidungen wie der Umzug in ein Pflegeheim oder die – wie es im Amtsdeutsch heißt – »freiheitsentziehenden Maßnahmen« wie die Montage eines Bettgitters.

Wann haben Sie denn gemerkt, wie wichtig so eine Vorsorgevollmacht ist?
Bleiben wir gleich beim Bettgitter. Als meine Mutter nach einer Hüft-OP ziemlich unruhig schlief, verstand es sich für mich von selbst, dass so etwas angebracht wurde. Zu ihrem eigenen Schutz … Die Stationsschwester gab aber erst ihr Okay, nachdem ich meine Vollmacht vorgelegt hatte. Sonst wäre eine gerichtliche Anweisung nötig gewesen.
Ein anderes Beispiel: Durch eine Makula-Degeneration konnte meine Mutter immer schlechter sehen. Ich bekam – dank Vollmacht – sofort ein ärztliches Gutachten und konnte damit einen Schwerbehindertenausweis für sie beantragen.
Als meine Mutter nicht mehr allein für sich sorgen konnte, kümmerte sich mein Bruder um die Anmeldung in einem Pflegeheim und kündigte ihre Wohnung. Meine Schwester verhandelte mit der Pflegeversicherung, informierte Behörden und Ärzte. Ich verkaufte einige ihrer Wertpapiere, um sie mit allem zu versorgen, was das Leben einer Sehbehinderten leichter machen konnte, und richtete einen neuen Dauerauftrag für die Zahlungen ans Pflegeheim ein. Das alles war problemlos möglich, weil meine Mutter ausdrück-

lich verfügt hatte, dass wir Kinder auch einzeln tätig werden konnten.

Wenn die Bevollmächtigten so weitreichende Befugnisse haben – braucht man da eigentlich noch eine Patientenverfügung?
Absolut. Geht es buchstäblich um Leben und Tod, erleichtert es vieles, wenn man den Willen der Vollmachtgeber dokumentieren kann. Denn Ärzte müssen sich danach richten, wenn ich in einer Patientenverfügung zum Beispiel ausdrücklich erkläre, dass ich Wiederbelebungsversuche oder eine künstliche Ernährung ablehne, dass ich mit einer Organentnahme einverstanden bin, aber nicht mit einer Obduktion.
Meine Mutter hat die Vorsorgevollmacht gleich mit einer Patientenverfügung kombiniert. Und das war gut so. Sonst wäre es mir vielleicht so ergangen wie einer Freundin, die den Willen ihrer Mutter zwar genau kannte, aber nichts Schriftliches vorlegen konnte. Als sie gegen eine Magensonde protestierte, musste sie sich beschimpfen lassen: »Sie wollen Ihre Mutter wohl umbringen …«

Wie waren denn Ihre Erfahrungen mit den Ärzten?
Ausgesprochen positiv. Sowohl bei der ambulanten Behandlung, aber auch in verschiedenen Krankenhäusern. Nachdem Vollmacht und Patientenverfügung dort vermerkt waren, konnten wir mit den Ärzten jederzeit alles besprechen. Auch am Telefon. Und nie hat jemand versucht, uns von einer Entscheidung abzubringen, die wir im Sinne unserer Mutter getroffen hatten. Im Gegenteil: Eine Ärztin hat sich bei mir ausdrücklich dafür bedankt, dass bei uns alles »so gut geregelt« war.

Wer darf eine Vorsorgevollmacht ausstellen? Und wen kann man bevollmächtigen – nur enge Verwandte?
Vollmachtgeber müssen mindestens 18 Jahre alt und uneingeschränkt geschäftsfähig sein. Alles andere ist Sache derjeni-

gen, die sich mit einer Vorsorgevollmacht für später absichern wollen. Dabei kommt es weniger auf den Verwandtschaftsgrad an als auf die zwischenmenschliche Beziehung. Bevollmächtigte sollten darüber hinaus die nötige Reife, Kompetenz und Bereitschaft mitbringen, im Fall des Falles auch wirklich im Sinne des Vollmachtgebers aktiv zu werden. Denn es geht ja nicht nur um die Verantwortung für einen anderen Menschen, sondern unter Umständen auch um sehr viel Zeit und Nerven, die so eine Aufgabe möglicherweise verlangt.

Wenn andere für einen handeln und alles unterschreiben können – nimmt man da nicht ein großes Risiko in Kauf?
Natürlich ist absolutes Vertrauen die unbedingte Voraussetzung für so einen Schritt. Was die Bevollmächtigten entscheiden, wird in der Regel nicht gerichtlich überprüft und kann im Nachhinein auch nicht so einfach wieder rückgängig gemacht werden. Deshalb sollte man vor der alles entscheidenden Unterschrift nichts überstürzen, sich gut informieren und ausführlich beraten lassen. Das ist logischerweise gerade dann besonders wichtig, wenn große Vermögenswerte im Spiel sind oder wenn es in der Vergangenheit schon wiederholt zu Konflikten in der Familie gekommen ist.

Und falls jemand so eine Vollmacht trotzdem missbraucht, sich zum Beispiel Geld aufs persönliche Konto überweist und es im Casino verspielt?
Auch wenn ich keine Juristin bin: Ich denke mal, man hätte da rein formal einen Anspruch auf Rückzahlung. Aber was besonders wichtig ist: Eine Vollmacht kann jederzeit widerrufen werden, auch ganz ohne Angabe von Gründen. Allerdings muss man dann umgehend dafür sorgen, dass man das betreffende Schriftstück auch zurückbekommt. Was ja – wie Ihr Beispiel zeigt – unter Umständen durchaus problematisch werden kann …

Wer auf Nummer sicher gehen will, vermerkt in der Vollmacht, dass sie nur bei Vorlage des Originals gültig ist. Man übergibt den Bevollmächtigten dann eine Kopie und informiert sie über den Aufbewahrungsort des Originals.

Wo hebt man ein solches Schriftstück am besten auf?
Zum Beispiel zu Hause an einem gut zugänglichen Ort bei anderen wichtigen Dokumenten. Dann sollten Sie aber dafür sorgen, dass jederzeit ein Wohnungsschlüssel bei Nachbarn oder beim Vermieter greifbar ist. Wer die Vollmacht im Banksafe wegschließt, muss damit rechnen, dass im Notfall kostbare Zeit verstreicht.
Hat ein Notar die Vorsorgevollmacht beurkundet, verwahrt er die Urschrift. Bevollmächtigte bekommen eine Ausfertigung, die auf ihren Namen ausgestellt ist. Diese ist dann ebenso rechtsgültig wie ein Original.

Man muss also nicht in jedem Fall einen Notar einschalten?
Das ist nur in bestimmten Fällen zwingend vorgeschrieben, zum Beispiel, wenn Immobiliengeschäfte oder Konsumentenkredite anstehen.
Eine Vorsorgevollmacht könnte sogar mündlich erteilt werden – was aber wenig Sinn macht, weil der Inhalt später nur schwer nachweisbar wäre. Ein Schriftstück mit Ort, Datum und Unterschrift des Vollmachtgebers ist das Mindeste, was ein Bevollmächtigter vorlegen sollte. Ich habe allerdings die Erfahrung gemacht, dass meine notariell beurkundete Vollmacht mit besonderem Respekt registriert und überall ohne weitere Diskussionen akzeptiert wurde.

Wie ich aus der BRIGITTE weiß, haben Sie nun Ihren beiden Geschwistern eine Vorsorgevollmacht erteilt …
… und ich fühle mich bestens damit …

In jedem Fall gut vorgesorgt!

Generalvollmacht: Betrifft grundsätzlich alle Rechtsgeschäfte und Vermögensangelegenheiten.

Vorsorgevollmacht: Soll erst dann genutzt werden, wenn man selbst keine vollverantwortlichen Entscheidungen mehr treffen kann. Eine solche Anweisung wird am besten in einem Begleitbrief festgelegt, um die Wirksamkeit der Vollmacht nicht unnötig infrage zu stellen. Mehrere Bevollmächtigte sind möglich, auch die Vergabe von Untervollmachten für spezielle Aufgaben. Notare empfehlen meist eine kombinierte General-/Vorsorgevollmacht.

Betreuungsverfügung: Keine Vollmacht, sondern ein Hinweis für das Betreuungsgericht, wer als gesetzlicher Betreuer eingesetzt werden sollte – und wer auf keinen Fall. Wenn Angehörige oder enge Freunde nicht zur Verfügung stehen, kann diese Aufgabe auch ein Betreuungsverein übernehmen.

Patientenverfügung: Enthält verbindliche Anweisungen für Ärzte, z. B. bei schweren Erkrankungen/Operationen, bei Demenz oder Bewusstlosigkeit. Wird oft mit Vorsorgevollmacht oder Betreuungsverfügung kombiniert. Gut für fachliche Rückfragen: der Hausarzt, bei dem Sie auch eine Kopie hinterlegen können.

Was steht drin ...?

Das kommt drauf an – und zwar allein auf Sie und Ihre persönlichen Prioritäten! Formvorlagen für Vollmachten finden sich auf einschlägigen Websites im Internet, in Behörden-

Broschüren oder in der Fachliteratur. Wer jedoch sichergehen will, dass eine Vorsorgevollmacht oder eine Patientenverfügung speziell zu ganz persönlichen Wünschen und Vorstellungen passt, sollte sich rechtlich beraten und beim Notar eine individuelle Version ausarbeiten lassen.

... und wie viel kostet es?

Die Gebühren für die Beurkundung bei einer Notarin oder einem Notar (einschließlich ausführlicher Beratung und Belehrung) richten sich nach dem Vermögen der Vollmachtgeber; für eine kombinierte General-/Vorsorgevollmacht müssen Sie mit Kosten von 60 bis 100 Euro rechnen.

Gut zu wissen:
Mit einem (gebührenpflichtigen) Eintrag ins *Vorsorgeregister der Bundesnotarkammer* ist sichergestellt, dass andere über bestehende Vollmachten informiert werden – z. B. bei einem Unfall, wenn schnell gehandelt werden muss. Sie erhalten einen Ausweis im Scheckkarten-Format, in den Sie die Bevollmächtigten eintragen können.

Informieren Sie sich vorab auf der Website der Bundesnotarkammer (www.bnotk.de) oder unter www.vorsorgeregister.de. Auf spezielle Fragen erhalten Sie Antwort über info@vorsorge -register.de oder telefonisch unter der gebührenfreien Hotline 08 00/35 50 500.

KAPITEL 12

Nach mir die Sintflut?
Vererben und Erben

Beides ist generell nicht mehr so einfach wie früher: Zweit- und Drittehen, nicht eheliche und gleichgeschlechtliche Lebensgemeinschaften, Patchwork-Familien – sie alle erfordern spezielle Regelungen.

Über diese können wir Sie in diesem Buch nicht informieren.

Denn das Erbrecht ist kompliziert. Deshalb empfehlen wir Ihnen dringend, bei größeren Vermögen und/oder schwierigen Familienverhältnissen unbedingt fachlichen Rat einzuholen, wenn Sie Ihren Nachlass regeln wollen:

– bei einer Steuerberaterin/Steuerberater, wenn es um Fragen der Erbschaftssteuer geht,

– bei einer Fachanwältin/Fachanwalt, wenn Sie einer speziellen Situation gerecht werden und Fehler mit unabsehbaren Folgen vermeiden wollen.

Das Honorar für Steuerberaterin oder Fachanwältin für Erbrecht ist gut angelegtes Geld.

Wir beschränken uns in diesem Buch auf die wichtigsten Dinge, also die Basics, die Sie wissen sollten.

Vererben

Die gesetzliche Erbfolge

Sie gilt immer dann, wenn kein Testament verfasst wurde. Das heißt, es erben ausschließlich die Angehörigen.

Als Erstes erben die Kinder. Sie sind sogenannte Erben erster Ordnung. Wenn diese nicht mehr leben, sind dies die Enkel. Eltern sind Erben zweiter Ordnung, danach folgen die Geschwister, dann deren Kinder, also Neffen und Nichten. Erben einer früheren Ordnung schließen alle Erben einer späteren Ordnung aus. Das bedeutet: Erben Ihre Kinder oder Enkel, gehen Ihre Eltern leer aus.

Wie ist es mit dem Ehepartner bzw. Lebenspartner?

Lebenspartner sind erbrechtlich Ehegatten gleichgestellt. Dies gilt aber nur für gleichgeschlechtliche Paare, die ihre Lebenspartnerschaft vor der nach Landesrecht zuständigen Behörde begründet haben. Das ist die eingetragene Lebenspartnerschaft. Nur von dieser ist hier die Rede.

Ihr Ehepartner oder Lebenspartnerin erhält ein Viertel des Nachlasses, wenn noch Kinder oder andere Erben erster Ordnung leben. Er erhält die Hälfte, wenn es nur Verwandte zweiter Ordnung und die Großeltern gibt. Leben Sie mit Ihrem Ehepartner bzw. Lebenspartnerin in Zugewinngemeinschaft, bekommt Ihr Partner zum gesetzlichen Erbteil ein weiteres Viertel Ihres Nachlasses dazu. In allen anderen Fällen erbt der Ehepartner/Lebenspartnerin alles. Das gilt selbst dann, wenn die Ehepartner/Lebenspartnerin getrennt leben und noch keine Scheidung eingereicht wurde.

Die gesetzliche Erbfolge kann Auswirkungen haben, die nicht in Ihrem Sinne sind. Wenn Sie zum Beispiel länger leben als Ihr Partner, kann es vorkommen, dass Sie ohne Einverständnis der Kinder gar nicht über das gemeinsame Vermögen verfügen können, egal ob es sich um gemeinsame Kinder, Kinder aus früheren Ehen oder auch nicht eheliche Kinder Ihres Mannes handelt. Und wenn die Kinder noch minderjährig sind, darf auch noch das Familien- oder Vormundschaftsgericht mitreden.

Pflichtteil

Das Erbrecht sichert den nächsten Angehörigen ein Mindesterbe, den sogenannten Pflichtteil, zu. Es gilt hier dieselbe Reihenfolge wie bei der gesetzlichen Erbfolge. Der Pflichtteil ist halb so groß wie das gesetzliche Erbe.
Ein Fall, der häufig vorkommt:

Mein geschiedener Mann hat nach unserer Scheidung wieder geheiratet und ist vor einem Jahr gestorben. Er hat unsere gemeinsame Tochter enterbt. Sie hat aber natürlich einen Pflichtteilsanspruch. Die Witwe behauptete, dass kein Geld vorhanden sei, reagiert aber nun auf kein Schreiben, keine E-Mail, mit der meine Tochter sie um Offenlegung der finanziellen Verhältnisse gebeten hat. Wie ist das denn rechtlich gesehen, und wie lange kann man die Ansprüche überhaupt geltend machen?

Prinzipiell ist die Witwe Ihrer Tochter gegenüber zur Auskunft über den gesamten Nachlass zum Todeszeitpunkt verpflichtet. Ihre Tochter könnte sogar verlangen, dass ein notarielles Bestandsverzeichnis aufgenommen wird. Wenn die Witwe behauptet, es sei kein Geld vorhanden, kann Ihre Tochter auch Belege, z. B. Kontoauszüge, verlangen. Ebenso muss die Witwe Auskunft darüber geben, ob der Verstorbene vor seinem Tod Schenkungen an sie oder Dritte gemacht hat. Diese können den Pflichtteil erhöhen.

Pflichtteilsansprüche können verjähren, wenn sie nicht innerhalb von drei Jahren zum Ende des Jahres gerichtlich geltend gemacht werden.

Erbauseinandersetzungen sind heikel. Wir raten deshalb dringend, eine Fachanwältin/Fachanwalt für Erbrecht zu Rate zu ziehen.

Wie wichtig juristische Beratung sein kann, zeigt Ihnen auch der folgende Fall:

Wie kann ich verhindern, dass mein Schwiegersohn miterbt? Der Mann meiner einzigen Tochter ist zwar liebenswert, hat aber wenig Lust zum Arbeiten. Für den Unterhalt sorgt sie fast allein. Ich möchte auf keinen Fall, dass mein Schwiegersohn eines Tages, falls meine Tochter vor ihm stirbt, von meinem Vermögen etwas bekommt. Wie kann ich verhindern, dass er gegen meinen Willen begünstigt wird?

Durch eine kluge Testamentsgestaltung können Sie erreichen, dass Ihr Schwiegersohn leer ausgeht: Sie setzen Ihre Tochter als Vorerbin ein und bestimmen Ihre Enkeltochter zur Nacherbin nach dem Tod der Mutter. Das hat zur Folge, dass Ihre Tochter das Erbe gewissermaßen für die eigene Tochter verwaltet. Sie können im Testament die Vorerbin in der Verwaltung und Verwertung des von Ihnen geerbten Vermögens einschränken und z. B. festlegen, dass sie die Mieteinnahmen aus dem geerbten Haus bekommen soll, das Haus aber nicht verkaufen oder belasten darf. Auf diese Weise bleibt die Substanz Ihres Nachlasses weitgehend erhalten. Wenn Ihre Tochter stirbt, geht das Vermögen, das sie von Ihnen geerbt hat, auf Ihre Enkelin als Nacherbin über. Der Ehemann Ihrer Tochter erhält davon nichts.

Testament

Ein Testament ist dringend notwendig, wenn Erbauseinandersetzungen vermieden werden sollen.

Sie müssen ein Testament verfassen, wenn Sie mit der gesetzlichen Erbfolge nicht einverstanden sind oder wenn Sie jemanden als Erben einsetzen wollen, der nicht mit Ihnen verheiratet oder verwandt ist. Aber auch bei einem Testament gibt es Grenzen, wie der folgende Fall zeigt:

Mein Vater, Witwer, ist in einem Altenheim verstorben. Als ich beim Nachlassgericht einen Erbschein für mich als einzige Tochter und gesetzliche Alleinerbin beantragen wollte, erlebte ich eine böse Überraschung. Eine langjährige Pflegekraft des Altenheims hatte ein wirksames, ein Jahr altes Testament vorgelegt, in dem sie als Alleinerbin eingesetzt war, und verlangte einen Erbschein auf ihren Namen. Muss ich mich nun mit meinem Pflichtteil begnügen, oder kann ich die Testierfähigkeit meines Vaters infrage stellen?

Nein, Sie müssen nichts dergleichen tun, denn das Testament zugunsten der Altenpflegerin ist nichtig. Die Heimgesetze verbieten es dem Personal von Alten- und Pflegeheimen, sich von Bewohnern beschenken oder per Testament als Erben einsetzen zu lassen. Diese Regelung soll verhindern, dass die häufig wehrlosen und vom Pflegepersonal abhängigen Heimbewohner ausgenutzt werden.

Sie sollten das Nachlassgericht über die besondere Beziehung zwischen Ihrem Vater und der Pflegekraft informieren; Sie werden dann einen Erbschein erhalten, der Sie als Alleinerbin ausweist.

Das Testament muss von der ersten bis zur letzten Zeile handschriftlich verfasst sein. Es muss außerdem mit vollständigem Namen und Datum unterschrieben werden.

Wenn Sie Ihr Testament später einmal ändern, sollten Sie ältere Versionen des Testaments vernichten.

Eine andere Möglichkeit ist der Gang zum Notar. Das kostet zwar Geld, was viele aber nicht berücksichtigen: Auch ein selbst verfasstes Testament verursacht Kosten. Denn die Erben brauchen dann meist einen Erbschein, auf jeden Fall, wenn zum Erbe eine Immobilie gehört. Dieser Erbschein wird vom Nachlassgericht ausgestellt. Die Gebühren dafür richten sich nach der Höhe des Erbes.

Ein öffentliches Testament, so heißt ein von einem Notar erstelltes Testament, kann den Erbschein ersetzen und die Gerichtsgebühren einsparen.

Öffentliche Testamente können nicht verloren gehen oder verfälscht werden. Seit 2012 gibt es in Deutschland das Zentrale Testamentsregister, das von der Bundesnotarkammer betrieben wird. In diesem Register steht, wo die Urkunde verwahrt wird.

Ein gemeinschaftliches Testament dürfen nur Ehepartner und gleichgeschlechtliche, eingetragene Lebenspartner verfassen. Dieses Testament können sie dann nur gemeinsam ändern.

Hans E. (58) ist Witwer und verfügt über ein beträchtliches Vermögen. Und er ist Vater von zwei Kindern, einem Sohn und einer Tochter. Er weigert sich hartnäckig, seinen Nachlass zu regeln. Sein Verhältnis zu den Kindern ist schwierig, deshalb scheut er die Auseinandersetzung mit ihnen: »Sollen die sich doch nachher streiten.«

Und genauso kommt's. Hans E. erleidet einen tödlichen Herzinfarkt, und dann geht's los: Die Geschwister können sich nicht einigen, ob das Elternhaus verkauft oder behalten werden soll. Der Sohn möchte das Aktiendepot, aber die Tochter auch. Keiner will die geschlossenen Fonds usw.

Die Geschwister, die bisher leidlich miteinander ausgekommen sind, reden nicht mehr miteinander.

Das hätte der Vater, Hans E., durch rechtzeitiges Handeln verhindern können.

Deshalb unser dringender Rat, wenn Erbauseinandersetzungen vermieden werden sollen:

Schaffen Sie Klarheit

Zunächst für sich selbst, dann bei den künftigen Erben. Überlegen Sie, was mit Ihrem Besitz geschehen soll, wenn Sie einmal nicht mehr da sind. Sprechen Sie mit Ihren möglichen Erben über deren Wünsche und Erwartungen, wenn diese alt genug dafür sind.

Drücken Sie sich deutlich aus

Dazu gehört, die Erben zweifelsfrei zu benennen (Name, Geburtsdatum – nicht nur »mein Neffe«) und die Erbteile klar festzusetzen (z. B. »50 Prozent meines Bankguthabens nach Abzug von Steuern und Gebühren«).

Legen Sie Ihr Erbe in gute Hände

Bei mehreren Erben und einem umfangreichen Nachlass ist es unter Umständen sinnvoll, eine Vertrauensperson zum Testamentsvollstrecker zu bestimmen. Das kann auch ein Rechtsanwalt oder Notar sein.

Berliner Testament

Das ist die gebräuchlichste Form des gemeinsamen Testaments. 80 % aller Verheirateten entscheiden sich dafür. Mit einem Berliner Testament setzen sich beide Ehepartner gegenseitig als Alleinerben ein. Die Kinder erben erst dann, wenn beide Eltern gestorben sind.

Ein Berliner Testament kann bei größeren Vermögen bezüglich der Erbschaftssteuer nachteilig sein. Zum einen erhält der Staat zweimal Erbschaftssteuer auf dasselbe Vermögen. Zum anderen können die Freibeträge der Kinder beim ersten Erbfall nicht genutzt werden. Wird der Freibetrag des Ehepartners beim ersten Erbfall überschritten, fällt Erbschaftssteuer an.

Mein Mann und ich haben ein Berliner Testament gemacht, in dem wir uns gegenseitig als Alleinerben und unsere drei Söhne als Schlusserben zu gleichen Teilen nach dem Tod des überlebenden Ehegatten eingesetzt haben. Mein Mann ist inzwischen gestorben, und mein ältester Sohn ist so schwer krank, dass ich ihn vermutlich überleben werde. Wer bekommt nach meinem Tod dann den Drittel-Anteil, der ihm zugedacht war? Fällt er automatisch seiner einzigen Tochter zu?

Ja, so sieht es das Gesetz vor, wenn im Testament kein Ersatzerbe für den Fall des Todes eines Ihrer Söhne vorgesehen ist. Der Gesetzgeber ist davon ausgegangen, dass diese Regelung grundsätzlich dem Willen der Erblasser entspricht. Wenn das nicht der Fall ist, können der oder die Erblasser im Testament für den Fall des Todes eines ihrer Kinder etwas anderes bestimmen, zum Beispiel, dass der Anteil eines verstorbenen Kindes nicht dessen Nachkommen zufällt, sondern den anderen Kindern. Eine solche Ergänzung, die Einsetzung eines anderen Ersatzerben, können auch Sie jetzt noch durch ein Testament vornehmen.

Nicht eheliche Lebensgemeinschaften

Im Bürgerlichen Gesetzbuch kommen nicht eheliche Lebensgemeinschaften nicht vor. Und demzufolge auch im Erbrecht nicht.
Das heißt, zwischen Partnern, die nicht verheiratet sind, gilt das gesetzliche Erbrecht nicht, es gibt auch keinen Pflichtteilsanspruch. Nicht verheiratete Partner können kein gemeinschaftliches Testament verfassen. Dies können nur Ehepartner oder eingetragene Lebenspartner.

Ein Testament bei nicht ehelichen Lebensgefährten muss also von jedem Einzelnen zugunsten des anderen aufgesetzt werden. Sie müssen also zwei Einzeltestamente verfassen. Der Nachteil ist, dass jeder der beiden diese letztwillige Verfügung jederzeit ändern kann.

Wie wichtig ein Testament ist, wenn Paare nicht verheiratet sind, sehen Sie an folgendem Beispiel:

Charlotte S. schreibt:

Mein Lebensgefährte und ich leben seit vielen Jahren zusammen und haben uns gemeinsam eine Eigentumswohnung angeschafft. Ist ein Testament sinnvoll, auch wenn wir keine Kinder haben? Ändert sich hieran etwas, wenn wir heiraten?

Es ist bei nicht ehelichen Lebensgemeinschaften dringend anzuraten, sich gegenseitig testamentarisch abzusichern. Insbesondere, wenn gemeinsame Immobilien vorhanden sind, ist dies ein absolutes MUSS. Anderenfalls ist der Partner im Todesfall in keiner Weise abgesichert. Ohne Testament erben die nächsten Verwandten des Partners seinen Miteigentumsanteil an der Immobilie. Ehegatten sind da besser abgesichert, aber auch hier ist ein Testament sinnvoll. Sind keine Kinder vorhanden, so erben etwa die Eltern des verstorbenen Ehegatten die Hälfte. Es muss also in jedem Fall vorgesorgt werden.

Eine andere Möglichkeit für nicht Verheiratete ist ein:

Erbvertrag

Nichtverheiratete können gemeinsam einen notariellen Erbvertrag abschließen, in dem sie sich gegenseitig als Erben einsetzen. Eine solche vertragliche Erbregelung kann nur durch Rücktritt wieder aufgehoben werden. Dies können sich die Partner für den Fall der Trennung im Vertrag vorbehalten.

Ein Erbvertrag ist für Nichtverheiratete die einzige Möglichkeit, *gemeinsame* Verfügungen zu treffen. Dieser Vertrag muss vor einem Notar geschlossen werden.

Aber manchmal nutzen weder Testament noch Erbvertrag, wie dieser Fall aus unserer Beratungspraxis zeigt:

Ich habe über 15 Jahre mit einem verheirateten Mann zusammengelebt. Ich bin berufstätig und habe in dieser Zeit den gesamten Lebensunterhalt finanziert, also die Miete, Kleidung, Lebensmittel. Ja sogar seine Lebensversicherungen habe ich weiterbezahlt. Denn mein Partner hat sein gesamtes Gehalt seiner Ehefrau zur Verfügung gestellt. Er meinte, wenn sie schon auf ihn verzichten muss, soll sie wenigstens sein Geld haben. In einem Testament hat er mir aber seine beiden Lebensversicherungen vermacht. Weitere Vermögenswerte hat er nicht. Nun ist mein Partner nach längerer schwerer Krankheit verstorben. Und die beiden Versicherungsgesellschaften haben das Geld an die Ehe-

frau ausgezahlt. Ich bekomme nichts. Das kann doch nicht wahr sein, oder?

Leider ist es so. Denn bei Lebensversicherungen nutzt das Testament nichts. Entscheidend für die Versicherungsgesellschaft ist einzig und allein, wer unter »Bezugsrecht« in der Versicherungspolice eingetragen ist. Und das war anscheinend die Ehefrau, und Ihr Lebensgefährte hat in den Jahren der Partnerschaft mit Ihnen übersehen, das zu ändern. In so einem Fall muss die Versicherungsgesellschaft das Geld an die Ehefrau auszahlen. Das ist für Sie bitter, aber leider nicht zu ändern! Es zeigt uns aber wieder einmal, wie wichtig es ist, sich rechtzeitig über solche Dinge zu informieren.

Wo kann ich Testament und Erbvertrag hinterlegen?

Testament

Ein *eigenhändiges Testament* können Sie aufbewahren, wo Sie wollen, z. B. in Ihrem Schreibtisch oder in einem Banksafe. Sie sollten aber unbedingt sicherstellen, dass es im Falle Ihres Ablebens gefunden und beim Nachlassgericht abgeliefert wird. Bedenken sollten Sie auch, dass z. B. ein nicht bedachter gesetzlicher Erbe das Testament vernichten kann, wenn er es vor den anderen Erben findet.

Ein Testament sollte deshalb immer beim örtlichen Nachlassgericht hinterlegt werden. So wird sichergestellt, dass es im Todesfall Berücksichtigung findet. Die Gebühren richten sich nach dem Wert des Vermögens der testierenden Person. Sind Schulden vorhanden, so werden diese vom Vermögenswert abgezogen.
Hat ein Anwalt oder Notar mitgewirkt, kann das Testament auch in der jeweiligen Kanzlei verwahrt werden.

Ein *notarielles Testament* wird immer beim Amtsgericht, das für den Sitz des Notars zuständig ist, verwahrt.

Erbvertrag
Der Notar veranlasst die amtliche Verwahrung des Erbvertrags. Die Vertragschließenden können diese durch Erklärung gegenüber dem Notar ausschließen. Dann verwahrt der Notar den Erbvertrag und meldet dies dem zentralen Testamentsregister. Die Vertragsparteien erhalten über die Hinterlegung einen Hinterlegungsschein.

Erben

254 Milliarden Euro wurden allein im Jahre 2013 durch Erbschaften und Schenkungen übertragen. Insgesamt dürften bis 2020 drei Billionen Euro an die nächste Generation weitergegeben werden. Eine gigantische Summe. Kein Wunder, haben doch in den vergangenen 60 Jahren weder Krieg noch Inflation Vermögen vernichtet.

Das vererbte Vermögen ist allerdings ziemlich ungleich verteilt.

Ein Drittel der Gesamtsumme konzentriert sich auf lediglich 2 % aller Erbenhaushalte. 6 % werden nach einer Studie des Deutschen Instituts für Altersvorsorge gar nichts erben.
22 % sind sogenannte Kleinerben, deren Erbschaft aus Gebrauchsgütern im Wert von bis zu 13 000 Euro besteht. 29 % können sich auf bis zu 80 000 Euro freuen.

Die Erbwelle, die auf die Deutschen zurollt, ist zwar so groß wie nie zuvor, sie sollte aber nicht dazu verführen, auf eine eigene Altersvorsorge zu verzichten. Gerade Frauen wiegen sich hier gern in vermeintlicher Sicherheit.

Zum einen bringt es die steigende Lebenserwartung mit sich, dass Rentnerinnen und Rentner länger vom eigenen Vermögen zehren müssen. Und eine längere Pflegebedürftigkeit lässt Vermögen schmelzen wie Schnee in der Sonne.

Zum anderen sind Rentnerinnen und Rentner zum Glück heute eher geneigt, sich einen schönen Ruhestand zu gönnen und nicht nur ihr Geld für ihre Erben zu erhalten.

Erbschaftssteuer

Um die Erbschaftssteuer gibt es immer wieder heftige Diskussionen. Sie ist die unpopulärste Steuer, selbst bei denjenigen, die gar nicht in die Situation kommen, sie je bezahlen zu müssen. Die einen halten sie für ungerecht, weil der Erblasser das Vermögen ja selbst erarbeitet, also auch versteuert hat und deshalb über den Tod hinaus bestimmen können sollte, was mit den Früchten seiner Arbeit geschieht.

Die anderen finden sie gerecht, weil den Erben praktisch unverdientes Vermögen zufließt, für das sie nichts geleistet haben. Hohe Vermögen, die vererbt werden, gelten bei Letzteren als »Demotivationsfaktor«, weil sie nicht anspornen, eine eigene Lebensleistung zu erbringen.

In einigen Ländern wurde die Erbschaftssteuer ganz abgeschafft, z. B. in Österreich, Portugal, Schweden und in der Slowakei. In vielen Staaten, wie z. B. in Deutschland, gibt es relativ hohe Freibeträge, die nach dem Verwandtschaftsverhältnis gestaffelt sind.

Diese Freibeträge für die Erbschaftssteuer sind im Laufe der Jahre immer wieder verändert worden. Aktuell sieht es so aus:

Steuerklassen und Freibeträge seit 1. Januar 2009:

Steuerklasse	Erben	Freibetrag
I	Ehepartner, Lebenspartner	500 000 €
	Kinder und Stiefkinder	400 000 €
	Enkelkinder, wenn Elternteil (Kind/Stiefkind des Erblassers) verstorben ist	400 000 €
	alle anderen Enkel, Stiefenkel	200 000 €
II	Eltern/Großeltern Geschwister Nichten und Neffen Stiefeltern Schwiegerkinder, Schwiegereltern geschiedener Ehegatte, Lebenspartner einer aufgehobenen Lebenspartnerschaft	jeweils 20 000 €
III	alle übrigen Erben und Beschenkten	20 000 €

Der persönliche Freibetrag kann alle zehn Jahre neu in Anspruch genommen werden. Mehrere Zuwendungen innerhalb von zehn Jahren werden zusammengerechnet.

Lebenspartner und Ehegatten sind erbrechtlich mittlerweile gleichgestellt. Dies gilt allerdings nur für eingetragene Lebenspartnerschaften, wenn also gleichgeschlechtliche Paare ihre Lebenspartnerschaft vor der zuständigen Behörde begründet haben.

Auch hier ist unser dringender Rat:
Wenn Sie über größere Vermögenswerte verfügen, sollten Sie sich unbedingt rechtzeitig beraten lassen. Steuerberater oder Fachanwältin/Fachanwalt für Erbrecht sind dafür zuständig.

Erbschaftssteuer zahlen – wovon?

Wenn Nenntanten und Patenonkel größere Beträge vererben, kann es Probleme geben. Es besteht ja kein Verwandtschaftsverhältnis, und deshalb gibt es keine nennenswerten Erbschaftssteuerfreibeträge.

Wie bei Jenny D. Ein Patenonkel, 65, will ihr eine wertvolle Immobilie vererben. So schön das für sie auch ist, bereitet es ihr dennoch Kopfzerbrechen, weil sie im Fall des Ablebens des Onkels einiges an Erbschaftssteuer zahlen muss. Das Geld hat sie aber nicht.

Zwei Lösungen:

Erbschaftssteuer-Versicherung

Sie wird als lebenslange Todesfallversicherung abgeschlossen. Für eine Versicherungssumme von beispielsweise 30 000 Euro müsste Jenny D. monatlich etwa 160 Euro zahlen. Als künftige Erbin wäre sie dabei Versicherungsnehmerin, Beitragszahlerin und auch Bezugsberechtigte. Der Erblasser, also der Patenonkel, ist die versicherte Person. Beim Ableben des Onkels kann die Versicherungssumme direkt an Jenny D. ausgezahlt werden. Der Betrag fällt nicht in den Nachlass und ist somit erbschaftssteuerfrei. Damit können dann die fälligen Steuern für das Erbe beglichen werden.

Bausparvertrag

Auch ein Bausparvertrag kann eingesetzt werden, weil ein Bauspardarlehen für die Zahlung der Erbschaftssteuer verwendet werden darf. Vorausgesetzt, es handelt sich bei dem Erbe um Wohnimmobilien. Bei Gewerbeimmobilien ist das nämlich nicht zulässig!

Schulden erben – was tun?

Ein Erbe muss nicht unbedingt angetreten werden. Marie Z. hat eine Verwandte in Australien, die sie testamentarisch als Alleinerbin eingesetzt hat. Marie hatte jahrelang keinen Kontakt zu ihrer Verwandten. Sie wusste deshalb nicht, dass ihre Tante schwer krank und hoch verschuldet ist. Nimmt sie das Erbe an, muss sie auch für die Schulden aufkommen.

Die Alternative: Sie kann das Erbe ausschlagen. Die Frist beträgt in der Regel sechs Wochen ab dem Zeitpunkt, an dem sie vom Erbfall Kenntnis erhalten hat.

KAPITEL 13

So sicher ist Ihr Geld: Damit Sie ruhig schlafen können

Noch vor wenigen Jahren hätten viele nur milde gelächelt, wenn nach der Sicherheit einer Staatsanleihe, einer Unternehmensanleihe oder eines Bankzertifikats gefragt worden wäre. Die Möglichkeit, dass ein Staat in unmittelbarer Nachbarschaft, ein großes Industrieunternehmen oder gar eine große Bank pleitegehen könnte, galt als unwahrscheinlich. Heute wissen wir es besser: Die Frage nach der Sicherheit oder dem Risiko einer Geldanlage ist mindestens so wichtig geworden wie die nach der möglichen Rendite.

Anleger in Deutschland können ruhig schlafen. Sie sind besser geschützt als Anleger in vielen anderen Ländern. Nach einer EU-Richtlinie ist ein gewisses Maß an gesetzlicher Einlagensicherung in den EU-Ländern vorgeschrieben. Die abgesicherten Summen sind aber je nach Land unterschiedlich. Seit 2011 sind in Deutschland 100 000 Euro pro Person durch die Entschädigungseinrichtung deutscher Banken (EdB) abgesichert.

Die meisten Geldinstitute in Deutschland haben aber zusätzliche freiwillige Sicherungseinrichtungen. Kunden von Genossenschaftsbanken und Sparkassen sind über deren eigene Sicherungsfonds geschützt. Die meisten privaten Banken sind im »Einlagensicherungsfonds des Bundesverbandes deutscher Banken e.V.«. Darüber sind im Normalfall selbst bei kleineren Banken einige Millionen Euro pro Kunde abgesichert.

Welche Anlagen geschützt sind:

Geschützt durch die Sicherungseinrichtungen sind nur Sparbücher, Tagesgeld, Festgeld, Sparbriefe und Ähnliches der jeweiligen Bank.

Bundeswertpapiere?

Sicher. Über Bundespapiere wie Bundesobligationen und -anleihen etc. leiht sich der deutsche Staat bei Ihnen Geld. Er haftet also.

Andere festverzinsliche Wertpapiere?

Alle festverzinslichen Wertpapiere (Staatsanleihen, Unternehmensanleihen, Inhaberschuldverschreibungen und Pfandbriefe) sind nur so sicher, wie der Emittent es ist, also derjenige, der sich über die Ausgabe solcher Papiere Geld leiht und dafür Zinsen bezahlt. Ist ein Staat pleite, werden Zinsen nicht mehr bezahlt, und die Rückzahlung des Geldes ist fraglich. Genauso ist es bei Unternehmensanleihen. Geht ein Unternehmen, das sich auf diese Weise Geld geliehen hat, bankrott, ist das Geld weg.

Pfandbriefe sind relativ sicher, denn die Anlagegelder der Kunden werden als Baukredite ausgeliehen und durch die Eintragung von Grundpfandrechten an den finanzierten Immobilien besichert.

Zertifikate?

Zertifikate sind rechtlich gesehen Inhaberschuldverschreibungen wie Anleihen und Obligationen. Das bedeutet, der Herausgeber (Emittent), z. B. eine Bank, leiht sich über diese Papiere von Anlegern Geld. Wird der Emittent insolvent, wie 2008 in der schweren Finanzkrise die amerikanische Bank Lehman Brothers, droht der Totalverlust.

Wertpapierdepot?

Wertpapierdepots werden von der Bank nur treuhänderisch verwaltet. Sie gehören nicht der Bank, sondern dem Bankkunden. Bei einer Bankenpleite kann der Bankkunde das Wertpapierdepot auf eine andere Bank übertragen lassen.

Anlagen bei Versicherungsgesellschaften?

Versicherungsgesellschaften können zwar auch pleitegehen. Aber das ist in Deutschland in 60 Jahren nur einmal passiert. Sollte es dennoch zu einer Insolvenz kommen, ist das Kapital nach dem Gesetz in einem Sondervermögen gebunden: Das Geld darf nicht an Gläubiger ausgezahlt werden. Kann die Versicherungsgesellschaft nicht saniert werden, werden die Verträge an »Protektor« übertragen, den Sicherungsfonds der Versicherungsbranche. »Protektor« führt dann die Verträge weiter.

Bausparverträge?

Sicher. Bei öffentlich-rechtlichen und privaten Bausparkassen sind Einzahlungen über die gesetzliche Einlagensicherung und einen freiwilligen Sicherungsfonds vor Insolvenz geschützt. Bauspareinlagen sind damit in unbegrenzter Höhe abgesichert, andere Anlagen bis zu 250 000 Euro pro Anleger.

Investmentfonds?

Sicher. Fonds sind rechtlich Sondervermögen, das bietet hohen Schutz. Selbst wenn die Fondsgesellschaft pleiteginge, wäre das Geld der Anleger vor dem Zugriff der Gläubiger sicher, denn das Fondsvermögen fällt nicht in die Insolvenzmasse.

UNSERE MEINUNG

Beherzigen Sie auch hier das Prinzip der Streuung. Setzen Sie auf verschiedene Anlagen mit unterschiedlicher Absicherung – und Sie können beruhigt schlafen.

KAPITEL 14

Gute und weniger gute Beratung und wie Sie das eine vom anderen unterscheiden können

Feierabend! Sie machen es sich gerade gemütlich, da klingelt das Telefon. Ein Herr mit angenehmer Stimme überredet Sie, sich mit ihm zu treffen. Sie kennen ihn zwar nicht, Sie erliegen aber seiner Überredungskunst, und am nächsten Abend sitzt er in Ihrem Wohnzimmer.

Passionierten Krimileserinnen wie uns sträuben sich bei diesem Szenario natürlich die Haare. Mein Gott, was da alles passieren kann, nicht auszudenken!

Um Ihr Leben, wie in einem Krimi, geht es dabei zum Glück nicht. Aber um Ihr Geld! Möglicherweise um Ihre Altersversorgung!

Unseriöse Berater

Es ist eine gängige Masche halbseidener »Anlageberater«, fremde Leute anzurufen, auch wenn das mittlerweile gesetzlich verboten ist. Geködert werden die Leute meist mit angeblichen Steuerersparnissen, mit besonders hohen und angeblich sicheren Renditen.

Meist sind Sie schneller, als Ihnen lieb ist, in ein Verkaufsgespräch verwickelt, ohne dass Sie es überhaupt merken. Telefonverkäufer sind besonders darauf geschult, Sie mit einer bestimmten Fragestellung neugierig zu machen. Lassen Sie sich auf keinen Fall darauf ein, sondern legen Sie gleich den Hörer auf.

Neben der Kontaktaufnahme übers Telefon können Sie unseriöse Berater auch daran erkennen:

Unpassende oder unsinnige Produkte

Sehr viele »Anlageberater« haben oft nur ein einziges Produkt, das sie unbedingt verkaufen wollen. Meist eine fondsgebundene Rentenversicherung – und obwohl diese in sehr vielen Fällen in keiner Weise passt, können Sie da noch von Glück reden. Mit weniger Glück sind Sie nach kurzer Zeit Besitzer einer windigen Beteiligung, haben einen heißen Aktientipp oder eine angebliche Vermögensverwaltung in der Schweiz, die zwar keiner kennt, die aber angeblich 11 % Zinsen zahlt usw.

Es ist leider eine Tatsache, dass auch intelligente Menschen verführbar sind und jede Vorsicht über Bord werfen, wenn es um eine Steuersparmöglichkeit oder um angeblich besonders hohe Renditen geht.

Kündigung von Lebensversicherungen

Unseriöse Berater versuchen in der Regel, die vorhandenen Geldanlagen madig zu machen. Anleger werden dazu gedrängt, Lebensversicherungen zu kündigen oder ruhen zu lassen. Warum? Ganz einfach: um Geld freizuschaufeln, das dann wieder neu angelegt werden kann.

Diese Vorgehensweise ist besonders perfide, weil bekannt ist, dass es immer Verluste bringt, Lebensversicherungen vorzeitig aufzulösen. Solche Versicherungen sind langfristige Sparverträge. Erst über die Jahre hinweg entfaltet der Zinseszinseffekt seine Wirkung. Und zum Ende der Laufzeit gibt es bei vielen Versicherungsgesellschaften, quasi als Belohnung, noch satte Schlussgewinne.

Aber nicht nur bei unseriösen Beratern müssen Sie aufpassen. Auch bei Banken ist Vorsicht geboten!

Bankberater

Damit wir uns recht verstehen: Natürlich beraten nicht alle Bankberater schlecht. Tatsache ist aber, dass Banken in den letzten Jahren enorme Umsatzeinbußen zu verzeichnen hatten. Dies hat dazu geführt, dass Bankberater meist unter enormem Umsatzdruck stehen. In vielen Banken – in den Medien wurde mehrfach darüber berichtet – müssen die Berater innerhalb einer bestimmten Zeit bestimmte Umsätze erzielen. Meist wird ihnen vorgeschrieben, welches provisionsträchtige Produkt dringend an die Frau und den Mann gebracht werden muss.

Erst mit der aktuellen Krise wurde zum Beispiel der Zertifikate-Wahnsinn aufgedeckt. Jeder Bankkundin, jedem Bankkunden von 17 bis 70 Jahren wurden in den letzten Jahren diese Papiere aufs Auge gedrückt, ob sie passten oder nicht. Verstanden hat sie meist nicht einmal der Berater selbst.

Es geht bei vielen Bankberatern also nicht mehr darum, was zu Ihnen als Kundin passt oder welche finanzielle Planung Sie verfolgen. Es geht um den Absatz der bankeigenen Produkte, ob sie für Sie geeignet sind oder nicht.

Besonders gravierende und nicht seltene Beispiele: Da werden einer 84-Jährigen, die von ihrem Geld leben will, China- und Indienfonds verkauft, dazu Goldminenfonds, also riskante Aktienfonds. Einer 50-Jährigen, die geerbt hat und sich innerhalb eines Jahres ein Haus kaufen will, wird zu Flugzeug- und Windparkbeteiligungen geraten, die eine Laufzeit von 20 Jahren haben!

Einer 72-Jährigen wird in 14 Monaten fünfmal das gesamte Depot umgekrempelt – jeweils zum vollen Gebührensatz! Jedes Mal werden gerade die neu auf den Markt gekommenen, hauseigenen, ziemlich riskanten Fonds gekauft.

Viele ähnlich haarsträubende Beispiele hören wir beinahe täglich. Seien Sie also wachsam, wenn der Bankberater wieder einmal zum Tausch der vorhandenen Anlagen rät.

Im nächsten Abschnitt geht es zwar nicht um massives Eigeninteresse oder gar Betrug. Trotzdem wird hier viel Unheil angerichtet.

Tipps von anderen »Experten«

Lore K. und Robert K. (Schwester und Bruder) erben viel Geld, jeder von ihnen mehrere hunderttausend Euro. Robert K. verspekuliert sein Vermögen und muss mit seiner Firma Insolvenz anmelden. Lore K. kennt sich nicht aus und lässt das Geld drei Jahre lang auf einem Festgeldkonto liegen.

Und nun geht's richtig los: Beinahe wöchentlich kommt Robert K., der sich brennend für Geldanlagen interessiert, mit einem Anlagevorschlag für seine Schwester, setzt sie unter Druck, doch endlich das doofe Festgeld aufzugeben. Lore K. liebt ihren Bruder, vertraut ihm und ist dementsprechend verunsichert. Im Beratungsgespräch mit mir (Helma Sick) zitiert sie ihn immer wieder mit seinen Empfehlungen und fragt mich, was ich davon halte. Bis ich sie frage, was denn um Himmels willen ihren gerade im finanziellen Bereich gescheiterten Bruder berechtigt und befähigt, ihr Empfehlungen zu geben.

Diese Geschichte ist nur ein Fall von vielen. Söhne und Väter, Freunde, Bekannte, Verwandte und Kollegen, ja sogar der Friseur und der Zahnarzt – alle, alle schwingen sich zum Ratgeber auf: »Eine Rentenversicherung ist doch blöd, da ist ja das Geld weg und die Versicherungsgesellschaft sahnt ab.« – »Die WZ-Aktie ist super – was glaubst du, wie die abrauscht, wenn die Krise vorbei ist!« – »Und da kenne ich einen Fonds, der investiert in Nanotechnologie, das ist der künftige Hit.« – »In Schiffe musst du investieren, da kommt wirklich was rüber …«

Komisch, von Verlusten erzählen sie nie.

Nach unserer Erfahrung haben Ratschläge aus dem Bekannten- und Verwandtenkreis schon zahlreiche Anlegerinnen viel Geld gekostet.

Wer mit einem Viertel- oder Halbwissen andere in bestimmte Geldanlagen drängt, handelt unserer Meinung nach verantwortungslos. Denn solche »Tipps« haben doch oft weitreichende Folgen: Häufig leben die Tippgeber in völlig anderen Verhältnissen als diejenigen, denen sie ihren Rat aufdrängen. Was also für Ihren Kollegen richtig ist, muss nicht unbedingt zu Ihnen passen.

Belasten Sie also Ihre freundschaftlichen oder verwandtschaftlichen Beziehungen nicht mit Gesprächen über Geld. Was ist, wenn etwas schiefgeht?

Wie sieht dann das Verhältnis zum Kollegen, zum Nachbarn und zum Bruder aus?

Machen Sie sich lieber kundig, oder lassen Sie sich qualifiziert beraten. Treffen Sie dann selbst Ihre Entscheidungen und stehen Sie zu ihnen.

So sieht gute Beratung aus

Bevor Sie sich beraten lassen, sollten Sie zunächst genau prüfen, *wer* sie berät. Oft gibt es eine Internetseite der Finanzberaterin oder einen Firmenprospekt, aus dem wichtige Informationen bereits hervorgehen. Wenn nicht, erkundigen Sie sich bitte:

Wie lange ist die Finanzberaterin schon tätig? Verfügt sie über genügend Erfahrung?

Handelt es sich um eine Vermittlerin, die nur an eine Gesellschaft gebunden ist? Das würde bedeuten, dass sie auf die Produkte dieser Gesellschaft beschränkt ist.

Oder sitzt vor Ihnen eine Maklerin, die Ihnen unabhängig von Versicherungen, Banken und Kapitalanlagegesellschaften je nach Erfordernis ein fundiertes Anlagekonzept, eine für Ihre Bedürfnisse geeignete Versicherungslösung oder eine passende Risikoabsicherung anbietet?

Wie tritt die Beraterin auf? Gibt es Büroräume, eine technische Ausrüstung und Mitarbeiter, die Ihnen seriöse Professionalität vermitteln und eine angenehme und diskrete Atmosphäre schaffen?

Spätestens an dieser Stelle wird klar, dass Sie diese Kriterien nicht prüfen können, wenn die Beraterin bei Ihnen am Wohnzimmertisch sitzt!

Welche Qualifikation kann die Beraterin vorweisen? Erstreckt sie sich über mehrere Bereiche der Anlageberatung, oder umfasst sie nur einen Teilbereich (z. B. Versicherungen)?

Im Bereich Versicherungen können Sie schnell nachprüfen, ob eine ausreichende Qualifikation vorhanden ist, denn Versicherungsvermittlerinnen müssen seit Mai 2007 bei den Handelskammern registriert sein. Die Registrierung erhält man nur mit ausreichender Qualifikation für dieses Gebiet.

Eine vergleichbare Registrierung gibt es im Zuge des fortschreitenden Anlegerschutzes seit 1. Januar 2013 auch für andere Bereiche, z. B. für die Vermittlung von Investmentfonds. Sie können also auch hier Qualität erkennen.

Nachdem Sie sich ein Bild von der Finanzberaterin gemacht haben, ist es wichtig, dass *Sie* von ihr einiges gefragt werden. Aus diesem Gesamtbild (Situation, Ziele und Wünsche) ermittelt die Beraterin Ihren Bedarf, der wiederum die Basis für einen individuellen und fundierten Anlagevorschlag ist.

Eine seriöse Finanzberaterin fragt nach

- Ihrer persönlichen Situation:
das heißt nach Alter, Familienstand und nach dem Ihres Partners/Ihrer Partnerin (denn auch deren Situation ist wichtig, wenn sie Ihre finanzielle Situation beeinflusst),
- Ihrer beruflichen Situation:
Haben Sie ein regelmäßiges Einkommen und woraus; sind Sie arbeitslos, angestellt, selbstständig, stehen Gehaltserhöhungen an, oder werden Sie künftig weniger arbeiten, planen Sie eine Weiterbildung (die zwar aktuell kostet, aber später ein höheres Einkommensniveau beschert),
- Ihrer finanziellen Situation:
Damit sind Vermögen und Schulden, Ihre schon bestehenden Anlagen und Absicherungen gemeint; künftige Anlagen sollten ja die bestehenden sinnvoll ergänzen oder an veränderte Ziele angepasst werden; existenzielle Risiken (z. B. eine Berufsunfähigkeit) sollten abgesichert werden,
- Ihren Zielen:
eventuelle Familienplanung, Vermögensaufbau oder Risikoabsicherung, Kauf einer Immobilie, Auf- oder Umbau der Altersvorsorge,
- der Anlagesumme,
ob Sie monatlich und/oder einmalig anlegen möchten,

- dem Anlagezeitraum,

das bedeutet, ob Sie kurz-, mittel- oder langfristig Ihr Geld anlegen möchten,

- Ihrer Risikoneigung,

die sich aus den oben genannten Punkten ergibt.

Seit 1. Januar 2013 sind viele dieser Angaben Pflicht. Nur umfassende Angaben ermöglichen es Ihrer Beraterin, individuell für Sie passende Vorschläge zu unterbreiten.

Finanzberaterinnen, die ein vorgefertigtes Empfehlungspaket aus der Schublade ziehen, ohne Sie nach Ihren Erfahrungen, Ihren Zielen und Ihren Wünschen gefragt zu haben, sollten Sie also schnellstmöglich den Rücken kehren!

Damit Sie und die Beraterin später noch wissen, was Sie besprochen haben und auf welchen Vorgaben und Überlegungen die Empfehlungen aufgebaut waren, wird die Beratung protokolliert. Auch Jahre später kann so das Gespräch nachvollzogen und darauf aufgebaut werden, wenn neuer Bedarf besteht oder Ihre Situation sich verändert hat.

Auch auf diese Punkte sollten Sie achten:
Eine seriöse Beraterin drückt sich verständlich aus!
In der Beratung und im dazugehörigen Vorschlag sollten die infrage kommenden Anlagen deutlich und umfassend erklärt werden. Ihnen sollte klar werden, welche Chancen und Risiken die jeweiligen Anlagen haben und wie sie funktionieren.

Eine seriöse Beraterin besteht nicht sofort auf einer Entscheidung. Unterschreiben Sie nie gleich in der Beratung irgendwelche Verträge. Sie sollten die Möglichkeit haben, das Konzept mit nach Hause zu nehmen und es sich gründlich überlegen zu können.

Fazit:

Sie sehen, hinter einer qualifizierten Beraterin steckt in der Regel eine qualifizierte Ausbildung, hohes Fachwissen, ständige Weiterbildung und soziale Kompetenz.

Nehmen Sie also bitte sich und Ihr Geld ernst und lassen Sie sich professionell und unabhängig beraten. Glauben Sie uns: Es lohnt sich.

Sie würden gern von fachkundigen Frauen beraten werden? Nichts leichter als das! Im Anhang finden Sie die Adressen der unabhängigen und hoch qualifizierten Fachfrauen der Arbeitsgemeinschaft »FinanzFachFrauen – bundesweit seit 1988«. Hier werden Sie mit Sicherheit gut beraten.

KAPITEL 15

So erreichen Sie Ihr Ziel

Kennen Sie die Ab-morgen-Diät? Das ist die, bei der man mit Sicherheit *morgen* anfängt. Daraus wird aber dann nichts, weil's einfach nicht passt. Mal hat Tante Maria einen runden Geburtstag, mal wird in der Firma Kuchen spendiert, und na ja, das Gläschen in Ehren nach einem harten Arbeitstag kann einem ja auch niemand verwehren.

Man plant also wieder für morgen und übermorgen, und wenn das so weitergeht, sind die fünf Kilo in einem Jahr immer noch drauf.
Wir kennen das.

Gehen Sie bitte nicht so mit Ihrem Geld und Ihren Zukunftsplänen um, sondern fangen Sie an, und zwar noch *heute*.
Jedes Jahr, das Sie versäumen, kostet Sie viel Geld, siehe »Zinseszins«.

Mit 10 Regeln zum Erfolg

Die 10 goldenen Regeln
für Ihren Erfolg:

* Sparen Sie regelmäßig fünf, besser 10 % Ihres Netto-einkommens.

* Überlisten Sie sich und machen Sie einen Dauer- oder Einzugsauftrag. Denn wenn Sie warten, bis Geld übrig ist, dann sagen wir Ihnen, dass dieser Tag nie kommen wird.

* Fangen Sie mit dem Betrag an, den Sie sich jetzt gut leisten können, und stocken Sie Ihren Spar-betrag dann auf, wenn mehr Geld zur Verfügung steht.

* Nutzen Sie Gehaltserhöhungen für Ihre Altersvor-sorge. Das trifft Sie nicht hart, denn Ihr Lebens-standard ist ja durch die Gehaltserhöhung nicht höher geworden.

* Überwinden Sie Ihren Widerstand, Geld langfris-tig anzulegen. Nur so können Zins und Zinses-zins für Sie arbeiten. Was der Zinseszins langfris-tig für Sie erwirtschaftet, müssen Sie nicht selbst sparen.

- Nutzen Sie die staatliche Sparförderung bei vermögenswirksamen Leistungen, Wohnungsbauprämie, Riester- oder Rürup-Rente oder bei der betrieblichen Altersvorsorge. Noch nie gab es für Sparwillige eine so hohe Förderung.

- Spekulieren Sie nicht, es sei denn, es macht Ihnen Spaß. Aber gehen Sie vernünftige Risiken ein. Nur wer wagt, gewinnt.

- Wenn Sie unserem Rat gefolgt sind, dann haben Sie ein Polster für Unvorhergesehenes und Notfälle. Greifen Sie also auf gar keinen Fall Ihre Altersvorsorge-Geldanlagen an.

- Sprechen Sie auch in Ihrer Partnerschaft über Geld. Denken Sie an sich und sorgen Sie für den Fall der Trennung oder des Ablebens Ihres Partners vor.

- Lassen Sie sich auch durch Krisen und Börseneinbrüche nicht von Ihren Sparplänen abhalten. Krisen vergehen, aber Ihr Ruhestand rückt näher, Jahr für Jahr.

- Sie werden entdecken: Sparen macht Freude, ein dickes Finanzpolster beruhigt.

Resümee

Eine *BRIGITTE*-Leserin schrieb mir (Helma Sick) vor Kurzem:
»Ich lese Ihre Kolumne so gern – Sie schimpfen immer so liebevoll mit uns Frauen.«
Das fanden wir sehr nett – und es ist richtig.

Es macht uns etwas aus, wenn Frauen im letzten Lebensdrittel mit jedem Euro rechnen müssen. Wenn sie sich auf jemanden verlassen haben und dann selbst verlassen werden. Wenn sie die Brisanz der immer länger werdenden Lebenszeit und leerer öffentlicher Rentenkassen nicht rechtzeitig erkannt haben.

Waren wir in diesem Buch etwas zu streng mit Ihnen?
Wir denken nicht.

Glauben Sie uns: Wir stehen auf Ihrer Seite. Uns liegt einfach viel daran, dass auch Sie sagen können, wenn Sie an später denken:
Wunderbar! Ich hab doch wirklich schöne Aussichten.

Anhang

Mit uns können Sie rechnen: Adressen der FinanzFachFrauen

BERLIN

Anne Wulf
Bianca Kindler
das finanzkontor GmbH & Co. KG
Landshuter Straße 22 – 10779 Berlin

und

Anklamer Straße 38 – 10115 Berlin
Telefon: 0 30/21 47 47 90
Telefax: 0 30/21 47 47 92
E-Mail: info@dasfinanzkontor.de
Internet: www.dasfinanzkontor.de

Gerda Plate
Versicherungsmaklerin
Sigmaringer Straße 1 – 10713 Berlin
Telefon: 0 30/88 66 76 86
Telefax: 0 30/88 66 76 85
E-Mail: mail@gerda-plate.de
Internet: www.gerda-plate.de

BONN

Dr. Mechthild Upgang
Dr. Upgang AG
Venusbergweg 48 – 53115 Bonn
Telefon: 02 28/91 52 40
Telefax: 02 28/91 52 429
E-Mail: info@upgang.de
Internet: www.upgang.de

BREMEN

Kornelia Rendigs
Vermögen & Zukunft
Wachtstraße 30/31 – 28195 Bremen
Telefon: 04 21/40 89 94 40
Telefax: 04 21/40 89 94 49
E-Mail: kr@vermoegenundzukunft.de
Internet: www.vermoegenundzukunft.de

DRESDEN

Cornelia Trentzsch
Fairsicherungsbüro Dresden GmbH
An der Pikardie 2 – 01277 Dresden
Telefon: 03 51/2 51 23 79
Telefax: 03 51/2 51 24 07
E-Mail: info@fairsicherung-dresden.de
Internet: www.fairsicherung-dresden.de

FRANKFURT/MAIN

Elke Scholz-Krause
ESK-Cityfinanz GmbH
Hebelstraße 11 – 60318 Frankfurt/Main
Telefon: 0 69/24 75 12 53 1

Telefax: 0 69/24 75 12 599
E-Mail: esk.cityfinanz@t-online.de
Internet: www.esk-cityfinanz.de

GÖTTINGEN

Regina Weihrauch
Fairsicherungsbüro GmbH
Angerstraße 2a – 37073 Göttingen
Telefon: 05 51 – 56 37 3
Telefax: 05 51 – 48 63 68
E-Mail: info@fairgoe.de
Internet: www.fairgoe.de

HAMBURG

Kris Hauf
Private Vermögensbetreuung
Rödingsmarkt 14 – 20459 Hamburg
Telefon: 0 40/47 28 05
Telefax: 0 40/46 07 02 92
E-Mail: info@hauf-invest.de
Internet: www.hauf-invest.de

HANNOVER

Christiane Göpf
Service 2000 Dienstleistungs GmbH
Vahrenwalder Straße 269 a – 30179 Hannover
Telefon: 05 11/9 66 67 46
Telefax: 05 11/9 66 67 01
E-Mail: office@frau-investiert.de
Internet: www.frau-investiert.de

HILDESHEIM

Ursula Oelbe
Versicherungs- und Finanzmaklerin
Bernwardstraße 28 – 31134 Hildesheim
Telefon: 0 51 21/51 29 95
Telefax: 0 51 21/51 29 97
E-Mail: info@ursula-oelbe.de
Internet: www.ursula-oelbe.de

KÖLN

Dr. Mechthild Upgang
Dr. Upgang AG
Hochstadenstraße 14 – 50674 Köln
Telefon: 02 21/2 32 69 56
Telefax: 02 21/2 32 69 57
E-Mail: info@upgang.de
Internet: www.upgang.de

LÜNEBURG

Christiane Göpf
Service 2000 Dienstleistungs GmbH
Stresemannstraße 4 – 21335 Lüneburg
Telefon: 0 41 31/7 57 19 17
Telefax: 0 41 31/7 57 25 72
E-Mail: office@frau-investiert.de
Internet: www.frau-investiert.de

MÜNCHEN

Helma Sick
Renate Fritz
frau & geld Helma Sick, Unabhängige Finanzberatung
und Vermittlung GmbH & Co. KG
Mariannenplatz 4 – 80538 München

Telefon: 0 89/28 72 96 30
Telefax: 0 89/2 80 24 55
E-Mail: helma.sick@frau-und-geld.com
Internet: www.frau-und-geld.com

STUTTGART

Barbara Rojahn
FrauenFinanzBeratung GmbH & Co KG
Schoderstraße 10 – 70192 Stuttgart
Telefon: 07 11/2 55 59 60
Telefax: 07 11/2 55 59 61
E-Mail: info@frauenfinanzberatung.de
Internet: www.frauenfinanzberatung.de

*Weitere Adressen von unabhängigen Fachfrauen
erfahren Sie über den*

Bundesverband unabhängiger
Finanzdienstleisterinnen e.V. (BuF)
Venusbergweg 48 – 53115 Bonn
Telefon: 02 28/2 42 66 45
Telefax: 02 28/2 42 66 46
E-Mail: info@finanzexpertinnen.de
Internet: www.finanzexpertinnen.de

Wir danken

Barbara Voigt, Journalistin, für das Interview und die Recherche zu »Vollmachten im Alter«.

Susanne Mersmann, langjährige Textchefin bei »Brigitte«, für tatkräftige Hilfe und guten Rat.

Unseren Kolleginnen in der Arbeitsgemeinschaft »FinanzFach-Frauen – bundesweit seit 1988« für anregenden Austausch und lebhafte Diskussionen.
Ganz besonders danken wir unseren Kolleginnen
Barbara Rojahn, Stuttgart, die uns ihr umfangreiches Wissen über »Pflege« zur Verfügung stellte, und
Anne Wulf, Berlin, die ihr Expertinnen-Wissen zu »Immobilien« einbrachte.

Roswitha Wolff, Fachanwältin für Familienrecht, München, und
Sara Haußleiter, Rechtsanwältin, München,
für fachliche Beratung, wichtige Anregungen und Diskussionen.

Manuela Budewell, Deutsche Rentenversicherung Bund, für ihre Unterstützung in der schwierigen Materie der gesetzlichen Rentenversicherung.

Unserer Lektorin Theresa Stöhr, der wir auch dieses Mal wieder gern unser Manuskript anvertraut haben.

Unseren engagierten Mitarbeiterinnen Yvonne Brückner, Gerda Lehnert, Helga Roth, ganz besonders aber Mechtild Fuchs und Micaela Schmuck, für Recherche und wichtige Anregungen.

Und sehr gern bedanken wir uns bei den vielen Frauen, die uns ihr Vertrauen geschenkt und durch die offene Schilderung ihrer Lebenssituation wertvolle Einsichten ermöglicht haben.

Anmerkung:
Dieses Buch richtet sich an Frauen. Immer, wenn die Autorinnen die Leserinnen ansprechen, wird nur die weibliche Form verwendet (die Anlegerin). Natürlich können die Ratschläge auch Männern helfen. Sprechen die Autorinnen von Frauen und Männern, so wird, um den Lesefluss nicht zu stören, nur die allgemein gebräuchliche männliche Form genannt (die Aktionäre).

Quellen

BVI, Bundesverband Investment und Asset Management e.V.
»Jahrbuch 2013«

Deutsches Institut für Altersvorsorge (Hrsg.), »Finanzmarkt-krise und Altersvorsorge«, Ende 2009

Generali Zukunftsfonds (Hrsg.) und Institut für Demoskopie Allensbach
»Generali Altersstudie 2013«, Fischer Taschenbuch-Verlag

Gesamtverband der deutschen Versicherungswirtschaft e.V. (GdV)
Broschüren über:

»Die private Berufsunfähigkeitsversicherung«, Juli 2013

»Die Basis-Rente«, Juni 2009

»Die Riester-Rente«, September 2012

Härtel-Herrmann, Heide, »Reif für die Rente«, Broschüre über die Rürup-Rente, über Frauenfinanzdienst, Köln

Härtel-Herrmann, Heide, »Vitamine für die Rente«, Broschüre zur Riester-Rente, über Frauenfinanzdienst, Köln

Informationen zu Riester-Rente, Wohn-Riester und Rürup-Rente aus www.bundesfinanzministerium.de

Lang, Uwe, »Investieren in stürmischen Zeiten«, Campus Verlag, Frankfurt 2009

Niejahr, Elisabeth, »Alt sind nur die anderen«, Büchergilde Gutenberg, Frankfurt a. M. 2004

Postbank-Studie »Altersversorgung in Deutschland 2013/2014« in Zusammenarbeit mit dem Institut für Demoskopie Allensbach, Oktober 2013

Sick, Helma, »Wenn ich einmal reich wär«, Diana Verlag, München 2007

Stiftung Warentest/Finanztest, »Vererben und Erben«, 2012

Studie des Wirtschafts- und Sozialwissenschaftlichen Instituts (WSI) in der Hans-Böckler-Stiftung, Düsseldorf, zur Lohnungleichheit, 2013

Studie des Hamburgischen WeltWirtschaftsInstituts (HWWI) im Auftrag der R + V-Versicherung zur Altersvorsorge von Frauen, Herbst 2013

Upgang, Mechthild, »Gewinn mit Sinn«, Der nachhaltige Ratgeber, oekom Verlag, München September 2009

Weber, Martin, »Genial einfach investieren«, Campus Verlag, Frankfurt a. M. 2007

Ausgewertet haben wir Artikel und Texte von:

»Börse Online«, »DAS INVESTMENT«, »Finanztest«, »Frankfurter Allgemeine Zeitung«, »Handelsblatt«, »Portfolio«, »Süddeutsche Zeitung«, »Die Zeit«, »WISO«.

Fachliche Beratung

Bei juristischen Fragen und Texten:

Roswitha Wolff, München, Fachanwältin für Familienrecht
Sara Haußleiter, München, Rechtsanwältin

Zu Vollmachten:

Dr. Andreas Brandt, Bundesnotarkammer, Berlin

In Fragen und Texten über die gesetzliche Rente:

Manuela Budewell, Deutsche Rentenversicherung Bund
Adeline Klinge, geprüfte Rentenberaterin, München

Register